Doğan

Ye

İnsan

17. Basım

Remzi Kitabevi

Yeniden İnsan İnsana'yı
Sevme ve saymayı
en yalın biçimiyle yaşayan
ve öğreten annem
Zehra Cüceloğlu'nun
aziz hatırasına sunuyorum.

YENİDEN İNSAN İNSANA / Doğan Cüceloğlu

Kapak düzeni: Ömer Erduran

ISBN 975-14-0296-4

BİRİNCİ BASIM: 1991
ON YEDİNCİ BASIM: Şubat, 1998

Remzi Kitabevi A.Ş., Selvili Mescit Sok. 3, Cağaloğlu 34440, İstanbul.
Tel (212) 522 0583, 511 6916, Faks (212) 522 9055

WEB SAYFASI : http://www.remzi.com.tr
E-POSTA : post@remzi.com.tr

Remzi Kitabevi A.Ş. tesislerinde basılmıştır.

Yeniden
İNSAN İNSANA

İstanbul Üniversitesi Edebiyat Fakültesi Psikoloji Bölümü'nden lisans diploması alan Doğan Cüceloğlu, ABD'de Univesity of Illinois'de Dil Psikolojisi (Psikolinguistik) alalında doktora yapmıştır. Daha sonra İstanbul Üniversitesi, Hacettepe Üniversitesi ve Boğaziçi Üniversitesi'nde öğretim üyesi olarak görev yapan Cüceloğlu, bu arada bir yıl süreyle Fulbright bursuyla ziyaretçi profesör olarak University of California, Berkeley'de araştırma yapmıştır.

Doğan Cüceloğlu'nun uzmanlık alanı algılama, öğrenme ve dil psikolojisidir. Bilimsel yayınlarının birçoğunu iletişim konusunda yapmıştır; bu yayınlar, aynı toplumda yetişmiş insanlar arasındaki iletişim ilişkilerini olduğu kadar, farklı toplum ve kültürlerde yetişmiş kişilerin iletişim ilişkilerini de kapsar.

Halen California State University, Fulerton'da Office of International Education and Exchange'de (ABD) direktör yardımcısı olarak görev yapan Doğan Cüceloğlu Öğrenme Psikolojisi, Eleştirel Düşünme, Algılama Psikolojisi, Bilişsel Psikoloji ve Kültürler Arası İletişim alanlarında dersler vermektedir.

İÇİNDEKİLER

I. Kısım:

YAŞAMI ZENGİNLEŞTİREN YA DA FAKİRLEŞTİREN SİHİRLİ OLAY: BİREYLER ARASI İLETİŞİM SÜRECİ

(9-234)

II. Kısım:

DEĞİŞEN TÜRK TOPLUMU İÇİNDE İLETİŞİM

(235-267)

SUNUŞ

Gözden geçirilerek genişletilmiş bu baskı iki kısımdan oluşuyor. Birinci kısımda insan ilişkilerinin temelini oluşturan iletişim süreçleri, bizim topluma özgü gözlemlerle ayrıntılı olarak sunuluyor. İkinci kısımda, iletişim ilişkilerinin temelinde yatan kültürel varsayımlar çerçevesinde, toplumumuzda yer alan bazı iletişim olayları inceleniyor.

İnsan İnsana daha önceki baskılarında büyük ilgi görmüş ve toplumun değişik kesimlerinden olumlu eleştiriler almıştır. Kitabın daha önceki baskısında ele alınan bireysel ilişkilerin ötesinde, toplum ve kültür sorununa da değinildiği için, şimdiki genişletilmiş yeni baskısının daha da ilgi çekeceğini umuyorum.

Değerli karikatürist Erdoğan Bozok'un çizgileri, iletişim gücünü arttırmakta ve kitaba dilin ötesinde ayrı bir anlatım zenginliği getirmektedir. Aziz Nesin, bazı hikâyelerini almama izin vererek, benim anlatım gücümün ötesindeki renkli insan manzaralarını ve onların bize özgü ilişkilerini, kitapta yansıtmama olanak sağladı. Her iki sanatçıya da destekleri için teşekkür ediyorum. Değişik gazete ve dergilerde çıkan yazılarının bazılarını konu aldığım Çetin Altan, Refik Erduran, Hasan Pulur gibi yazarların katkılarınının önemini de, ayrıca belirtmek isterim.

Kitabın yazımı süresince, değişik aşamalarda müsveddeleri okuyan Can Bruce, Ayşe Cüceloğlu, Nuri Çakır, Tanju Çataltepe, Tayfun Çataltepe, Sinan Çilesiz, Ahmet Dervişoğlu, Yonca Derviş-oğlu, İffet Dorken, Üstün Dökmen, Jülide Even, Mehmet Metin, Yücel Perinçek, Necla Sarıkaya, Berkay Şavkay ve Abdurrahman Tanrıöğen'e; konuların konumu ve kitabın uslubuyla ilgili önemli redaksiyonlar yapan Remzi Kitabevi sahibi ve yöneticisi Erol Erduran'a teşekkür ederim. Her bir eleştirmen, hem içerik, hem de yazım yönünden önemli katkılarda bulundu.

BİRİNCİ KISIM

YAŞAMI ZENGİNLEŞTİREN YA DA FAKİRLEŞTİREN SİHİRLİ OLAY: BİREYLER ARASI İLETİŞİM SÜRECİ

Birinci Kısımda, bireyler arasındaki iletişim süreci incelenecek. Bireyler arasındaki iletişim süreci, insan olarak bizi sosyal varlık yapan, yaşamı zenginleştiren ya da fakirleştiren önemli bir olaydır.

Bireyler arasındaki iletişim, belirli bir toplumsal ve kültürel ortamda yer alır. Bu nedenle, sık sık toplumumuzdan örnekler vermeye çalıştık; ayrıca, kitapta yer alan Erdoğan Bozok'un çizgileri ve Aziz Nesin'in öyküleri de, insanımızın psikolojik ve kültürel renklerini göz önüne seriyor.

1

Bir Şiir ve Düşündürdükleri

«Yola çıkınca her sabah,
Bulutlara selam ver.
Taşlara, kuşlara,
Atlara, otlara,
İnsanlara selam ver.
Ne görürsen selam ver.
Sonra çıkarıp cebinden aynanı
Bir selam da kendine ver.
Hatırın kalmasın el gün yanında
Bu dünyada sen de varsın!
Üleştir dostluğunu varlığa,
Bir kısmı seni de sarsın.»

Üstün Dökmen

Güleç yüzlü, sakin bir öğrenciydi Üstün Dökmen. Hacettepe Üniversitesi Psikoloji Bölümü öğretim üyeleri ve öğrencileri tarafından sevilen bu genç, bir gün öğretmekte olduğum "Kişiler Arası İletişim Psikolojisi" dersinden sonra bana yaklaşmış ve her zamanki sıkılgan tavrıyla, "Hocam bir şiir yazdım, çok zamanınızı almazsa sizin okumanızı istiyorum," diyerek yukarıdaki şiirini bana vermişti.

Her genç belirli devrelerde âşık olmuş, şiir yazmak hevesine kapılmış ve kendini dinleyecek anlayışlı birini aramıştır. Böyle bir şair olma heveslisiyle karşı karşıya olduğumu düşündüm. İçimden, "Üstün, içini dökecek başka adam bulamadın mı?" duygusunu geçirirken, onu incitmemeye özen göstererek, "Evde okuyayım, daha sonra konuşuruz," dedim.

Şiir ilk okuyuşta beni kucakladı; yaşamla olan bağımın güçlendiğini, kendimle olan ilişkimin arttığını hissettim; sevgi dünyamın kapıları açıldı. Güleç yüzünün ve sıkılganlığının arkasında, Üstün Dökmen'in gönül zenginliğini görebildim. O aylarda, *İnsan İnsana* kafamda son şeklini alıyordu. Kitabıma, sevgi kapılarını açan bu şiirle başlamaya karar verdim.

İnsan İnsana'nın ilk basımından 10 yıl sonra Üstün'le konuştuğumda öğrendim ki, bu şiir, kitabın basımından sonra defalarca Türk radyo ve televizyonunda okunmuş. Üstün, benimki gibi, okuyucunun da gönül kapısını açmış; Türkiye'nin sevgi okyanusuna kendi katkısını yapmış.

Neden Bu Şiir?

Evet, ilginç bir sorudur bu: Bu şiir neden bu kadar sevildi? Sorunun cevabını şiirin iki özelliğinde buluyorum: (1) İnsanın kendine değer vermesi ve sevecenlikle, hoşgörüyle kendini kabullenmesi. (2) Yalıtılmış, kopuk, kaybolmuş insanı değil; kendiyle, toplumuyla, doğayla ve evrenle ilişki kurmuş bir insanı dile getirmesi. İlişki içinde olan insan yalnız değildir; gönlü coşkun, yaşamı anlamlı, umutlu bir kişidir.

İletişim gereği

İçeriği ne olursa olsun, bir sorunu çözmek için insanların düşünce alışverişinde bulunmaları, bir başka deyişle, iletişim kurmaları gerekir. Uygarca konuşma ve tartışma becerisinin geliştirilmemiş olduğu toplumda, bir sorunu çözmek amacıyla başlatılan etkileşim, kısa sürede sürtüşme ve çatışmaya dönüşür. Böylece, varolanı çözmek şöyle dursun, soruna yenileri eklenir; dünyanın birçok ülkesinde görülen kanlı çatışmaların kökeninde, bilinçsiz koşullar altında yaratılan sosyal ortamdaki iletişim düzensizliği yatar.

Toplumsal sorunların demokratik çözümü için karşılıklı, iki yönlü iletişim gereklidir. Böyle bir iletişim gerçekleştirilmediği sürece, sorunların çözümününe ulaşılamaz. Gücü o anda elinde bulunduran otorite emir vererek, toplumsal soruna bir çözüm getireceğine inanabilir. Ancak iletişim kurmadan ortaya atılan ve zorla kabul ettirilen bu tür "çözüm" biçimlerinin ömrü, emri veren iktidarın ömrü kadar olur; iktidar değişince, yeni otorite eski emri ortadan kaldırır ve çoğu kere, öncekine taban tabana zıt, yeni emirler verir. Zamanla sürtüşmeler çoğalır, bu tür keyfi emirler daha derin toplumsal buhranlara yol açar. Türk eğitim, ekonomi ve yönetim tarihi, bu tür keyfi "emir" örnekleriyle doludur.

Niçin uygarca iletişim kuramıyoruz? Demokratik yaşamı gerçekleştirmiş demokratik toplumların insanlarından daha mı az yetenekliyiz? Elbetteki hayır! Kitabın tümünde, insan ilişkilerinin toplumsal ve bireysel yönlerini inceleyerek, bu soruya bir cevap arayacağız.

Din öğesinin ağır bastığı geleneksel otoriter kültür, demokratik bir toplumun temelinde yatan iletişim becerilerini içermez. Demokratik yaşam, yeni iletişim becerilerini öğrenmeyi zorunlu kılar. İletişim becerileri boşlukta oluşmaz; yeni bir dünya ve yaşam anlayışı içinde doğar ve gelişir.

Cumhuriyet hükümetlerinin eğitim seferberliğine girmesi ve insan potansiyelini değerlendirmek istemesinin temelinde, özgürlükçü demokratik bir toplum yaratma amacı yatar. Kişiler arası ilişkilerde daha az sürtüşmesi olan, kavgaya dönüştürmeden sorunlarını çözebilen, acı yerine mutluluğun, kin ve nefret yerine destek ve hoşgörünün yeğlendiği Türk toplumu, kendini değerli bulan, sevgi ve anlayışla çevresindekilerle iletişim kuran insanlarla kurulabilir.

İNSAN İLİŞKİLERİ NİÇİN ÖNEMLİ?

Demokratik çağdaş toplum olabilmek için yeni iletişim becerileri kazanılması gerektiği belirtildi. Şimdi, şöyle bir soru aklınıza gelebilir: İletişim sadece toplumsal amaçları gerçekleştirmek için mi gereklidir? Hayır! İletişim, aslında hem kişisel, hem de toplumsal bir süreçtir. Bir başka deyişle, iletişim, iki kişiyi ilişki içine sokan psikososyal bir süreçtir. Toplumsal sonuçların altında bireysel davranışlar yatar; sosyal gerçek, bireyin kişisel yaşamından geçerek biçimlenir.

İnsan, ilişkileri içinde sürekli yeniden tanımlanan bir varlıktır; diğer insanlarla hiç ilişkisi olmayan bir insan düşünülemez. Başka bir deyişle, demokratik toplum yaratabilmek için, önce bireylerin kendi günlük yaşamlarında, diğer kişilerin görüşlerine saygılı ve hoşgörülü olmayı öğrenmeleri gerekir. Bu amaçla geliştirilmiş yeni iletişim becerileri, hem bireyin, hem de toplumun yaşamına zenginlik ve saygınlık getirir.

Bir insanın ilişkilerinin niteliği, o insanın yaşamının kalitesini belirler. İlişki sorunları, gerçekte iletişim yani düşünce alışverişi sorunlarıdır ve yaşamın değişik yönlerinde kendini gösterir. Aile yaşamında anne-babanızla aranızda bu tür sorunlar yer alabilir: Fikirlerinizi dinlemiyor, düşüncelerinizi sürekli olarak bir kenara itiyor olabilirler. Ne zaman konuşmaya kalksanız, kendinizi bir tartışma içinde buluyor olabilirsiniz.

Anne ya da baba sizseniz, çocuklarınızla aranızda bu tür sürtüşmeleri siz de gözlemlemekte olabilirsiniz. Bu tür iletişim sorunları, eşiniz, nişanlınız ya da arkadaşlarınız arasında da söz konusu olabilir; arkadaşlık, meslek seçimi, para harcama gibi konularda farklı görüşlere sahip olduğunuz için, çevrenizdekilerle sürekli sürtüşme içinde olabilirsiniz.

Kişilerle ilişki kurma yönteminizden hoşnut olmayabilirsiniz. Daha yakın arkadaşlık ilişkileri kurmak istediğiniz halde, çevrenizdekilerin size ilgisiz kaldığını, konuştuğunuz zaman sizi pek dinlemediklerini, hatta konuşmanızı çoğu kez sıkıcı bulduklarını biliyor ve bu durumu değiştirmek istiyor olabilirsiniz.

Bazı kimseler fazla konuştukları, karşılarındakilere konuşma fırsatı vermedikleri için bir iletişim sorunları olduğunu düşünürlerken, diğerleri, sürekli sözleri kesildiği halde hiç seslerini çıkaramadıklarından şikayetçidirler. Kimileri, en son söylenecek sözü ilk başta söylediklerinden başlarının sık sık derde girdiğini düşünürken, başkaları, az ve öz konuşmayı beceremediklerinden, sözü uzatarak karşıdakinin ilgisini yitirdiklerinden yakınırlar.

Burada iletişim sorunlarının bir listesini yapmanın anlamı yok; ancak şu noktayı yeniden vurgulamakta yarar var: *İletişim sorunlarını çözmeden doyumlu bir yaşam sürdürmek olanaksızdır.* Yeni kişilerle tanışmaktan utanan, tanıştığı kimselerle anlamlı ilişkiler geliştirmesini beceremeyen kimse, bu yüzden yalnızlık içinde olduğunu bilebilir; ne var ki, daha anlamlı derin ilişkiler geliştirmek için ne yapması gerektiğini bilmeyebilir. Bu kişinin, sağlıklı bir kişiliğin yanı sıra iletişim becerileri de geliştirmesi gerekir.

İnsanların çoğu, doyumlu bir yaşam gerçekleştirme çabası içindedir: Uzun yıllar okula gitme, meslekte yükselmeye çabalama, aileyi en rahat düzeyde yaşatmak ve çocukları en iyi biçimde yetiştirmek için uğraşma, anlamlı ve doyumlu bir yaşamı gerçekleştirebilmek içindir. Doyumlu yaşamı gerçekleştirme yönünde en önemli araç ise, iletişimdir.

İletişim sorunlarının çözümü, iyi niyete ve bu sorunların altında yatan psikososyal süreçlerin bilinmesine bağlıdır. İletişim konusunda bilinçlenme, kişiye önemli etkileşim olanakları sağlar. Bu olanaklardan yararlanarak, doyumlu bir yaşamı gerçekleştirmek, kişinin kendini değerli görmesiyle başlar. Üstün Dökmen'in şiirsel diliyle söylersek, "Bir selam da kendimize vermemiz," gerekir. Bir insan olarak kendimizi anlamlı görebilmemiz ise, "Bu dünyada bizim de var olduğumuzu, dostluğumuzu tüm evrene yönelttiğimizde, bir kısmının bizi de saracağını," bilmemizden geçer. Bir başka deyişle, iç ve dış dünyayla anlamlı ilişkiler içinde olan bir insan olmamız gerekiyor.

Matematiksel dille söylenirse, iletişim konusunda teknik bilgiler ve beceriler gerekli, fakat kendi başına yeterli değildir. İletişim bilgi ve becerilerinin arkasında gönül zenginliği, sevgi, anlayış ve hoşgörü olmalıdır. Bu temel olmadan her türlü iletişim becerisi, yalın ve anlamsız bir egzersizden ileri gidemez. Bilinçsiz bir temel üzerine kurulmuş zenginlik, dinamik gücünden yararlanılmayan bir çağlayana benzer. İnsan iletişimi, hem kafa hem de gönül zenginliği ister: Biri olmadan diğerinin etkinliği yoktur.

Bir ülkenin trafik düzeni, o toplumun insan ilişkilerini yansıtan önemli göstergelerden biridir. Trafik, araç kullanan kişilerin birbirleriyle kurdukları ilişkilerin tümünü ifade eder. Bir ülkedeki trafik düzenine bakarak, insanların birbirlerine nasıl bir tavır içinde olduklarını gözlemleme olanağı vardır. Günlük yaşamımızın önemli bir parçası olan trafikteki davranışlara, bu amaçla, kısa bir göz atalım.

TRAFİK KAZALARI - İLETİŞİM KAZALARI

Her gün karşılaşılan "trafik sorunları" aslında kişiler arasında ortaya çıkan "ilişki sorunları"nın tipik bir örneğidir. Trafik yasası, araç kullanan kişilerin ilişkilerini düzenleyen kuralları kapsar. Taşıt gibi somut bir nesne ile, sürücülük gibi açık seçik gözlemlenebilen bir davranışı içerdiği için, trafikte aksayan yönleri görmek daha kolaydır. İnsan ilişkilerinde aksayan yönleri gözlemleyebilmek trafikte olduğu kadar kolay değildir; daha üst düzeyde bir algılama becerisi gerektirir. Bu nedenle söze, gözlemlemesi kolay olan trafik sorunlarının tartışmasıyla başlayalım.

Türkiye'nin trafik düzeninin bozukluğundan söz edildiğini işitmeyen kalmamıştır. Trafik kazalarıyla ilgili haberler, çoğu kez, gazetelerin ilk sayfalarında yer alır. Yılın belirli bir haftası "Trafik Haftası" olarak adlandırılarak ister sürücü, isterse yaya olsun, vatandaşın trafik bilgisi artırılmaya çalışılır. Yurt dışında, daha gelişmiş ülkelerde bir süre bulunmuş kimseler, o ülkelerdeki trafik düzeniyle yurdumuzdaki trafik düzenini karşılaştırarak "Bizde niçin onlar gibi düzenli bir trafik yok?" diye yakınır.

Kısacası, Türkiye'nin trafik düzeninin karmakarışık, başıbozuk olduğu söylenir. Avrupa ya da Amerika toplumunun anlayışı içinde değerlendirilirse, trafiğimizin gerçekten büyük bir başıbozukluk içinde olduğu görülür. Ne var ki, Türk toplumunun yaşamını yönlendiren geleneksel kültür anlayışı çerçevesinde bakılırsa, Türk trafiğinde tutarlı bir düzen gözlenir.

Türkiye'deki trafiğin temelinde bulunan ve onu biçimlendiren kurallar, toplum yaşamını yöneten temel anlayıştan kaynaklanır. Bu nedenle, günlük trafik yaşamımızda uygulanan kurallar, Batılı ülkelerin trafik kurallarından doğal olarak farklıdır. *Kitapta yazılı olan trafik yasası* Batılı ülkelerin kurallarına yakın düşer; ama, *sokakta uygulanan trafik yasası* Türk toplumuna özgüdür ve insan ilişkilerini yöneten temel anlayışı yansıtır. Örneğin, "büyük aracın geçiş üstünlüğü (vardır)" kuralı bize özgü, trafik yasasında bulunmayan, oysa uygulamada geçerliği olan bir kuraldır. Yine, "erkek sürücü kadın sürücüden üstündür; kadın sürücü erkek sürücüye yol vermeli ve onun önüne geçmemelidir" kuralı, toplumumuza özgü, trafik yasasında olmayan bir kuraldır.

Trafik yasasında bulunmayan, ama Türkiye'de uygulamada kullanılan yukarıdaki örneklere benzer daha birçok "gizli kural" gösterilebilir: "Duruma göre kırmızı ışıkta durulmayabilir", "Trafik polisi tanıdıksa ceza yazmaz", "Taksi şoförü, özel araç kullananlardan daha ayrıcalıklıdır", "Resmi araçlara ceza yazılmaz" v.b.

Yukarıda da belirtildiği gibi, trafik, araçlı insanların ilişkisi olarak tanımlanabilir. Ne var ki bu ilişki, sınırları ve kullanış biçimleri iyice belirlenmiş yerlerde, yani yollarda yer alır. Bu sınırlandırmaya rağmen, yol üzerinde trafik ilişkileri içinde olan kimselerin davranışlarıyla, yüz yüze konuşan insanların iletişim ilişkileri arasında büyük benzerlikler bulunur.

Bazı kimselerin, konuştukları kişilerin sözlerini sürekli olarak kestiklerini gözlemişsinizdir. Bu kişiler sözlerini kestikleri kimselerden sosyal mevki, prestij ya da yaş yönünden, büyük bir olasılıkla, daha "büyük"türler. Sosyal itibar yönünden "büyük" olan bu kişiler, karşısındaki sanki konuşmuyormuş gibi, istedikleri anda söze başlar. Bu davranış biçimiyle, trafikte büyük araçların kendilerinden daha küçük olan araçların yollarını kesmeleri, sanki küçük araçlar yokmuş gibi davranmaları arasındaki benzerlik ne denli çarpıcı, değil mi?

Bir aracın sürücüsü, yolda kendinden başka araç yokmuş gibi davranırsa, trafik kazası olur. Bir kişi konuşurken, karşısındakini nasıl etkilediğini düşünmeden, kendi bildiği yönde istediğini söylerse, aynı trafikte olduğu gibi, "iletişim kazaları" ortaya çıkar. İnsan ilişkileriyle ilgili bu kazaların sonucunda da "yaralananlar" ve "ölenler" vardır: Küsenler, ayrılanlar ve gücenenler "yaralıları", kendi içine kapanıp yalnızlığa gömülenlerse "ölenleri" oluşturur.

İletişim kazaları, trafik kazalarında olduğu gibi, kazalara yol açan nedenler bilindiği derecede azaltılabilir. İletişim konusunda bilgi edinen birey hem kendini, hem de çevresindekileri daha iyi değerlendirir ve anlar. Kendi davranışlarını değerlendirebilen kimse, kurmuş olduğu ilişkilerin temelinde yatan psikolojik süreçleri anlar ve farkına varmadan ortaya çıkan "iletişim kazaları"nı önleyebilme olanağına kavuşur.

SÖZÜN KISASI

Bir kişinin kendinden hoşlanması ve kendini diğer insanlarla, doğayla ilişki içinde görmesi, yaşamının anlamlı olmasını sağlar. Gergin bir toplum içinde yaşıyoruz; kişileri kuşatan bu gerginliğe esir düşmemek için, kişinin kendisiyle ve çevresiyle, bilinçli ilişki kurması gerekir. Bilinçli iletişim, anlamlı yaşama, anlamlı yaşam da sakin ruh halinin gelişmesine yol açar.

Türk insanı özgürlükçü çağdaş anlayışın toplumumuzda kök salması ve filizlenmesi için "iletişim gereğini" benimsemeli ve zaman kaybetmeden uygulamaya koymalıdır. Özgür ortam içinde yapılan iletişim, toplum sorunlarının çözümüne olduğu kadar, kişiler arası sorunların çözümüne de katkıda bulunur.

İletişim alışkanlıklarının bazıları, trafik ilişkilerinde görülür. Trafik kazaları nasıl ölü ve yaralılar ortaya çıkarıyorsa, iletişim kazaları da "ölü" ve "yaralılar" ortaya çıkarır. Bu tür "ölü" ve "yaralılar"ın sayısı azaldıkça toplumumuz daha sağlıklı olur.

2

İletişim Düzeyleri

Birinci bölümden sonra okuyucu umarım, iletişim gereğini anlamış, insan ilişkilerinin yaşamın hem özünü hem de çerçevesini oluşturduğunu kabul etmiştir. Bu bölümde, iletişim dinamiğini gözden geçirerek, iletişim varsayımlarını ve iletişimin iki düzeyini inceleyeceğiz.

TEMEL İLETİŞİM VARSAYIMLARI

Aşağıda ele alınan temel iletişim varsayımları Amerikalı bilim adamları Paul Watzlawick, Janet H. Beavin ve Don D. Jackson'ın (1967) *Pragmatics of Human Communication* adlı kitabında ileri sürülmüştür. O zamandan bu yana, insan etkileşiminin dinamiğini açıklamada, bu varsayımlar sık sık kullanılmıştır.

Watzlawick, Beavin ve Jackson, beş temel varsayım önermiştir. Bu beş temel varsayım şunlardır: 1. İletişim kuramamak olanaksızdır; 2. İletişimin ilişki ve içerik düzeyleri vardır; 3. Mesaj alışverişindeki dizisel yapının kendi başına bir anlamı vardır; 4. Mesajlar sözlü ve sözsüz olarak iki tiptir; 5. İletişim kuran kişiler ya Eşit ya da Eşit Olmayan ilişkiler içindedir. Oldukça kapsamlı olan bu varsayımlar iletişim olaylarını incelemek isteyen bilim adamı için temel bir çerçeve oluşturur.

İletişimin ilk temel varsayımı, iletişim kurmanın zorunlu oluşundan, daha doğrusu iletişim kuramamanın olanaksızlığından söz eder. Bu nedenle, temel iletişim varsayımlarının tartışmasına onunla başlıyorum.

İletişim kuramamak olanaksızdır

Watzlawick, Beavin ve Jackson "davranış"ın karşıtının bulunmadığını, başka bir ifadeyle, "hiçbir şey yapmama"nın dahi, davranış olduğunu ifade ederler. Bu nedenle, hareket etmek ya da bir şey söylemek kadar, hareket etmemek ya da susmak da bir davranıştır ve anlamlı bir mesaj oluşturur. Bu tür gözlemlerden sonra, vardıkları sonucu bir varsayım olarak şöyle ifade ederler: *Aynı sosyal ortamda birbirlerini algılayan kişilerin iletişim kuramamaları olanaksızdır.*

Bir otobüs yolculuğu yaptığınızı düşünün; kimseyle konuşmak istemiyorsunuz. Yanınıza konuşkan yaşlı bir bayan oturuyor, uygar insan olmanın gereği hafifçe tebessüm ettikten sonra gözlerinizi kapatıyorsunuz ve uykunuz ya da başağrınız varmış gibi davranıyorsunuz. Bu durumda ne yaparsanız yapın, ya da yapmayın, yaptığınız ya da yapmadığınız davranışın her birinin bir anlamı vardır ve öbür kişi için bir mesaj oluşturur. Gözlerinizi kapamanız, "uykum var —ya da başım ağrıyor— sizinle konuşamam," mesajını verir. Elinizdeki dergi ya da kitabı okumaya devam etmeniz, "okuduğum kitap (dergi) daha çok ilgimi çekiyor, kitap okumayı sizinle konuşmaya yeğliyorum," mesajını verir.

Günlük yaşamda, belirli bir sosyal çerçeve içinde yer alan insanlar, farkında olsunlar ya da olmasınlar, birbirleriyle iletişim içindedirler. İletişim kurmak için belirli bir davranış gösterme zorunluğu yoktur. Hiçbir davranışta bulunmama da, anlamlı bir mesaj oluşturur.

Evli bir çifti ele alarak bireysel düzeyde örnek verelim. Eşlerden biri, diğeri yokmuş gibi, sırf kendi düşünceleri çerçevesi içinde davranmaya başlar ve "Benim ne yaptığım seni ilgilendirmez, kendi bildiğim ve inandığım biçimde yaşamak istiyorum," derse, gerçeğe uymayan, hatalı bir anlayış içinde davranmış olur.

Örneğin, Nizam Bey her Cumartesi akşamı arkadaşlarıyla buluşup kafa çekmeye alışmış biri olsun. Nilüfer Hanım ise, her Cumartesi akşamını amca, dayı, hala ve teyzelerinin de katıldığı geniş aile toplantısında geçirmeye alışmış biri. Bu kişilerin evliliklerinin sağlıklı bir çizgide yol alabilmesi için, eşlerin birbiriyle konuşarak, Cumartesi akşamı konusundaki beklentilerini açıklığa kavuşturmaları gerekir. Belki de, bu konuda içtenlikle kabullenebilecekleri bir uzlaşmaya varacaklardır.

Nizam Bey, evlenmeden önceki davranışlarını sürdürürse, karısına, "Sen benim yaşamımda yoksun!" mesajını, bilmeden, istemeden verir. Öte yandan, Nilüfer Hanım kocasını Cumartesi akşamları kendi aile toplantısına götürmekte ısrar ederse, bilmeden kocasına, "Benim daha önceki kurduğum düzene ayak uydurduğun, benim aileme ilgi gösterdiğin sürece, seni sever ve sayarım!" mesajını verir.

Eşlerin, belirli bir ilişki içine girmiş olduklarını, birbirlerinin düşünüş ve beklentilerini hesaba katarak davranmaları gerektiğini görebilmeleri gerekir. "Ben kendi bildiğimi yaparım, o da kendi bildiğini yapsın" anlayışı, iletişimin temel varsayımına aykırı düşer. Evlilik ilişkisi içinde her bir eşin davranışı, diğeri için mutlaka bir mesaj niteliği taşır; bu nedenle, mesajı veren kişi, mesajın sorumluluğunun bilincinde olmalıdır. Aksi halde, daha önce sözü edilen "iletişim kazaları" ortaya çıkar.

Bu varsayım, toplumsal düzeyde de geçerlidir. Türkiye'de yaşayan bir kimse, "Ben kendi bildiğim biçimde ve kendi inandığım değerler çerçevesinde yaşayacağım, halkın neye, niçin inandığı beni ilgilendirmez!" diyemez. Toplum değerleri, yaşam felsefesi, etkileşim biçimi trafikte, bakkalda, yolda, okulda o kişiyi kuşatır; farkında olsun ya da olmasın, kişi toplumla sürekli ilişki içindedir.

Toplumumuz, "iletişim kazaları" sonucu "yaralanan", "sakatlanan" ve "ölenler"le dolu bir toplumdur. Yukarıda sözünü ettiğimiz çift iletişim konusunda bilinçlenmezse, "yaralananlar" listesine eklenir, zamanla ya iletişim konusunda bilinçlenerek "yaralarını" tedavi ederler, ya da "umut yok, ölüme mahkûm" grubuna girerler.

Şimdiye kadar söylenenler bir cümleyle özetlenirse, *aynı sosyal ortam içinde yer alan kişiler, birbiriyle sürekli iletişim içindedir; bu kişilerin iletişim kuramamaları olanaksızdır.*

İletişimin ilişki ve içerik düzeyleri vardır

Watzlawick, Beavin ve Jackson'ın önerdikleri ikinci temel varsayım, iletişimin iki düzeyi olduğunu vurgular. İkinci temel varsayım şudur: *Her iletişim faaliyetinin bir içerik bir de ilişki olmak üzere iki düzeyi vardır; ilişki düzeyi içerik düzeyine anlam veren çerçeveyi oluşturur ve bu nedenle daha üst aşamadadır.*

(1) Sen okula gidecek misin?
(2) Siz okula gidecek misiniz?
(3) Okula gitmeyi düşünüyor musunuz?

cümleleri aynı içeriği, fakat farklı ilişkileri ifade eder. Birinci cümlede, konuşanın kendini diğer kimseyle ya eşit, ya da ondan daha güçlü gördüğünü anlarsınız. İkinci cümlede konuşanın diğerine eşit ama resmi bir ilişki içinde, ya da ondan daha güçsüz olduğunu düşünebilirsiniz. Üçüncü cümlede ise, konuşan, diğerinin karar verme özgürlüğüne saygılı olduğunu belirtiyor; bu durumda, karşıdakinin, konuşandan daha güçlü olduğunu tahmin edebilirsiniz.

Görüldüğü gibi, aynı içerik, iletişim kuran kişilerin ilişkilerinin türüne göre, farklı biçimlerde ifade edilebilir. İlişki içinde bulunan kişiler, iletişim yoluyla, durumlarını sürekli olarak karşılıklı tanımlarlar; bu tanımlamada hemfikir oldukları sürece, iletişimde aksaklık olmaz. Kişilerin birbirlerini tanımlamalarında farklılık başgösterdiği anda, iletişimde aksaklıklar başlar.

Bir öğrenci hocasına, "Sen okula gidecek misin?" diye sorarsa, kendisini hocasına ya eşit ya da ondan üstün gördüğü izlenimini verir. Bu tür bir ilişki, hem aydının hem de halkın paylaştığı Türk kültür değerlerine ters düşer. Bu ilişkiye hocanın tepkide bulunması beklenir; öğrencinin "terbiyesiz" "münasebetsiz" ya da "saygısız" olduğu düşünülür. Bu öğrenci, "Hocanın okula gidip gitmeyeceğini öğrenmek istedim; soru sormak suç mu?" gibi bir savunmayla işin içinden çıkamaz. Çünkü, işlediği suç, içerik düzeyinde değildir, ilişki düzeyindedir.

Yukarıdaki örnekte de görüldüğü gibi, iletişim içindeki taraflar, birbirlerini, beklentileri doğrultularında tanımladığı sürece, iletişim aksamadan devam eder. Bir başka deyişle, öğrenci öğretmene saygılı ve öğretmen öğrenciye resmi davrandığı sürece, iletişim doğal sürecinde ilerler.

İlişkiler, genellikle konuşma konusu yapılmaz, çünkü iletişimde bulunan kişiler çoğu kere kurdukları ilişki türünün bilinçli olarak farkında değildirler ve bir aksaklık çıkmadığı sürece de, bu böyle devam eder gider. Kişilerin ilişki içinde birbirlerini tanımlamaları farklılaştığı zaman, yani ilişkide aksaklık olduğu zaman, ilişki konuşma konusu olur.

"Ben senin hocanım, benimle böyle konuşmamalısın!" "Ben senin sevgilin olmayı değil, sadece arkadaşın olarak kalmayı istiyorum!" "Lütfen bu kadar yaklaşmayın bana, biraz daha uzakta durursanız daha memnun olacağım!" gibi sözler, ilişki düzeyinde farklı algılamalar olduğunu ve iletişim kuran kişilerin birbirlerini, farklı beklentiler içinde algıladıklarını gösterir.

İnsanlar, birbirlerine ilişkilerinden ne kadar az söz etmek ihtiyacını duyarlarsa, ilişkileri o kadar sağlıklı ve doğaldır. İlişkide sorunlar başladığı zaman, ilişkinin türü, konuşma konusu olmaya başlar.

İlişki düzeyi, gönderilen mesajların nasıl yorumlanacağını belirlediğinden, daha üst düzeydedir ve teknik olarak "meta-iletişim düzeyi" olarak bilinir. "Meta" eski Yunanca "onunla birlikte, ona dair ve onun üstünde" anlamlarına geldiğinden, bilim adamları üst düzeydeki iletişime "meta-iletişim" adını verir. Hatırlayacağınız gibi, "Sen okula gidecek misin?" sorusunun (iletişim içeriğinin) yorumu, öğretmen hoca ilişikisi içinde (meta-iletişim düzeyinde) uygun düşmemiştir. Yoksa sorunun kendisi Türkçe'dir ve eşit iki arkadaş, ya da konuşanın güçlü olduğu durumlarda (uygun meta-iletişim düzeyinde) rahatlıkla kullanılabilir ve kimseyi rahatsız etmez.

İlişkiler düzeyinde, kişilerin birbirlerini nasıl tanımladıklarını ve bu tanımlamalara nasıl tepkide bulunduklarını ilerde tartışacağız. Şimdi ikinci temel varsayımı özet olarak bir kere daha ifade edelim: *Her iletişim faaliyetinin, bir içerik ve bir de ilişki olmak üzere iki düzeyi vardır; ilişki düzeyi, içerik düzeyine anlam veren çerçeveyi oluşturur ve bu nedenle daha üst aşamadadır.*

Mesaj alışverişindeki dizisel yapı, anlam oluşturur

Üçüncü temel varsayım, ilişki türünün, mesajların oluşturduğu sıralamaya göre değişebileceğini ifade eder. İletişim, sürekli bir mesaj alışverişidir. Konuşan mesaj gönderir; dinleyen bu mesaja tepkide bulunur; bu tepkiye bir cevap verilir, bu cevabın karşılığı alınır ve etkileşim böylece sürer gider. Bu etkileşim dizisi içinde, bir mesajın nerede yer aldığı, yani hangi mesajdan önce ve hangi mesajdan sonra geldiği, o mesajın anlamını etkiler. Bu yapı her iletişim faaliyetinde vardır ve bireylerin birbirlerini tanımlamaları bu yapıyla ilişkilidir.

Öğretmen okulda öğrettiği için mi maaş alır, yoksa maaş aldığı için mi öğretir? Gazetedeki köşe yazarı yazdığı için mi para alır, yoksa para aldığı için mi yazar? Bu iki soruda söz konusu olan öğretme ve yazma davranışı, yukarıdaki sorulara verilen cevaplara göre farklı değerler alırlar: Maaş aldığı için öğreten öğretmen yerine, öğrettiği için maaş alan öğretmen üstün tutulur. Ne var ki, gerçekte bu iki insanın davranışları arasında bir fark yoktur; sadece *biz* davranışları farklı sıra içinde gördüğümüzden, farklı anlamlar veririz.

Maaş alma davranışı A, öğretme davranışı B olsun. Bu davranışlar birbirlerini takip ederler. Aralarındaki ilişkiyi ⇒ işaretiyle gösterelim:

A⇒B⇒A⇒B⇒A⇒B⇒A⇒B⇒A⇒B

dizisi, iki biçimde gruplaştırılabilir.

1) (A⇒B)⇒(A⇒B)⇒(A⇒B)⇒(A⇒B)⇒(A⇒B)⇒A

2) (B⇒A)⇒(B⇒A)⇒(B⇒A)⇒(B⇒A)⇒(B⇒A)⇒B

Birinci dizide, maaş alma davranışı, öğretme davranışına götürür, ikincide ise öğretme davranışı, maaş almaya yol açar. Aynı birimler iki farklı biçimde yapılaştırılarak iki farklı anlama ulaşılabilir.

Aralarında sorun olan bir karı-koca düşünün. Kadına göre sorun şu: "Kocam ev işlerinde bana yardım etmiyor. Ben de çalışıyorum, o da çalışıyor. İşten sonra ikimiz de eve yorgun geliyoruz. Eve gelince yemek yapma, masayı hazırlama hep bana kalıyor. Onun da yardım etmesi, benim kadar katkıda bulunması gerekir. Gazeteyi alıp, bir köşeye çekilerek okuması gücüme gidiyor, asabım bozuluyor."

Erkeğe göre ise sorun şu: "Eve gelince mutfakta karıma yardım etmek istedim; yaptığım her şeyde bir kusur buldu, sürekli dır dır ederek, yaptığım her işi eleştirdi. Benim kurduğum masayı bozdu, kendisi yeniden kurdu; su bardaklarını değiştirdi. Kendisine danışarak yaptığım işlerde de yapış tarzımı beğenmedi. Onun dırdırından kurtulmak için şimdi hiç mutfağa girmiyorum, kendimi gazeteye gömüyorum, sanki ben orada yokmuşum gibi davranıyorum."

Kadın durumu farklı algılamakta, "Benim ısrarımla gönülsüz olarak mutfağa girdiği için, her şeyi baştansavma yapıyor, ondan dolayı söyleniyorum," demekte, kocası ise, "Ben isteyerek yardım ediyorum, ama, dırdırını duymamak için şimdi mutfağa girmiyorum," demektedir.

Gördüğünüz gibi, eşler davranışlarını reddetmiyorlar; bu davranışlar dizisini, öğretmen ve maaş örneğinde olduğu gibi, farklı biçimlerde yapılandırıyorlar. Karı-koca yapılandırma konusunda, bu algılama farkını gideremediği sürece, aralarında bir uzlaşmaya varamazlar.

1986 yılında, Amerika'nın Teksas eyaletinde, barda garsonluk yapan kadını zorlayarak cinsel ilişkide bulunduğu nedeniyle bir erkek mahkemeye verildi. Adamın avukatı "Kadının o gece kilotsuz olduğunu ve adamı baştan çıkarmak için, sık sık kalçasını ve mahrem yerini gösterdiğini, bir başka deyişle, adamı teşvik ettiğini," savundu. Kadın ise, "Kilotunun adam tarafından zorla çıkarıldığını, fakat meseleyi büyütüp bir rezalet çıkarmamak için, o anda pek üstüne gitmediğini," söyledi. Jüri kararını, kadının kilotlu ya da kilotsuz olduğuna bakarak verdi. Besbelli ki, kadın kilotsuzsa erkeğin davranışı "kışkırtılmış bir davranış" kadın kilotluysa "saldırgan bir davranış" olarak algılanacaktı. Aynı davranış, etkileşim dizisindeki yerine göre, farklı anlamlar almaktadır.

İletişimle ilgili üçüncü temel varsayım, bir cümleyle şöyle ifade edilebilir: *Mesaj dizisini yapılaştırma biçimleri, iletişim ilişkilerini belirleyen önemli faktörlerden biridir.*

Mesajlar iki tiptir

Watzlawick, Beavin ve Jackson'ın ileri sürdüğü dördüncü temel varsayım, düşünsel ve duygusal mesajları birbirinden ayırt eder. Söz, ister yazılı olsun ister konuşulsun, karmaşık bir gramer yapısına göre oluşturulur ve mantıksal analizlere izin verir. Yüz ifadesi gibi sözsüz mesajlar, gramer kurallarına göre oluşturulmaz ve mantıksal analizleri yoktur. İçerik iletişiminde, sözlü mesajlar; ilişkiyle ilgili tutum ve tercihlerin anlatımında ise, sözsüz mesajlar en etkili olurlar.

Bilim sözlü mesajlar üzerine kurulur. Her bilimin kendine özgü terminolojisi vardır. Bu terminoloji bilinmeden, söz konusu bilgi iletişimi ve bilgi üretimi gerçekleşemez. Bu nedenle dil, insan uygarlığının ilerlemesi ve yayılmasında en önemli araçtır. İnsan kültür ve uygarlığının altında yatan bu güçlü araç, insan ilişkileri söz konusu olunca, oldukça sığ ve etkisizdir. Bir bakış, dokunma, vücudun pozisyonu, duyguları daha etkili ve dolaysız ifade eder. Omuza konan bir el, dostluk ve arkadaşlık üzerine yazılmış bir söylevden daha etkilidir.

İki sevgili arasındaki ilişki ne kadar sözlü mesajlarla ifade ediliyorsa, ilişkinin o derecede zayıf olduğu düşünülür. Bir başka deyişle, "Seni çok seviyorum," "Tatlım bugün seni özledim," biçiminde konuşan donuk yüzlü, monoton kişi, duygularını getirdiği çiçekle, bakışıyla ve yüz ifadesiyle ifade eden kişi kadar ilişkisinde başarılı olamaz. Kısaca söylenirse, zihnin mesajı sözle, gönlün mesajı sözsüz ifade edilir.

Dördüncü temel varsayım şöyle ifade edilebilir: *Sözlü iletişim akıl, mantık ve düşünceyi, sözsüz iletişim duyguları ve ilişkileri en etkili ifade etme aracıdır.*

Eşit ve eşit olmayan ilişkiler

Beşinci temel varsayım, ilişkinin türüyle ilgilidir. Eşit ve eşit olmayan iki tür ilişki vardır. Kişiler birbirlerini denk görürlerse, eşit ilişki içinde iletişimlerini sürdürürler. Bu tür iletişim içinde olanlar "Ben zekiyim, konuştuğum da zeki," "Ben çalışkanım, konuştuğum da çalışkan," "Ben istediğimi söylemekte özgürüm, konuştuğumun da istediğini söyleme özgürlüğü var," gibi düşünürler.

Eşit olmayan ilişki içinde olanlar, "Ben zekiyim, konuştuğum ahmak," "Ben çalİşkanım, konuştuğum tembel," "Ben istediğimi söylemekte özgürüm, konuştuğum kişinin istediğini söyleme özgürlüğü olmamalı," gibi düşünürler.

ABD toplumunda, aile içinde kadın ve erkeğin genel olarak eşit olduğu kabul edilir; "evin reisi erkektir" anlayışı pek rağbette değildir. Türkiye'de ise, "erkek evin reisidir" görüşü yaygındır. Bu anlayış, bir kültür değeri olarak, farkında olmadan, varlığını sürdürür. Bu nedenle, "erkek evin reisidir" anlayışını paylaşan eşler, bu konuda konuşma gereksinimi duymadan, evliliklerini ahenk içinde yürütürler.

Bir Türk erkeğinin Amerikalı kadınla evlendiği durumlarda ise, iletişim içinde kadın "eşit ilişkiler" varsayarak konuşur, erkek ise, "evin reisi" olarak konuşmaya devam eder. Aynı kültürden olmayan bu çift kısa bir zaman sonra, "Ailenin reisi kim?" sorusunu tartışmaya başlarlar. Konuştukları içerik ne olursa olsun, ilişkinin türünün tanımında aralarında farklılık olduğu için, iletişim aksar.

Beşinci varsayım, bir cümleyle şöyle özetlenebilir: *Tüm iletişim etkileşimleri, benzerlik ya da farklılığa dayanarak, ya eşit ya da eşit olmayan ilişkiler içinde yer alır.*

İletişimde bulunan kişiler, bu ilişki içinde kendilerini sürekli tanımlama içindedirler. İlişki içinde benliğin tanımlanması, aşağıda görüleceği gibi, iletişim sürecinin temel dinamiğini oluşturur.

ETKİLEŞİM İÇİNDE BENLİK TANIMI

Bireyler kurdukları ilişki içinde kendilerini tanımlamaya başlarlar. Bir örnekle konuya girelim: Hakkı Bey bir bankanın şube müdürüdür. Sekreteri Nazan Hanım, Pazartesi sabahı Hakkı Bey'le, Pazar akşamı gösterilen bir TV programı hakkında konuşmak ister:

Nazan Hanım: "Dün akşam TV'deki Doğu Anadolu dizisini seyrettiniz mi?"

Bu noktada ilişkiye bakalım; Nazan Hanım, ilişki düzeyinde "kendimi, sizinle TV'de neyi seyrettiğinizi konuşabilecek kadar yakın bir ilişki içinde görüyorum," diyor. Hakkı Bey, Nazan Hanım'ın ilişki içinde kendini bu şekilde tanımlamasına üç biçimde tepkide bulunabilir:

(1) Nazan Hanım'ın tanımını kabul edebilir,
(2) Nazan Hanım'ın tanımını reddedebilir, ya da
(3) Nazan Hanım'ı umursamayabilir.

Bu seçeneklerin her biri, Hakkı Bey'le Nazan Hanım arasında birbirinden farklı ilişki türlerine işaret eder. Her bir seçeneği ayrı ayrı ele alalım.

Kabullenme (Tasdik/*Conformity*)

Nazan Hanım, "Dün akşam TV'deki Doğu Anadolu dizisini seyrettiniz mi?" diye sorduğunda; Hakkı Bey, "Hayır seyredemedim; hanımla birlikte dayımları ziyaret ediyorduk, seyretme olanağı bulamadık," diye cevap verirse, Nazan Hanım'ın, "TV'de neyi seyrettiğinizi konuşabilecek kadar kendimi sizinle yakın ilişki içinde görüyorum," tanımını kabul etmekte, "evet, bu tanımınızı kabul ediyorum, akşam evde ne yaptığımızla ilgili birbirimize sorular sorabiliriz," izlenimi vermektedir. Bu izlenimde samimi ise, sekreterle müdür arasında bir ilişki sorunu olmaz.

Hakkı Bey, çekingen bir kişi ise, ya da sekreterin güçlü "dayısı"ndan çekindiği için ilişkiyi "içtenlikle" kabul etmediği halde, sanki kabul ediyormuş gibi görünüyorsa, ortada önemli bir ilişki sorunu vardır. Bu sorun yüzeyde kendini göstermeyebilir, ne var ki, ilişkide örtük bir gerginlik vardır ve ilk fırsatta bu gerginlik kendini gösterir.

Kişiler, her günkü ilişkileri içinde, kendilerini yüzlerce defa tanımlarlar. Bu ilişkilerde her zaman kabullenme görmezler. Çoğu kere, ilişki içinde kişinin kendini tanımlaması, kabul edilmez, reddedilir.

Reddetme (*Rejection*)

Nazan Hanım "Dün akşam TV'deki Doğu Anadolu dizisini seyrettiniz mi?" diye sorduğunda, Hakkı Bey, "Nazan Hanım, lütfen bana cari hesap defterlerini getirin ve Beyoğlu Şubesi'ne telefon ederek Adnan Bey'i arayın!" diye cevap vermişse, Nazan Hanım'ın, "kendimi, TV'de neyi seyrettiğinizi konuşabilecek kadar yakın ilişki içinde görüyorum," tanımını kabul etmemekte, "sekreter olarak sınırlarınızı bilin ve benimle samimi olmaya kalkmayın!" mesajını vermektedir.

Nazan Hanım, ilişki düzeyinde verilen bu mesajı alabilirse, müdürle sekreter arasındaki ilişki normalleşir ve bir sorun çıkmaz. Ne var ki, Nazan Hanım kendini "resmi" değil, "samimi" hava içinde tanımlamaya devam ederse, müdür ve sekreter arasında bir iletişim sorunu çıkar, gerginlik ve huzursuzluk başlar. İnsan ilişkilerindeki bu tür huzursuzluk ve gerginlikler, "ilişki" düzeyini konuşma konusu yapar. Daha önce söylendiği gibi, ilişki düzeyinde sorun olmadığı sürece, ilişki konuşma konusu yapılmaz.

Birbirlerinin "benlik tanımları"nı, iletişim içinde reddeden kişiler aralarında kafa ve gönlü zenginleştirecek bir iletişim kuramazlar.

İletişim içinde tanımlanan benliği kabul etmeme, reddetme zararlı, yıpratıcı bir ortam yaratır. Watzlawick ve arkadaşları (1967) kitaplarının büyük bir bölümünü, çocuklarda ve yetişkinlerde gözlenen çoğu ruhsal sorunların, sosyal ortamdaki etkileşimde bulunan reddetme ve umursamama davranışından geldiğini kanıtlamaya ayırmışlardır. Onlara göre, iletişimdeki "reddetme" davranışının yarattığı zarar, "umursamama"nın yarattığı kadar fazla değildir. Umursamama, psikolojik bakımından en zehirli, en öldürücü ortamı yaratır.

Yukarıda verilen örneğe yeniden dönerek, şimdi umursamama davranışına bakalım.

Umursamama (*Disconfirmity*)

Nazan Hanım "Dün akşam TV'deki Doğu Anadolu dizisini seyrettiniz mi?" diye sorduğunda, Hakkı Bey, "hiçbir şey" söylemese, yapmasa ve sanki sekreter orada yokmuş gibi davransa, Nazan Hanım'ın, "kendimi, TV'de neyi seyrettiğinizi konuşabilecek kadar yakın ilişki içinde görüyorum," tanımını kabul etmemekle kalmayacak, sekreterin insan olarak orada varlığının umurunda olmadığını ifade etmiş olacaktır.

Kabullenme ve reddetme, kişinin o an içinde kurmaya çalıştığı *ilişkinin* benimsenip benimsenmediğine işaret eder. Umursamama, *kişinin kendinin* önemsenmediğini, değersiz olduğunu, *yok olduğunu* belirtir. Watzlawick ve arkadaşları, umursamamanın ilişki içinde en sağlıksız psikolojik durumu yarattığını öne sürerler. "Bir insana dünyanın en dayanılmaz işkencesini yapmak isterseniz, onu 'umursamama'nın baskın olduğu sosyal bir ortama koyun," önerisinde bulunurlar. Onlara göre, "En acı ve ızdırap verici bedensel işkence bile, umursamamaya yeğlenir, çünkü bedensel işkenceyi yapan, işkence yaptığı 'kişinin varlığını' kabul etmiş olmaktadır."*

Watzlawick, Beavin ve Jackson, toplum içinde insan ilişkilerinin çoğunlukla "kabullenme", "reddetme", ya da "umursamama" türünden olabileceğini, sağlıklı bir toplum yaşamını sürdürebilmek için ağırlığın "kabullenme" yönünde olması gerektiğini ifade ederler. Toplumdaki ilişkiler genellikle "reddetme" yönündeyse, o toplumda cinayetler, kavgalar, sürtüşmeler çoğalır; genellikle "umursamama"nın ağır bastığı toplumlarda ise akıl hastalıklarında bir artma olur.

İlişki içinde olan kişiler, ilişkileri süresince, birbirlerini her üç türden tanımlama içine sokarlar: Karısıyla çoğunlukla kabullenme türünden bir tanımlama içinde olan koca, bazen reddetme ve ara sıra da umursamama davranışı içinde olabilir. Bir ilişkinin tümden kabullenici ya da reddedici olması gerçeğe uymaz. Kabullenme, reddetme ve umursamamanın frekansı, ilişkiye temel özelliğini kazandırır.

Çetin Altan'ın aşağıdaki yazısı, incelediğimiz konuyu bizim topluma uyguluyor.

Ünlü Amerikalı psikolog (filozof William James çok daha önceleri bu gözlemi yapmıştır. Gerçekte Watzlawick ve arkadaşları James'ın gözlemlerini tekrar etmekte, iletişim kavramları içinde yeniden ifade etmektedirler (Bkz. s. 100).

Sen Adam Değilsin, Yoksun Dünyada

«Çocukluğuyla gençliği Yeşilköy köşklerinde geçmiş, eski bir İstanbul efendisi olan kırçıl bıyıklı Tarık bey:

— Her sabah evden çıkarken o gün karşılaşacağım tüm davranışlarla sözlerin bana kişi olarak var olmadığımı, yürüyen, kıpırdayan bir insan gölgesi dahi sayılamayacağımı tekrar tekrar ihtar edeceğine kendimi hazırlayarak adımımı atıyorum sokağa, dedi.

Güngörmüş, hoşsohbet bir adamdı Tarık bey:

— Köşede gazete de satan, gedikliden emekli suratsız bir tütüncü var. Gazete almak için ona uğruyorum. Paramı hazırlayarak, günaydın diye tütüncüden gazetemi istiyorum. Selamımı almadan dükkânının içinde ayran yahut süt şişelerini düzeltmeye devam ediyor. Bir garip tad alıyor, beni görmezlikten gelip adam yerine koymamaktan. Yani tavırlarıyla "Sen yoksun mevcut değilsin," demek istiyor. Bende içimden tekrarlıyorum, "Ben yokum, mevcut değilim..." ama yine de gazeteyi uzatmasını bekliyorum. Beni adam yerine koymadığını kanıtlayacak süre kendince geçince, kafasının dağılmasını istemeyen bir atom bilgininin özensizliğiyle yüzüme bile bakmadan gazeteyi alıp uzatıyor.

Tarık bey gözlüklerinin arkasından kıskıs gülerek, tütüncünün gazeteyi nasıl alıp uzattığını gösteriyordu.

— Elimde gazete dolmuş durağına gidiyorum. Durak her zaman kalabalık oluyor. Kimsenin sırasını çalmadığımı gösterecek bir yere duruyorum. Derken bir dolmuş geliyor, bütün bekleşenler kapılara üşüşüyor, binen biniyor, binemeyen kalıyor. Ben sıram gelmediği kanısıyla acele etmiyorum. Bir dolmuş daha geliyor, benden sonra gelenler de kapılara üşüşenlerin arasına katılıyor. Biliyorum ki kimse bana "Buyurun sıra sizde," demeyecek. Bazen artık sıramın geldiği inancıyla ben yeni gelen bir dolmuşun kapısına doğru seyirtiyorum. Ya sert bir omuz darbesi iniyor göğsüme, ya arkadan gelip içeri girmek için eğilen birinin kalçası dayanıyor karnıma. Kişiler mekanik bir itip kakmanın ortaklığında bana "Sen yoksun, mevcut değilsin," diyorlar. Ben de içinden tekrarlıyorum, "Ben yokum, mevcut değilim." Sonunda geç de olsa biniyorum dolmuşa. Benden önce inecekler, şoföre "Şurada dur," diyorlar. Bu aynı zamanda bana "Sen de in rahat çıkalım," demek. Ben de araba durunca hemen yere iniyorum, yanımda oturanın çıkmasını bekliyorum. Onlar yine yüzüme bile bakmadan çekip gidiyorlar. Yani adam yerine koymuyorlar beni. Bir anlamda "Sen yoksun, yeryüzünde var değilsin," demek istiyorlar. Bende içimden "Ben yokum, yeryüzünde var değilim," diyorum.

Tarık bey, kendiyle yahut İstanbul'un hoyratlığıyla eğlenir gibi sigarasını yakıyor ve gözlüklerinin arkasından devam ediyordu kıs kıs gülmeye:

— İneceğim yere gelince "Şoför efendi durur musunuz?" diyorum. Bazısı duruyor, bazısı duymazlıktan gelerek, müşteri gördüğü yere kadar gidip orada duruyor. Bazısı "Haydi yahu acele et, işimiz var," diyor. Ben hepsine inerken "Teşekkür ederim," diyorum. Çoğunlukla cevap vermeden gazlıyorlar. Birini rahatsız ederek inersem, ona da teşekkür ediyorum. O da genellikle cevap vermiyor. Ben daha evden çıkarken yok sayılacağımı bildiğim için asla yadırgamıyorum bunları. Gayet normal karşılıyorum. Sade bana değil, herkes birbirine, "Sen yoksun, insan olarak bir sıfır kadar bile değerin yok," demekten hoşlanıyor. Bayılıyorlar birbirlerini adam yerine koymamaya. Bu arada ben de payımı alıyorum ama ben direnip, ille de ben varım diye inatlaşmıyorum. "Yokum, mevcut değilim," diye devam ediyorum günlük serüvenime.

Tarık bey keyifli keyifli tüttürüyordu sigarasını.

— Dolmuştan inince karşı kaldırıma gerçerken iki-üç taksiyle özel arabadan mutlaka sesler yükseliyor: "Sallanmasana moruk," "Yürüsene ulan ihtiyar," "Geç hadi geç teneşir horozu." Ben hep yaya geçidinden geçtiğim için beklediklerine kızıyorlar. Varmış gibi yürümem sinirlendiriyor onları. Yok olduğumu, var olmadığımı hatırlatmak istiyorlar bana. Ben de "Merak etmeyin, yokum, var değilim," diye geçiyorum karşı kaldırıma. Bazen oralarda bir trafik polisi duruyor. Çok seviyorum o polisi. Çünkü o da şoförlerin olmadığı kanısında. Onlara "Bas ulan geri," "Kör müsün ulan ayı," diye bağırıyor. Arada bir sinek kovalar gibi hiçbirinin suratına bakmadan eliyle "Geç geç," yapıyor. Yani şoförler beni, polis de şoförleri adam yerine koymuyor. Herhalde komiseri de polisi adam yerine koymuyordur.

Tarık bey sigarasının izmaritini tablada söndürdü.

— Akşam dönerken de yine aynı şey. Kalabalığın bireyleri, bıkıp usanmadan, "Sen yoksun, yeryüzünde var değilsin," demeyi sürdürüp gidiyorlar. Ben de "Ben yokum, var değilim," diye mırıldanmaya devam ediyorum içimden. Adam yerine konmamak insanın gücüne gider değil mi? Benim hiç gitmiyor. Bir toplumun kendi kendini adam yerine koymamakta inatlaştığı dönemlerde kimleri adam yerine koymaya kalktığını biliyorum çünkü.

Tarık bey bir sigara daha yaktı:

— İstanbul bin beşyüz yıllık bir başkenttir, dedi. Gönül bütün birikimin Haliç'in dibindekilerden ibaret olmamasını isterdi.»

Hepimiz yukardaki tür yaşantılardan geçtiğimiz için, Çetin Altan'ın Tarık Bey'iyle anında ilişki içine girer, onu anlarız.

Şimdi, günlük iletişim ilişkilerinin önemli bir bölümünü oluşturan sözsüz ifadeleri incelemeye hazırız. Aşağıda bu bölümün kısa bir özetini verdikten sonra, sözsüz iletişim konusunu ele alacağız.

SÖZÜN KISASI

Bu bölümde beş temel iletişim varsayımı incelendi. Bunlar:

1. Aynı sosyal ortamda birbirlerini algılayan kişilerin iletişim kuramamaları olanaksızdır.
2. Her iletişim faaliyetinin bir içerik bir de ilişki olmak üzere iki düzeyi vardır; ilişki düzeyi içerik düzeyine anlam veren çerçeveyi oluşturur ve bu nedenle daha üst aşamadadır.
3. Mesaj dizisini yapılaştırma biçimleri, iletişim ilişkilerini belirleyen önemli faktörlerden biridir.
4. Sözlü iletişim akıl ve mantığı, sözsüz iletişim ise duygu ve ilişkileri en etkili ifade etme aracıdır.
5. Tüm iletişim etkileşimleri, benzerlik ya da farklılığa dayanarak, ya eşit ya da eşit olmayan ilişkiler içinde yer alır.

3

Kelimelerin Ötesinde: Sözsüz İletişim

İyi bir dinleyici, iletişim kurduğu kişinin yalnız söylediklerini değil, yüzü, eli, kolu ve bedeniyle yaptıklarını da "duyar"; çünkü yüz ifadeleri, el ve kol hareketleri, bedeninin duruş tarzı , sesin tonu gibi *sözsüz mesajlar* kullanarak da iletişim kurulur. Karşı karşıya gelerek kurulan kişiler arası iletişimlerde, hem sözlü, hem de sözsüz mesajlar aynı anda kullanılır. Bu konuşmalarda, mesaj alışverişinin ancak küçük bir bölümünü sözlü mesajlar oluşturur. Yüz ifadeleri, el kol hareketleri, bedenin konumları ve sesin yükselip alçalmasıyla gönderilen sözsüz mesajlar, iletişimde kullanılan mesajların daha büyük bir bölümünü kapsar.

Kimi zaman, insanların duygularını anlamak gerçekten zordur. Kendilerine soramazsınız, çünkü ne hissettiklerini çoğunlukla söylemek istemezler; söylemek isteseler bile, çoğu kez duygularını kendileri de pek bilmezler. Bu kişilerin kafalarının içine girip ne hissettikleri öğrenilemeyeceğine göre, yüz ifadelerine, beden belirtilerine bakarak, o anda nasıl bir duygu içinde olduklarını anlamaya çalışırız. Bedensel belirtileri anlayabilmek için, bu belirtilere duyarlık kazanmak gerekir. Bu bölümün amacı, sözsüz mesajlara karşı duyarlık kazanarak, karşıdakini "söylemedikleriyle" anlamayı öğrenmektir.

Fark nedir?

Aşağıdaki alıştırmayı yaparak, sözlü ve sözsüz iletişimi karşılaştırabilirsiniz.

1. Arkadaşınızla başkalarının sizi rahatsız edemeyeceği bir köşeye çekilin.
2. Sırtınız birbirinize dönük olarak oturun ve vücutlarınız birbirine dokunmasın. Bu biçimde oturunca birbirinizi göremeyecek, fakat söylediklerinizi rahatça işitebileceksiniz.

3. Aklınıza gelen ve ilgi duyduğunuz bir konuda beş dakika kadar, birbirinize hiç bakmadan konuşun.
4. Şimdi yüzyüze dönün ve konuşmanıza beş dakika daha devam edin.
5. Elele tutuşun. Hiç konuşmadan, söylemek istediklerinizi el ve yüzünüzle ifade etmeye çalışın. El ve yüzünüzle ifade etmeye çalışırken duygularınıza dikkat edin. Doğru ya da yanlış yapma diye bir şey söz konusu değildir. Kendinizi gülünç hissetmeniz, utanmanız, sıkılmanız da doğaldır. Sizden istenen, bu beş dakikalık süre içinde hiç konuşmamanız, söylemek istediklerinizi dokunarak, ellerinizle ve yüz ifadenizle anlatmaya çalışmanızdır.
6. Şimdi sırtınız birbirine dönükken, karşılıklı konuşurken ve elele tutuşarak meramınızı konuşmadan anlatmaya çalışırken neler hissettiğinizi, birbirinize anlatın. İkinizin duyguları birbirine benziyor mu? Ne zaman en rahat ya da en tedirgindiniz? Bu uygulamayı oyun haline getirmek geçti mi içinizden? Farklı iletişim durumlarında duygularınızda bir değişiklik oldu mu? Karşıdakinin ne demek istediğini anlayabildiniz mi? O sizinkini anlayabildi mi?

Sözsüz iletişimin özellikleri

Tuhaf gelmesine rağmen, umarım yukarıdaki alıştırmayı yapma olanağı bulmuşsunuzdur. Bu alıştırma aracılığıyla, sözsüz iletişimin bazı yönlerini, bilinçli bir deneyimle kendiniz keşfetmiş olacaksınız. Sözsüz iletişim etkilidir; duyguları belirtir; çift anlamlı iletişim olanağı yaratır; ve belirsizdir (yani yoruma açıktır). Bu özellikleri biraz daha ayrıntılarıyla aşağıda gözden geçirelim.

Sözsüz iletişim etkilidir: Bazı tür anlamları, özellikle duyguları, sözsüz iletişimle daha etkili ve dolaysız biçimde ifade etme olanağı vardır. Çetin Altan'ın yazısına konu olan Tarık Bey'in izlenimlerini hatırlayın (sayfa 30); Tarık Bey'e yapılan davranışlar ona "Sen yoksun, mevcut değilsin," izlenimi vermiştir ve bu mesajlar hep sözsüz mesajlardır. Duygu ve ilişkiyle ilgili en etkili mesajlar, sözsüz mesajlardır.

Sözsüz iletişim duyguları belirtir: Düşünceler sözlü iletişimle, duygular sözsüz iletişimle en rahat ifade edilirler. Yaptığınız alıştırmada bunu gözlemiş olabilirsiniz: İlk beş dakika içinde sözlü iletişimle ifade edilebilecek düşünceleri paylaştığınız halde, ikinci beş dakika içinde daha çok duyguları ifade etmeye çalıştığınızı gözleyebilirsiniz.

Aşağıdaki düşünce ve duyguları birer mesaj olarak oluştururken hangi türden mesajın (yani sözlü ya da sözsüz mesajın) daha uygun düşeceğini düşünün:

- Yorgunum.
- Güvenlik mahkemelerine taraftarım.
- Komşu kızını çekici buluyorum.
- Doğu Anadolu'da sanayi yatırımları yapılmalıdır.
- Kızgınım.

Yorgunluk ve kızgınlığınızı, en etkili olarak sözsüz mesajlarla; komşu kızını çekici bulmanızı, hem sözlü hem sözsüz mesajlarla; güvenlik mahkemeleri ve sanayi yatırımları konularını, en rahat olarak sözlü mesajlarla ifade edebildiğinizi göreceksiniz.

Sözsüz iletişim çift anlamlıdır: Çoğu kez, kişinin sözlü ve sözsüz mesajları, farklı anlamları vurgular. Sinirli olan kişinin yüz ifadesi, sesinin tonu ve bedeni, kızgınlık dolu mesajlar gönderdiği halde, sözleri bu kızgınlığı saklamaya çalışabilir. Bu kişiye, "Kızdınız mı?" diye sorduğunuzda, size bağıra bağıra, yüzünüze tükürür gibi, "Hayır, kızgın değilim! Niçin kızacak mışım?" diye cevap verebilir. Ne var ki, siz onun sözlü ya da sözsüz mesajlarından hangisine inanacağınızı bilirsiniz.

Sözlü ve sözsüz mesajlar arasındaki bu çelişki, her zaman yukarıdaki kadar belirgin değildir. Her insan ara sıra olduğundan farklı görünmeye çalışır. Bu çelişkili davranışın birçok nedenleri vardır: Bir konuşma, görüşme ya da tartışmada kişi gerginliğini saklamaya çalışabilir; birinin kendi hakkında üzülmesini istemediği anlar olur, ya da kendini düşündüğünden daha cazip göstermek isteyebilir.

Bu çelişkileri kendinde ve başkalarında yakalamasını öğrenen kişi, insan ilişkilerinde daha güçlü bir duruma geçmeye başlar; bir iş yöneticisi, bir baba veya anne, bir arkadaş, bir koca ya da sevgili olarak, karşısındakiyle daha derin ilişkiler kurma olanağına sahip olur.

Sözsüz iletişim belirsizdir: Sözsüz iletişimde belirsizlik derecesi yüksektir. Örneğin, beraberce gülüp eğlendiğiniz bir geziden sonra eşinizin sessizliğini nasıl yorumlarsınız? Bu sessizliğin bir tek anlamı mı vardır, yoksa bunu birkaç türlü yorumlamak olanağı var mıdır?

Örneğin,

- Eşiniz yorulmuş olabilir.
- Farkında olmadan onu kızdırmış olabilirsiniz.
- Gezi bittiği için üzgün olabilir.
- Baş ağrısı ya da benzeri bir rahatsızlığı olabilir.

Bu seçeneklerden hangisinin doğru olduğunu anlamak için, sözlü mesaja başvurmanız gerekebilir. Burada anlatılmak istenen şudur: Sözsüz iletişim, bireyin gerçek duygularını daha iyi yansıtabilir; ne var ki, değişik yorumlara açık olduğundan hemen bir yoruma sarılıp her şeyi anladığınız sonucuna varamazsınız. Yüz ifadelerini, ses tonunu, bedenin gergin ya da gevşek oluşunu, duruş ve oturuş konumunu, el ve kol hareketlerini, kişinin iç aleminin belirtileri olarak alın; ancak bunlardan çıkardığınız anlamı, bir zaman süresi içinde başka gözlemlerinizle karşılaştırın, anında bir karar vermeyin.

KİŞİLER ARASI MESAFE BİR ANLAM TAŞIR

İnsanlar, içinde bulundukları mekânı gelişigüzel kullanmazlar. Birbirlerine olan duygulara göre, konuşurken, aralarındaki uzaklık artar ya da azalır. Aşağıdaki alıştırmayı yaparak biriyle aranızdaki mesafenin sizi nasıl etkilediğini öğrenebilirsiniz.

1. Diğer uygulamalarda olduğu gibi, kendinize bir eş edinin. Yalnız ikinizin olduğu bir odaya girin ve odanın karşıt duvarlarına giderek birbirinizi görebilecek biçimde yüz yüze durun.
2. Herhangi bir konuda konuşurken, örneğin, o anda duygularınızı karşınızdakine söylerken, birbirinize doğru yavaş yavaş yürümeye başlayın. Birbirinize giderek yaklaştıkça duygularınızda bir değişiklik oluyor mu? Bunun farkına varmaya çalışın. Aranızda üç santim kalıncaya kadar birbirinize doğru yürümeye devam edin.
3. Yüz yüze bakarken, yavaş yavaş geriye doğru çekilin ve en rahat konuşabildiğiniz mesafede durun.

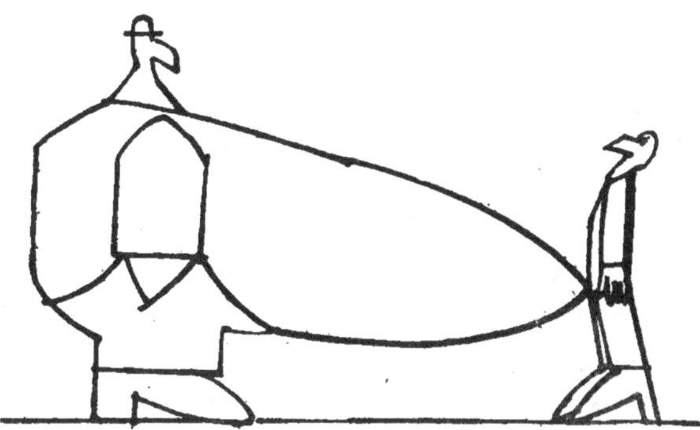

4. Siz ve arkadaşınız aynı uzaklıklarda benzer duygular içine mi girdiniz? Benzerlik ve farkların nereden gelebileceğini aranızda tartışın.

Alıştırmanın ilk aşamasında, rahat bir konuşma ortamı için aranızdaki mesafenin fazla olduğunu hissetmiş olabilirsiniz. Birbirinize doğru yürürken, daha rahat bir mesafeye yaklaştığınızı hissetmeniz beklenir; belirli bir yakınlıktan sonra, mesafe kısaldıkça yeniden rahatsız olmaya başlamanız beklenir. Bir metre ile 30 santimetre arasındaki mesafede rahat bir duygu içinde olmanız beklenir. Otuz santimetreden daha az mesafelerde artan derecelerde rahatsızlık duyacağınız tahmin edilir. Bazı kimseler, kendilerini zorladıkları halde, karşısındakine otuz santimden daha fazla yaklaşamazlar.

Pek samimi olmadığınız birinin çok yakınına geldiğinizde niçin rahatsız oluyorsunuz? Bu duygunun altında yatan neden, *kişisel mekân* kavramıyla açıklanır. Kişisel mekân, bir kimsenin çevresinde tuttuğu, görünmeyen bir çember olarak tanımlanır. Kişi, bu çemberin ortasında bulunur. Çapı, kültürden kültüre, kişiden kişiye değişen bu çember her toplumda vardır. Alıştırmada rahatsızlık duymaya başladığınız noktada karşınızdaki, büyük bir olasılıkla, sizin kişisel mekânınıza girmeye başlamıştır; o mekânın sınırlarından çıkınca, yine kendinizi rahat hissetmeye başlarsınız.

Bu alıştırmayı kendinize yakın bulduğunuz biriyle yapacak olursanız, kişisel mekânınızın bu kimse için değişik olduğunu ve çok yakın mesafelere sokulduğu halde bile bundan rahatsızlık duymadığınızı gözlersiniz. Ne var ki, tanımadığınız ya da tanıdığınız halde, olumsuz duygular beslediğiniz bir kimseyle aynı alıştırmayı yapacak olursanız, kişisel mekânınızın büyüdüğünü görürsünüz. Demek ki, kişisel mekânınız bir insanı ne kadar tanıdığınıza ve ona ne gibi duygular beslediğinize göre değişir. Bir kimseyle konuşurken araya koyduğunuz mesafe, kendi başına bir anlam ifade eder ve kişisel mekânın sınırları, bir mesaj niteliğine bürünür. "Sizi kendime yakın buluyorum" mesajını, o kimseye uyguladığınız mekânla, yalın ve dolaysız olarak güçlü bir biçimde ifade edebilirsiniz.

Antropolog Edward T. Hall, Amerikan kültüründe kullanılan dört farklı kişisel mekândan söz eder (Hall, 1968). Hall'a göre, bir Amerikalı bu farklı mesafelerden birini, karşısındakine beslediği duygulara dayanarak seçer ve yine bu yolla, söz konusu kişinin kendisi için ne tür duygular beslediğini öğrenir. Bu dört farklı mesafenin bilinmesinde yarar olduğu için aşağıya alıyorum.

Mahrem mesafe: Cilt temasıyla, otuz, otuz beş santimlik mesafeyi kapsar. Adından anlaşılacağı üzere, içli dışlı olunan, duygusal bakımdan çok yakın hissedilen insanların bu bölgeye girmelerine izin verilir. Bir kimsenin mahrem mesafeye girmesine izin verildiği zaman, o insana güvenildiği, yakını olarak görüldüğü anlamı çıkar. Varolan koşulların zorunlu sonucu olarak, otobüste, kuyrukta vb. yerlerde, bir kimsenin mahrem mesafesine giriyorsak, gerginleşir ve onunla göz göze gelmemeye çalışırız. Bu durumlarda kişisel mekânımıza giren kişi de büyük rahatsızlık duyar ve o da bizimle göz göze gelmemeye çalışır. Bu haliyle sanki, "Kişisel mekânınızı ihlal ettiğim için özür dilerim, fakat elimde olmadan, durum gereği burada bulunuyorum," demek ister.

Yeni tanışan bir kadın ile erkek, duygusal bir ilişki geliştiriyorlarsa, mahrem mesafenin farkındadırlar. Arabada ya da yemek masasında oturuş mesafeleri birbirlerine karşı ne kadar yakınlık hissettiklerine bağlı olarak gittikçe azalır ya da büyür. Bizim toplumda, ilk girişimi, genellikle erkeğin yapması beklenir: Diz dize oturma girişimi ilk ondan gelmelidir, kadının elini avuçları içine alan odur. Kadın duygularını bu yakınlaşma girişimlerine ses çıkarmama ya da biraz daha uzağa çekilmeyle belli eder.

Kişisel, samimi mesafe: Kırk santimle, seksen santim arasında değişen masefe, Hall'ın tanımladığı ikinci bölgeyi oluşturur. Birbirlerini tanıyan ve rahat konuşan iki insan, bu mesafede kendilerini en rahat hisseder. Genel yerlerde birbiriyle samimi mesafe sınırları içinde duran iki insanın iyi bir arkadaş, karı koca, nişanlı ya da sözlü olduğu düşünülür. Bir partide konuşurken biriyle bu mesafe sınırları içinde sık sık bulunuyorsanız ve bu kimse karşı cinsten biriyse, partideki diğer kimselerin dikkatlerini üzerinize çekeceğinizden emin olabilirsiniz.

Sosyal mesafe: Bu bölge, seksen santimle iki metre arasında değişir. İşlerin rahatça konuşulduğu, resmi ilişkilerin sürdürüldüğü bölge bu çemberdir. Seksen santimle, yüz on santim arasındaki mesafede genellikle, satıcılarla müşteriler ve işyerinde beraber çalışan kişiler arasındaki konuşmalar sürdürülür. Bir iş yerinde patron bir işçiyi çağırdığında, işçi patronu otorite olarak görmesinin ve ona duyduğu saygının derecesine bağlı olarak, patronla arasındaki sosyal bölgenin en uç sınırlarında durmaya çalışır.

Genel topluma açık mesafe: İki metreden başlayarak uzayan kişisel mekân genel, topluma açık, tanımadığımız kişiler içindir. Ne var ki, zorunlu koşullar nedeniyle okullarımızda öğretmenler genellikle böyle bir mesafe kullanma zorunda kalırlar. Bu nedenle öğrenci öğretmen ilişkileri bir derece yabancılaşmak zorundadır. Aradaki mesafe on metreyi geçtiği zaman, karşılıklı ilişki ve iletişim daha da zorlaşır.

Kişilerin çevresindeki mekân kullanma biçimleri de, onların sosyal yeri ve mevkii hakkında bir fikir verir. Odasına girdiğiniz birinin büyük bir masası varsa ve yanına yaklaşmanız pek kolay değilse, bu kişinin sosyal mevkii ve gücü hakkında bazı tahminler yaparsınız. Müdürün odasına girerken kapısına vururuz, oysa o bizimkine vurmadan girer. İnsanların mevkileri büyüdükçe, kendilerine özgü kişisel mekânları da önem kazanır. Birçok kuruluşta müdürlerin yemek yediği yer ayrıdır. Bazı üniversitelerde öğretim üyelerinin, memurların, hademelerin ve öğrencilerin yemekhaneleri, hatta tuvaletleri bile ayrıdır.

- Sizin yaşamınızda kişisel mekânınız önemli bir yer tutuyor mu? Birkaç gün sizinle başkaları arasındaki mesafeye dikkat edin. Bir durumdan diğerine bu mesafe değişiyor mu? Aranızdaki mesafe bir kişi hakkında ne hissettiğinizin iyi bir göstergesi oluyor mu? Bu kişiye daha yakın ya da daha uzak durduğunuz zaman duygularınızda bir değişiklik oluyor mu?

Şimdi bedenin duruşu, el kol hareketleri, yüz ifadeleri gibi diğer sözsüz iletişim mesajlarına bakalım.

BEDENİN DURUŞU

Karşımızdaki kişiyle iletişim kurarken, ona doğru eğilmiş durumda mıyız, yoksa ondan uzaklaşır biçimde bir eğiliş mi gösteriyoruz? Ellerimiz, kollarımız, ayaklarımız bir yaklaşma mı, yoksa bir uzaklaşma mı ifade ediyor? Bu soruların cevabı, bedenimizin konumuyla içinde bulunduğumuz iletişime ne gibi ek mesajlar getirdiğimizi gösterir. Bedenin duruşunun nasıl bir mesaj oluşturduğunu anlamak için, aşağıdaki ufak deneyi yapın:

1. İki arkadaş bulun. İkiniz sadece sizi ilgilendiren bir konuyu konuşurken, üçüncü kişinin geldiğini ve size katılmak istediğini düşünün. Bu kimseyi görmüş olmaktan pek memnun değilsiniz, ama ona karşı kaba davranmak da istemiyorsunuz.
2. Söz konusu kişiye sadece beden duruşunuzu kullanarak duygularınızı belli etmeye çalışın. Bu üçüncü kişiyle, isterseniz konuşabilirsiniz, ne var ki onun gitmesini istediğinizi sözle değil, bedeninizle söyleyeceksiniz.

Bu deneyi yapmışsanız, ya da gerçek hayatta başınıza gelmişse, istenmeyen kişiye biraz sırtınızı dönmenin, sizin onunla pek konuşmak istemediğinizi belirttiğini görmüşsünüzdür. Sizin sohbetinizi kesen kişi, omuzunuzun üzerinden sizinle konuşmaya kalkar, fakat biraz uğraştıktan sonra kendisinin istenmeyen kişi olduğunu anlar ve yanınızdan uzaklaşmak zorunda kalır. Bedeniniz bu üçüncü kişiye, "Şimdi diğer arkadaşımla konuşmak istiyorum, lütfen bizi yalnız bırak," mesajını gayet açık vermektedir. Birine tam yüzünüzü dönmüş olmanız, o kişiyle iletişim kurmaya önem verdiğinizi, o kişiden yüzünüzü çevirmenizse buna pek istekli olmadığınızı ifade eder. Yüzümüzü çevirerek bir insana, onunla mahrem veya samimi mesafede olmak istemediğimizi de söylemiş oluruz; böylece kalabalık bir asansörde temas halinde olduğumuz kimseye bakmadan, yüzümüzü başka tarafa çevirerek bedenimizin temasını etkisiz hale getiririz.

- İnsanlar bir arada oturarak konuşurken birbirlerine nasıl bir durum gösteriyorlar, gözlemeye çalışın. Bir grupta kim kime kendini daha yakın hissediyor? Onların oturuş ve birbirlerine bakışlarından bunu çıkarabilir misiniz? Kendinizi gözleyin. Acaba herkese aynı şekilde mi bakıyorsunuz, yoksa farkında olmaksızın bedeniniz bazı ayırımlar yapıyor mu?

Beden yalan söylemez

Bedenin duruşu, sadece hangi yana eğildiği ve yüzün hangi yöne baktığıyla sınırlanmıyor. Omuzların dik ya da çökük oluşu, kolların açık ya da kapalı oluşu, ayakların açıklığı ya da kapalılığı, bacakların üst üste atılmış olması, ayrık ya da bitişik durması da birer mesaj oluşturur. Psikoterapide üzerinde önemle durulan bu tür mesajlardır. Psikolog, kendinden yardım istemeye gelen hastanın sözlerinden çok, bedenin ilettiği mesajlara ağırlık verir. Omuzları çökmüş, koltuğa külçe halinde yığılmış, bacakları birbirine yapışırcasına kapalı, sürekli önüne bakan hastasına, "Bugün kendinizi nasıl hissedi-

yorsunuz?" sorusunu yönelten terapist, "Bugün kendimi çok iyi hissediyorum," biçimindeki bir cevaba pek itibar etmeyerek, kişinin içinde bulunduğu gerçek durumu, bedenin belirttiğini düşünür.

Bedeninin duruşuyla duygular arasında nasıl bir ilişki bulunduğunu, aşağıdaki uygulamayı yaparak kendi kendinize keşfedebilirsiniz. Bu uygulamayı yapmak için rahat bir biçimde bir sandalye ya da koltuğa oturun ve aşağıda verilen yönergeyi izleyin.

1. Gözlerinizi bir dakika için kapatın ve sizi sıkan, üzen, ezen, utandıran bir durumu düşünün....Bu üzücü durumu hayalinizde iyice canlandırın. Bu durumu düşünürken, omuzlarınızı aşağı doğru çökertin, oturduğunuz yerde biraz öne doğru eğilin, kollarınızı öne doğru kucağınızda kavuşturun, ayaklarınızı, dizinizi ve bacaklarınızı birbirine iyice yakınlaştırarak içeri çekin, yani bir tesbih böceği gibi iyice kapanın. Bu durumda duygularınıza dikkat edin. Gözünüz kapalıyken, ayakta kendinizi sanki ikinci bir kimse olarak seyrettiğinizi düşünün; bu kapalı halinizle kendinizi iyice gözünüzün önünde canlandırmaya çalışın. Böyle oturan bir kimse bir başkası olsa sizde nasıl bir etki uyandırırdı acaba?
2. Şimdi kendinizi rahat ve gevşek bırakın ve mutlu, neşeli bir anınızı düşünün....Omuzlarınız dik ve arkaya atılmış, kollarınız açık, arkanıza yaslanmış bir durumdasınız, bacaklarınız ve ayaklarınız bitişik değil. Gözlerinizi kapayın ve kendinizi bu halinizle hayalinizde canlandırın. Bu oturuş size neler anlatırdı?

YÜZ İFADELERİ

İnsan vücudunun en dikkati çeken yeri yüz, yüzde en çok dikkati çeken yer ise gözlerdir. Ancak yüz ifadelerini anlamak o kadar kolay değildir, çünkü yüz karmaşık bir iletişim sistemi oluşturur.

Yüzle, birbirinden farklı kaç tane ifade belirtebileceği konusu henüz açıklığa kavuşmuş değildir. Burada çizim olarak dört kaş, üç göz ve beş ağız ifadesi veriyoruz.

Bu ifadeleri, saydam bir kâğıt üzerine çizin ve üst üste getirerek çeşitli yüz kalıpları oluşturun. Elinizdeki on iki öğeyle, birbirinden farklı altmış yüz ifadesi yapabileceğinizi düşündünüz mü? Yapılan

Yüz ifadelerini oluşturmada kullanılan şematik yüz öğeleri

araştırmalar, birbirinden tam olarak ayırt edilebilen *sekiz* alın ve kaş, bir o kadar göz ve gözkapakları ile *on* ağız ve dudak ifade durumu olduğunu saptamıştır. İfade durumu adı verilen bu yüz yapıları ile ifade tonları (memnun, neşeli, coşkun gibi) ve değişik türden duygusal içerikleri belirten mimikleri katarak, ne kadar farklı türde ve niteliklerde yüz ifadesi yapılabileceği düşünülür. Yüz ifadelerinin bu kadar değişkenlik gösterebilmesi, onun karmaşık ve zor bir iletişim sistemi olmasının ilk nedenidir.

Yüz ifadelerini anlama zorluğunun ikinci nedeni de, yüz ifadelerinin hızla değişmesidir. Film teknikleri kullanılarak yapılan çalışmalar göstermiştir ki, bir kimsenin yüzündeki ifade, saniyenin beşte biri kadar bir zaman içinde değişebilmektedir. Bu tür film çalışmaları, yüzün hangi kısmının hangi heyecanları en iyi belirttiğiyle ilişkili ipuçları da vermiştir.

Yüz ifadeleriyle ilgili olarak yaptığım iki çalışmada, 43. sayfada verdiğim şematik çizimleri kullandım. Şematik çizimlerle oluşan bu yüz ifadeleri Türkiye, Japonya ve Amerika Birleşik Devletleri'nde üniversite öğrencilerine gösterildiği zaman, ilk araştırmada deneklerin bu ifadeleri, *Neşe-Hüzün, Kızgınlık-Durgunluk* ve *İç-kaynaklı/Dış-kaynaklı* boyutları çerçevesinde algıladıkları görüldü. Yine aynı şematik çizimleri kullanarak yapılan ikinci araştırmada ise, neşeli ve mutlu ifadelerin en iyi ağız ve gözle kızgın ifadelerin kaş ve dudak biçimiyle; hayret ve sürpriz gibi dışarıya açık ifadelerle, anılara dalma gibi içe dönük ifadelerin ise, en iyi gözle belirtildiği ortaya çıktı (Cüceloğlu, 1968, 1972).

Gözün kendisi başlı başına bir mesaj kaynağıdır. Bir kimse gözünüze bakıyorsa, size ilgi duyuyor demektir. Öte yandan bir kimse, gözünü gözünüzden kaçırmakla, sizden bir şey saklamak durumunda olduğunu ifade edebilir. Bundan dolayı, iyi satıcılar, karşısındakini etkilemek isteyen doktorlar, politikacılar ya da yöneticiler konuşurlarken, karşılarındaki kimsenin gözünün içine bakarlar. Göz ilişkisi kurulduktan sonra, diğer ilişkiler yavaş yavaş kurulabilir.

Derste bir sorunun cevabını bilmediğim zaman, öğretmenin yüzüne bakmazdım. Tabii böyle davranmam da, öğretmenin o soruyu bana sorması için yeterli neden olmaktaydı. Kendim öğretmen olunca, sorduğum soruyu bilmeyen öğrencileri, yine gözlerini benden kaçırmalarından anlardım. Gözlerin dili, birbirlerine duyduğu ilgiyi açıkça söyleyemeyen kadın ile erkek arasında en sık kullanılan dildir. Cinsler arasında sosyal ilişkinin kurulmasına olanak tanımayan toplumlarda, "gözlerin dili" daha önem kazanır; toplumun bireyleri bu dile daha duyarlıdır ve çoğu kere şarkılara konu olur.

Gözbebeğinin büyüklüğü, bakan kişinin baktığı şeye ilgi duyup duymadığını belirtir. Süpermarketlere yerleştirilen kameralar, müşterilerin hangi malların önünden geçerken gözbebeklerinin açıldığını filme alır. Bu teknik, reklamcıların ve satıcıların üzerinde önemle durdukları bulguların toplanmasına yol açmıştır. Psikologlar da, değişik resimlere bakan kimselerin gözbebeğinin büyüklüğünü gizlice ölçmüşlerdir. Sonuçlar ilginçtir: Bir kimsenin gözbebeği, baktığı nesneye duyduğu ilgi oranında büyümektedir. Örneğin, çıplak kadın resimlerine bakan erkeklerin gözbebekleri, yüzde on sekiz, çıplak erkek resimlerine bakan kadınların ise, yüzde yirmi oranında büyümüştür. Aç insan yiyeceğe, susuz insan içeceğe baktığında, gözbebekleri açlığı ve susuzluğu oranında büyümüştür.

Gözün ifade potansiyeliyle ilgili bu bilgilerden sonra, bazı insanların, gözü rahatsız etmeyecek normal ışıkta bile niçin siyah camlı güneş gözlüğü taktığı, şimdi daha iyi anlaşılıyor: Bu kişiler kendileriyle ilgili bilgi vermek istemezler; "bilinmeyen" insan esrarengizdir. Hele o insanla uzun süre beraber olunduğu halde, hakkında pek bir şey bilinmiyorsa, esrarengizliği daha da büyür. İşte siyah gözlük takmanın arkasında yatan nedenlerden biri, kişinin kendisini saklama arzusudur.

JESTLER: EL VE KOL HAREKETLERİ

Jestler, yani el ve kol hareketleri, duyguların en güzel belirtileridir. Karşımızda konuşan kişinin elindeki kâğıdı sürekli büküp katladığını, parmaklarıyla masaya sürekli vurduğunu ve gözlerini bakışlarımızdan hep kaçırdığını görürsek, bu kişinin bizimle beraber olmaktan rahatsız olduğunu düşünürüz. Bu tür davranışlar, karşımızdaki ne derse desin, onun gerçek heyecanlarını açığa vurmaktadır.

Bir kişi, kendisini kontrol etmeye çalışsa da kızgınlığını, gerginlik ve rahatsızlık belirten hareketlerinden anlamamız mümkündür. Kızgın kişi, kendini ne kadar kontrol ederse etsin, yumrukları bir dereceye kadar sıkılıdır, kolları önündedir ve kasları gergindir. Aynı şekilde, bize yaklaşmak isteyen fakat şu veya bu nedenle bunu belirtmekten çekinen kişi, bize ulaşmak, dokunmak istercesine birtakım belli belirsiz davranışlar yapar. Her şeyi açık seçik, dürüstçe, bizden hiçbir şey saklamadan söylediklerini iddia edenlerin ellerine bakın: Eğer söylediklerinde samimi değillerse, ellerini, sanki bir perde gibi ağızlarına ve yüzlerine kaparlar. Gözlerini inceleyin: Doğrudan yüzünüze bakamaz, gözlerini kaçırır, sık sık kollarını göğüslerinin üzerinde kavuştururlar.

Çapkın erkekler, kadınların sözlerine değil, davranışlarına göre hareket edeceklerini bilirler. "Sizi bir daha görebilecek miyim?" diye soran erkeğe kadın, "Bilmem, tesadüfler denk getirirse!" şeklinde cevap verirken, "akıllı" erkek, kadının sözlü mesajlarına uymaz, onun gözünün, ellerinin, bedeninin söylediklerini "işitmeye" çalışır. Belki bu, söylenene hemen inanan, saf ve dürüst erkeklerin niçin iyi birer çapkın olamadıklarını açıklamaktadır. Karşıt cinsten biriyle daha kolay ilişki kurmak mı istiyorsunuz? Ağzın değil, bedenin söylediklerini anlamaya çalışın!...

DOKUNMA: GEREKLİ VE KUDRETLİ

Dokunma duyumu, gelişme için yeme içme kadar önemlidir. XIX'uncu yüzyılın sonlarında ve XX'inci yüzyılın başlarında yetimhanelerde ölen çocukların oranı oldukça yüksekti. O zamanki hekimlik, bebeğin sadece biyolojik beslenmesine, temiz çevrede bulunmasına önem veriyor, fakat çocukların psikolojik ihtiyaçlarını düşünmüyordu. Yıllar sonra yapılmaya başlanan araştırmalar, bebeklerin gıda yoksunluğundan değil, kucağa alınıp sevilmemekten kaynaklanan, ruhsal kökenli hastalıklardan öldüklerini ortaya çıkarmıştır. Batı ülkelerinde bugün, yetimhanelerde bebeğin günde birçok kez kucağa alınıp sevilmesi, onunla konuşulması yöntemi uygulanıyor. Çocukların kucağa sık sık alınmasıyla, ölüm oranında bir düşme olduğu gözlenmiştir.

Dokunma, bir insana en kısa yoldan "Sen benim için önemlisin, seni yalnız bırakmayacağım," mesajını verir. Hiçbir söz, bu mesajı, dokunma kadar etkili olarak ifade edemez. Bir babanın çocuğunun başını şefkatle okşaması, kızgın birkaç sözden sonra sevgilinin sarılması, saatlerce açıklama ve anlatımlardan daha etkilidir.

- Bir hafta süreyle günlük etkileşiminizi gözden geçirin ve şu sorulara cevap vermeye çalışın: En sık kimlere dokunuyorsunuz? Bu kimseleri tanıdığınız diğer kimselerle karşılaştırın, en çok kimlere yakınlık duyuyor ve seviyorsunuz? Dokunmak istediğiniz halde dokunamadığınız kimseler var mı çevrenizde? Niçin dokunamıyorsunuz? Çocukluğunuzda bol bol kucaklandığınızı anımsıyor musunuz?

GİYSİLERİMİZ

Askerlikte rütbeler, onu taşıyan kişinin askeri hiyerarşi içindeki yerini gösterir. Askerlikteki bu sistemi katı bulanlar olabilir, ne var ki sivil yaşamda da, bu tür bir hiyerarşik düzen, örtülü bir biçimde de olsa vardır. Giydiğimiz elbiseler, hakkımızda bilgi verir.

Her gün karşılaştığınız kişileri gözünüzün önüne getirin: Giyinişleri, onların meslekleri, ya da gelir durumları, sosyal mevkileri, politik tutumları, dindar olup olmadıkları hakkında bir fikir vermiyor mu? 1980'lerden önce ideolojik ayırımlar üniversite öğrencileri arasında o denli önem kazanmıştı ki, "sağcı" ya da "solcu" öğrenciyi giyinişinden ayırt edilebiliyordu.

Giyiniş tarzının karşısındakileri nasıl etkilediğini incelemek isteyen bir Amerikalı üniversite öğrencisi, iki farklı biçimde giyinerek otostop yapmıştır. Haftanın Pazartesi, Çarşamba ve Cuma günleri hipi kılığında yola çıkmış ve eliyle işaret ederek otostop yapmak istediğini belirtmiştir. Salı, Perşembe ve Cumartesi günleri ise, ütülü pantolon, temiz gömlek, kravat ve boyalı ayakkabı giymiş ve yine aynı işaretleri yaparak, aynı yerde arabalara binmeye çalışmıştır. Görmüştür ki, hipi giysileri giydiği günlerde, kendisini ancak hipi kılıklı olan ve genellikle eski araba kullananlar, özenli giyindiği günlerde ise, daha çok lüks otomobil kullananlar ve iyi giyimli kimseler arabalarına almışlardır.

İş aramaya gidildiğinde ya da işe alınmak için bir görüşme yapılması gerektiğinde, karşıdaki kişinin olumlu bir biçimde etkilenmesi istenir ve giyime özen gösterilir. Ne var ki, bugünün toplumu, giyiniş normları bakımından oldukça çeşitlilik göstermektedir. Öyle ki, bazen hipi kılığıyla gezmek, toplumun belirli bir kesimindeki kişilerle daha çok sosyal yakınlaşma olanakları sağlayabilir. Herhalde öğrenilmesi gereken, giyimin karşıdakini etkilediğini bilmek ve bu etkinin, toplumun hangi kesiminde nasıl olacağını, önceden bilinçli bir biçimde saptayabilmektir.

SÖYLEYİŞ TARZI: SESİN TONU, VURGULAMALAR VE SUSMALAR

Söyleyiş tarzı, kelimeleri söylerken kullanılan sesler, konuşan hakkında bilgi verir. Parkta otururken bir konuşmaya kulak misafiri oluyorsunuz:

— Nerelisiniz Beyefendi?
— Gonyalıyım gardaş!

Konuşmanın bu kadarını duymanız, bu kişilerin hangisinin köyden, hangisinin kentten, hangisinin eğitim görmüş, hangisinin okumamış olduğunu size söyler. Hatta bu konuşmada "Beyefendi," sözünü oldukça yadırgayabilirsiniz; bu nedenle:

— Nerelisin dayı?
— Gonyalıyım gardaş!

daha iyi bir konuşma olurdu, diye düşünebilirsiniz.

Söyleyiş tarzının karşıdaki kişiyi etkilediği ve buna bakılarak kişi hakkında "kibar" ya da "kaba" niteliğinde bir karar verildiği bilindiği için, birçok kimse, bazı sosyal durumlarda, olduğundan "daha kibar" konuşmaya çalışır. Silifke'nin Taşucu ilçesinde bir ailenin lakabı "Hâmâlis" olarak bilinir. Hâmâlis'in kızı, Hâmâlis'in oğlu, Hâmâlis'in damadı ve torunundan söz edilir.

Hiçbir anlam veremediğim bu lakabın nereden geldiğini sorduğumda, aşağıdaki hikâyeyi anlattılar:

«Rahmetli Atatürk, Taşucu'nu ziyaret ettiği zaman, gemilere yük dolduran ve boşaltan hamallara ilçe idaresi güzel, temiz iş elbiseleri giydirmiş, Ata'yı karşılamaları için sıraya dizmiş. En baştaki hamalbaşı, mevkiinin öneminden haberdar olduğu için mümkün olduğu kadar modern ve kibar görünmeyi aklına koymuş.

Atatürk, sıraya dizilmiş temiz giyimli bu kişileri görünce, "Sizler ne iş yapıyorsunuz?" diye sormuş. Hammalbaşı yerli şivesini kullanarak cevap verse "Hamalız gomutanım," demesi gerekirken, yerli şivesiyle konuşmanın kaba olacağını düşünerek, "Hâmâlis, paşam," diye "kibarlaştırarak" cevap vermiş. Taşuculular bu fırsatı kaçırır mı? Adamın ve ailesinin lakabı "Hâmâlis!" oluvermiş.»

Kibarlık özentisi içinde bulunan kişileri, özellikle köyden kente yeni gelmiş ve köylü geçmişinden bir an önce kurtulmak isteyen bazı kimselerin konuşmalarında, bu tür "kibarlık" eğilimlerini gözlemek mümkündür.

Sesin heyecan tonu, söylenen sözün anlamını etkiler, böylece kendi başına bir mesaj oluşturur.

Sözgelişi titrek bir sesle, "Hatice sınıfta kalmış," diyen bir kişi sadece bilgi aktarmamakta, bu olaya üzüldüğünü de belirtmektedir. Aynı cümleyi, rahat bir biçimde, gevşek gevşek söyleyen bir diğer kişiyse, bu olaya memnun olduğunu ima eder.

Söylerken yapılan vurgulamalar da, ifadeye yeni boyutlar ekler. Aynı cümle, farklı anlamlar elde edecek biçimde vurgulanabilir. Aşağıdaki cümleyi farklı vurgulamalarla söyleyin:

"*Ali* ayvayı yemiş!"

"Ali" kelimesi vurgulandığı zaman, başkasının değil, Ali'nin ayvayı yediği ifade edilir. Bu vurgulamada bir hayret ifadesi vardır: "Herkesin ayvayı yiyeceğini beklerdim de, Ali'nin yiyeceğini beklemezdim!" gibi.

Eğer vurgulama değişir ve:

"Ali *ayvayı* yemiş!" biçiminde söylenirse, "ayva" üzerinde durulmaktadır. Bu vurgulama, duruma göre farklı yönlerde yorumlanır. Örneğin, "Ne var sanki, sadece ayvayı yemiş, ucunda ölüm yok ya!" anlamı çıkabileceği gibi, bazı durumlarda, "Hiçbir işe yaramaz oğlan, baksana ayvayı bile yemiş!" anlamı da çıkar.

Eğer:

"Ali ayvayı *yemiş!*" şeklinde vurgulanırsa, o zaman yapılan iş, faaliyet birinci plana çıkar. "Ayvayı ne yaptığını merak ediyorsanız, söyleyeyim: yemiş!" anlamını belirginleştirmiş oluyoruz.

Sadece sesin tonu ve vurgulamalarıyla değil, kelimeler arasına konulan susmaların süresi uzatılıp kısaltılarak da, karşıdaki kişiye, gönderilen mesajın, hangi bölümlerinin önemli olduğuna ilişkin ipucu verilir. Aşağıdaki cümleyi değişik susma sürelerinde söyleyerek (susma süreleri kesikli çizgilerle / / gösterilmiştir), hangi duraklamalarla, hangi anlamların daha belirgin hale geldiğine dikkat edin.

Cümle: *Trafik kazalarına bakarak bu toplumda nelerin ihmal edildiğini görmemiz mümkündür.*

1. Trafik kazalarına / / bakarak / / bu toplumda nelerin ihmal edildiğini görmemiz mümkündür.

Böyle bir susma düzeniyle, hem *trafik kazalarının*, hem de bu kazaları *incelemenin* önemli olduğu belirtilmek isteniyor.

2. Trafik kazalarına bakarak / / bu toplumda / / nelerin ihmal edildiğini görmemiz mümkündür.

Bu susma düzeniyle, *başka toplumlarda değil, bizim kendi toplumumuzda* yönü vurgulanmaktadır.

3. Trafik kazalarına bakarak bu toplumda / / nelerin ihmal edildiğini / / görmemiz mümkündür.

Böyle bir susma düzeniyle, *ihmal edilen şeylerin* önemli olduğu belirtilmektedir.

- Bir hafta süreyle kendi konuşma tarzınızdaki özellikleri gözlemeye çalışın. Sesiniz bazı durumlarda titriyor mu? Kiminle konuşurken, hangi konularda sesinizde bir değişme oluyor? Vurgulama ve susma tarzınız kendinize özgü mü, yoksa başkalarınınkine mi benziyor? Kendinize özgü bir ses tonu ve vurgulama tarzı geliştirmek ister miydiniz? Niçin?

İLETİŞİM ORTAMI

İletişimin içinde yer aldığı ortamın psikolojik ve fiziksel özellikleri, gönderilen mesajın yorumlanmasını önemli ölçüde etkiler. İletişim ortamı, şu bölümlere ayrılarak daha ayrıntılı biçimde incelenebilir:

1. İletişimde bulunan kişilere bağlı özellikler; 2. İletişimin içinde oluştuğu ortamın sosyal özellikleri; 3. İletişimin içinde oluştuğu ortamın fiziksel özellikleri.

İletişimde bulunan kişilere bağlı özellikler

İletişimde bulunan kişilerin birbirlerine yaş, cinsiyet ve sosyal mevki bakımından ne gibi ilişkiler gösterdiği, onların iletişimlerini önemli derecede etkiler. Her şeyden önce, dilimiz bu değişkenlere duyarlı bir dildir. Bir kişinin yaş, cinsiyet ve sosyal mevki bakımından, bize göre nerede olduğunu bilmeden ona hitap etmek hemen hemen olanaksızdır.

Bir an için kendinizi dolmuş kuyruğunda düşünün... Yanınızdan geçip giden kimse çantasını düşürdü ve siz o kimseye seslenerek, çantasını düşürdüğünü haber vermek istiyorsunuz. Bu kimseye nasıl hitap ederdiniz? Cevap bulması zor, değil mi?

Bu kimse, sizden oldukça yaşlı, köylü kılıklı bir erkekse, nasıl hitap ederdiniz? Şimdi iş biraz kolaylaştı, değil mi? *"Dayı!"*, *"Amca!"*, en sık kullanılan hitap biçimleri arasında alır. Peki, bu kimse, kadınsa nasıl hitap ederdiniz?... *"Teyze!"*, aklınıza ilk gelen kelime olabilir. Eğer sizden yaşlı, iyi giyimli, kuşamlı, kravatlı bir erkekse, herhalde *"Beyefendi!"* diye çağırırdınız. Şık giyimli bir kadın çantasını düşürseydi, büyük bir olasılıkla *"Hanımefendi!"* diye seslenirdiniz. Hitap edeceğiniz kişi sizden genç bir erkekse, köylü kılıklı olana *"Delikanlı!"*, iyi giyinmiş olana *"Beykardeş!"*, *"Kardeş!"* gibi bir hitap tarzını uygun bulabilirsiniz. Genç bir kıza hitap etmeniz söz konusu ise, köylü kılıklı olana *"Bacı!"*, kentli olana *"Küçükhanım!"* demeniz uygun düşerdi.

Her gün, yüzlerce kez bakkala, şoföre, manava ve yeni karşılaşılan kimselere hiç duraksamadan nasıl hitap edileceği bilinir. Çünkü dil cinsiyet, yaş ve sosyal mevki değişkenlerine bizi öylesine duyarlı kılmıştır ki, bu değişkenlere göre karşımızdakini otomatik olarak değerlendirir ve hemen hitap ederiz. Dilimizi konuşmak isteyen yabancı içinse durum hiç de öyle kolay kavranır gibi değildir.

Gazeteci, fıkra yazarı Burhan Felek, aşağıya alınan yazısında, hitap ediş tarzının toplumun bireyleri arasındaki ilişkileri düzenlediğine dikkati çekiyor ve daha "uygarca" ilişkiler için önerilerde bulunuyor.

Dil

«Birbirimizle daha nazikâne, daha mazbut konuşalım. Atatürk bey, efendi, ve paşa sözlerini resmi muamelâttan kaldırırken, ondan evvelki devirlerin hürmet ve nezaket icabı kullanılan elkabın, yaltaklanma ve yağcılık derecelerini bile aştığını görerek, bunları kaldırmıştı. Ama kendisine, zamanın ve zamanımızın bütün paşalarına paşa diyoruz. Birbirimize de bey, efendi demekte mahzur görmeyenlerimiz çok. Ne var ki, halk, hatta memurlar bu kelimeleri kullanamadığı için ihtiyara,

— Beybaba, ağababa, amca (daha gençlere) ağabey, hemşerim (daha gençlere) kardeşim, hanım teyze, abla gibi sözler söyleyerek münasebetlerde lâubalilik ve onun sonu kabalığa kaçıyorlar. Bundan vazgeçelim. Ne bir memur bana amca desin, ne de ben memura oğlum diyeyim. Böylesi daha iyi olacak. Halk arasındaki muhaverelerin çeşnisi daima kavgaya yaklaşır bir çeşnilik arzediyor. Tehlikelidir.»

Kültürümüz, bir ilişki kültürü olduğu için Burhan Felek'in "beybaba, ağababa, amca, hanım teyze, abla kullanmayın" önerisi tutmayacaktır. "Ne bir memur bana amca desin, ne de ben memura oğlum diyeyim," önerisinde bulunan güngörmüş rahmetli yazar, insan ilişkilerinde, özellikle resmi ilişkilerde, çağdaş demokratik Batı uygarlığının uygulanması dileğini belirtir. İkinci Bölümde karşılaştırmalı olarak tartışılan kültür değerleri, Türkçe'nin, insanın yaşına, mevkisine ve cinsiyetine neden bu kadar duyarlı olduğunu açıklamaktadır. Ne var ki, Batı uygarlığının özlemini çekenler, Batı ülkelerindeki insan ilişkilerini model alanlar, Türk insan ilişkilerinin onun gibi olmasını isterler. Osmanlı ve Cumhuriyet tarihini yaşamış bir kişi olarak, Burhan Felek'in yazısını bitirirken kullandığı kelime ilginçtir: *"Tehlikelidir."*

Konuşulan kişiyle olan ilişki, kullanılan kelimeleri tanımlar ve gerçek anlamını verir. Bu nedenle, ilişkinin türüne göre, kelimeler farklı anlamlar alır ve değişik nüanslara bürünür. "Askerlik arkadaşı", "yatılı okul arkadaşı", "çocukluk arkadaşı" hepimiz için farklı ve özel bir ilişkiyi ifade eder.

Aşağıya alınan hikâye, Aziz Nesin'in toplum yaşamıyla ilgili gözlemlerinden birini yansıtır. Yazarın *Bizim Hemşeri* adlı aşağıdaki hikâyesi, kelimelerin anlamlarının iletişim ortamı içinde, iletişim yapan kişilere bağlı olarak nasıl değiştiğini sergiler.

Bizim Hemşeri

«Kelimeler insanların dilinde yarı yarı anlam alıyor. Kaç tane sözlük olursa olsun, bizim hemşeriler kelimelerin sözlükteki anlamlarına boş verirler. Açın sözlüğe bakın: "dürzü", "kerhut", "pezevenk", "deyyus", ne demektir, ne anlama gelir? Herhalde "aferin", "bravo", "aşkolsun" anlamına gelmez.

Bizim hemşerilerin çoğu da temelli İstanbul'a yerleşmişlerdir, ya da yılın çok aylarını İstanbul'da bir işte geçirir, birkaç ay da memlekete giderler. Köyde geçen birkaç ay memleketin nüfusunun artmasına, "vatana evlat" yetiştirmeye yeter. İstanbul'da temelli yerleşenler de, tek başlarına İstanbul'da kalırlar. Karıları köydedir. Oğlan çocuklar büyüyüp iş tutacak duruma geldiler mi, onlar da İstanbul'a gelirler... Kızlar evlenir, İstanbul'da iş tutmaya gelecek başka çocuklar yetiştiririrler.

İstanbul'dakiler, iş yapamayacak kadar ihtiyarladılar mı, köye dönerler. Bu, memurların emekliye ayrılmalarına benzer. Hayatları boyunca geçinemedikleri topraklara gömülmek, en son arzularıdır. Hiçbiri gurbette ölmek istemez.

Bizim hemşerilerin İstanbul'da yaptıkları işler çok bellidir, arabalarla, atlarla iyi su satarlar, apartman kapıcılığı yaparlar, bahçıvanlık, ama köşklerde, konaklarda park bahçıvanlığı yaparlar. Hemşerilerimin konuşmaları çok hoşuma gider. Kelimelere, şehirlilerin verdiği anlamdan başka bir anlam verirler. Daha doğrusu kelimelerin belli, belirli bir anlamı yoktur. Bu, söyleyiş biçimine, sesin sertliğine, yumuşaklığına, söyleyen adamın iyi, kötü niyetine göre değişir.

Erenköy'de benim bir hemşerim var. Asfalt yol üzerindeki bir büyük köşkte bahçıvanlık eder. Ara sıra gider, onunla konuşurum. Konuşması, bizim köy ağzıyla konuşması, hoşuma gider. Geçende yine ona gittim. Bahçenin çimenleri üzerinde namaz kılıyordu. Şişman olduğundan zor eğilip doğruluyordu. Namazı bitirene kadar bekledim. Selâm verdi. Dudaklarında dua kıpırdayışıyla yanıma geldi.

"Hoş geldin," dedi.

"Hoş bulduk. Nasılsın amca?"

Benim bahçıvan hemşerim bol bol altmışında vardır.

"Bundan sonra nasıl olacağız," dedi, "İhtiyarlık işte..."

"Hele dur canım, maşallah aslan gibisin."

Biz şurdan burdan konuşurken bahçeye iki kişi daha girdi. Bizim hemşerilerin, üniforma gibi kendilerine vergi bir giyinişleri vardır. Elbiselerinden bile hemen onları tanırım. Bu gelenlerde bizim hemşerilerdendi. Gencinin ayağında lacivert ketenden bir kovboy pantolonu vardı. Ama bu kovboy pantolonu, onun ayağında şalvar olmuştu. Öbürünün üniforması büsbütün yerliydi; elbisenin, eğer buna elbise denirse, asıl kumaşıyla yamaları birbirinden ayırt edilemiyordu.

Biz bahçenin göbek çimenleri üstünde duruyorduk. Onlar da yanımıza gelince, bahçıvan hemşerim gelenlerden yaşlıcasını tanıdı.

"Oooo... Hele bak şu Bibik Yusuf'a. Len, nirelerdesin? Soyha çıhası..."

Yaşlıcası, "Gusura galma emice," dedi. "Hep ahlımdasın ya, işten güçten vakit mi galıyor."

Bahçıvan hemşerim, delikanlıyı sordu.

"Kim bu babayiğit?"

"Tanımadın mı emice, bizim ganbur Mustua vardı ya..."

"Eeee?"

"Ganbur Mustua'nın oğlu."

"Demee... bu babayiğit o gavatın oğlu mu?"

"Hee ya..."

Bizim hemşeri delikanlıya döndü:

"Len goca pezüvenk, insan bi yol emicesine gelmez mi?"

Delikanlı utangaçlıkla güldü, başını önüne eğdi. Bizim hemşeri iltifatına devam etti:

"Vay ocağı batası vay... Vay goca dürzü vay... Baban olacak hergüle ne ediyo?"

"Eyidir emice."

"Yusuf emicen ne ediyo? O goca deyyüsten bir haber var mı?"

"Eyidir emice. Selam etti."

Bizim hemşeri, köylüden bir delikanlı gördüğüne sevinçli, boyuna gülüyor.

"Vay eşşek zıpası vay... Len deve gadar olmuşsun be... kih kih kih... Maşşallah maşşallah... Heh heh he... İraşit dayın ne ediyo? O eşşolu eşşek de iyi ya... Heh heh he..."

"Eyidir emice. Mahsus selamleri var."

"Eleyküm selam. Kih kih kih... Vay goca herüf vay. Len elimde büyüdün, şuncacıktın be. Daha ne var ne yoh be? Koye varanda o dürzü bubana söyle, severim o deyusu, dooğru bana gelsin. Hemi?"

"Başüstüne emice."

"Pek memnun oldum. Hatırımı sayıp geldiniz dimek. Eferim len goca gavat. Memiş ne ediyo, Memiş... Goca daldaban. O herhut da eyi ya..."

"Eyidir Allah sayesinde."

"Eyi ossun dürzü..."

Bizim hemşeri köyden gelen delikanlının sırtını okşuyor.

"Hele şu alçağa bah..."

Yaşlıcası, "Bize gayri misade emice," dedi. "Biz bi de gayfeye gidek. Hemüşeriler var, hal hatır sorak."

"Oldu mu ya... İrahat bi zamanda gelin."

"Bu oğlana bi iş arayıdıydık. Bildiğin bi iş var mı emice?"

"Bu ayı gadar herüf şimdiyecek boşda mı gezdi yattı?"

"Hapisten düneyin çıhtı emice."

"Heleee... Geçmiş olsun. Vah vah... Dama niye girdiydi?"

"Cinayet."

"Namıs işi mi?"

"Yoh..."

"Besbelli kotü bi şey."

Delikanlıya sordu:

"Bi irezillik işten mi yoksa?"

"Değil emice."

Bizim hemşireler haysiyetlerine pek düşkündürler, kendilerine ağır söz söyletmezler. Namus bir, haysiyet işi iki. Bizim köylerde hırsızlıktan, eşkiyalıktan suçlanan hiç görülmemiştir. Delikanlı cinayeti anlattı:

"Gayfede kâhat oynuyorduk. Herifin biri oyunda söğdü."

"Söğdü mü?"

"Hee, söğdü."

"Ne diyerek söğdü?"

"Çoh ağır söğdü emice."

"Ne didi canım?"

"Huzurunda haya iderim emice."

Yaşlısı söze karıştı:

"Buna 'Len' dimiş."

Bahçıvan hemşerimin yüzü kızgınlıktan pancar gibi kızardı:

"Nee? Len, sana nasıl len dir? Yabanı, sen de ses itmedin mi?"

"Etmem olur mu?"

"Temizledin mi?"

"Bıçağı vurdum ya, ölmemiş yaralandı."

"Temizleseydin. Eferüm len. Eyi etmişsin."

"Emice bu oğlana bi iş var mı?"

"Şimcik mi? Bi soruşturalım. Yarıntesi bi uğran hele."

"Olur emice."

"Dimek sana Len didi ha?"

"Bize misade emice."

"Güle güle... Pek memnun oldum. Eferim len goca eşşek, ayu gadar olmuşsun be... Kih kih kih... Vay goca zıpa vay. Ne çabıh geçti zaman heyy... İt enüğü gadardı be... Buban olıcak dürzüye selam et. Memiş emicen gavatına da, İraşıt dayın olacak deyyusa da selam et."

"Başüstüne emice. Hadi Allaha emanet ol."

"Güle güle..."

Onlar gittikten sonra bahçıvan hemşerim bana, "Ne çare temizleyememiş..." dedi.

Siz kelimelerin sözlükteki anlamına bakmayın. Kelimelere verdiğimiz anlam, bizim niyetimize göre değişir. Sergilerde, resimden çok iyi anlayanların: "Vay eşşeoğlu eşşek, amma da yapmış!..." diye ressamları değerlendirdiklerini çok duymuşsunuzdur.» (Nesin, 1968a).

Bu hikâye, birkaç yönden incelenmeye değer. Kültürün özelliği açısından hikâye değerlendirildiğinde, geleneksel kültürün bir "ilişki" kültürü olduğunu ve bireylerin ve onların davranışlarının anlamının, kişisel ilişkilerden kaynaklandığı görülür. İletişim açısından değerlendirildiğinde, ilişki ve içerik düzeylerini açıkca görmek mümkündür; ilişkinin türü içeriğin, yani kullanılan kelimelerin, anlamını tanımlar.

Görüldüğü gibi, "Kim, kiminle, nerede, nasıl konuşmalıdır?" konusunda uyulması gereken katı kurallar bulunmaktadır. Bu kurallar her toplumda vardır, ancak bazı toplumlarda bireye biraz daha özgürlük ve farklı olma olanağı verilir, bazı toplumlarda ise kurallar katıdır, bireyler arasında bir farklılaşmaya olanak vermez. Bu toplumsal kurallardan dolayı, bazıları "küstah", bazıları "kendine güvenli", bazıları "pısırık" olarak adlandırılır.

Kendinden sosyal mevki ve yaş bakımından üstün olan biriyle, sanki ona eşitmiş ya da üstünmüş gibi konuşanlara "küstah", "haddini bilmez", bunun tam tersini yapanlara da "ezik" ya da "pısırık" denir. Kendini ezdirmeden, karşısındaki kişiye gerçek değerini vererek iletişim kurabilen kimse ise, "kendine güveni olan kişi" diye nitelenir. Bizim toplum için "küstah" olan bir kişi, başka bir toplumda "kendine güveni olan kişi" olarak değerlendirilebilir. Başka bir toplumda "pısırık" bir kişinin davranışı olarak değerlendirilen bir davranışsa, toplumumuzda "saygılı bir davranış" olarak nitelendirilebilir. Bir kişinin iletişimine bakarak, bu tür kararlar verebilmesi, toplumda herkes tarafından değişik derecelerde paylaşılan ortak sosyal ve kültürel değerler sayesinde olur.

İletişimin içinde oluştuğu ortamın sosyal özellikleri

İletişim nerede yer alıyor? İki kişinin birbirine yakın bulunabileceği samimi bir sosyal ortam mı söz konusudur, yoksa belirlenmiş kuralları olan resmi bir ortam mı? Her iletişim belirli bir sosyal ortam içinde yer alır ve bu ortamla ilgili birçok sosyal norm, değer ve beklentiler vardır. Bu sosyal normların, değerlerin ve beklentilerin, çoğu kere kişi farkında değildir, ne var ki, gelen mesajlar bu norm ve beklentiler çerçevesi içinde yorumlanır. Bir başka deyişle, bir mesajı yorumlarken mutlaka o mesajın içinde oluştuğu sosyal ortam hesaba katılır. "Bayram değil, seyran değil, eniştem beni niye öptü?" diyen baldız, ortam uygun olsaydı, bu öpücükten kuşkulanmayacağını belirtmektedir.

İçinde bulunulan sosyal ortamın uyardığı beklentiler, iletişimde bir aksaklığa yol açmazsa, farkedilemez. Öğretmen sınıfta şarkı söylemeye ya da sanatçı sahnede ders vermeye kalkarsa, sınıfta öğretme, sahnede eğlendirme beklentilerinin farkına varılır. Bu beklentiler, konuşan ve dinleyen arasında ortaksa, ortaya çıkan aksaklıklar kolayca giderilir. Konuşanların sosyal ortamdan beklentileri farklıysa ve onlar bu değişik beklentilerinin farkında değillerse, işte o zaman, temel iletişim aksaklıkları ortaya çıkar. Bu tür iletişim aksaklıklarının kaynağını bulmak ve iletişimi verimli bir zemine oturtmak zordur.

Aşağıda verilen Aziz Nesin'in öyküsü gibi mizah hikâyelerinin çoğu, sosyal durumlardaki beklentilere dayanarak konuyu "gülünç" yaparlar. Mizah yazımının dünya çapında uzmanı topraklarımızda yetişmiştir.

Yerli Mallardan Pazen Aldım

«Sümerbank'ın Yerli Malları Satış Mağazalarından birine gittik. Önce vitrine baktık. Aman ne güzel şeyler... Mavi mineli bir pazen bir de kırmızı üzerine beyaz noktalı bir basmayı beğendik. İçeri girdik. Genç, büyük, tavanı yüksek bir mağaza... Kapının karşısında, kasada bir kız var, manikürlerini törpülüyor. Ortada soba var, İyi giyimli, politika ileri gelenlerinin kılığında, iri kıyım, gerdanlı, göbekli enseli bir bey sobanın başına oturmuş, kahvesini içiyor. Kasanın yanındaki bir delikanlı, manikürünü düzelten kızla konuşuyor. Tezgâhın arkasındakilerden orta yaşlı bir adam gazete okuyor. Birisi de yuvarlak cep aynasına bakarak alnındaki sivilcileri patlatıyor. Yine tezgâha dirseklerini dayamış bir genç de kapağı parlak renkli bir polis cep romanı okuyor.

Erken erken gelmişiz. Bizden başka da gelen yok. Yalnız, vitrini seyreden üç, dört kişi daha var.

İçeri girince, hiç kimse kafasını çevirip bize bakmadı. Bu ağırbaşlılık hoşuma gitti.

"İyi mallarımız var!.."

"Buyrun bağyaan!.."

"Bir şey mi aradınız?"

Diye yoldan geçenleri kolundan çekip içeri alan tezgâhtarları hiç sevmem.

Sağa sola baktık, bize aldıran yok. Kız, manikürünü törpülüyor. Bey gazete okuyor. Birinin başı romanda... İnsan hangisine gidip bir şey söyleyeceğini bilmiyor ki... Tezgâha yanaştık. Raflardaki toplara bakıyoruz. kendi aramızda konuşuyoruz.

"Şunlardan ne güzel perde olur!"

"Şu dallı kretonlar da güzel..."

"Eni kaç santim acaba?"

"Kime sorsak?"

Önümdeki delikanlı Mayk Hammer romanına öyle dalmış ki, bizi duymuyor bile...

"Ben şu damalı masa örtüsünden alacağım."

"Yavaş konuş, adam kitap okuyor."

Hiç olmazsa biraz geç gelseydik. Bizden önce gelen müşteriler ne yapıyorlarsa, biz de onlara bakar öyle yapardık.

Derken başka müşteriler geldi, mağazayı doldurdu. Ama onlar da bizim gibi şaşkın şaşkın bir oraya bir buraya gidip geliyorlar. Resim sergisindeymiş gibiyiz. Müşteriler bu ağır, ciddi havayı bozmamak için birbirlerinin kulaklarına fısıldıyorlar. Bu derin sessizliği ara sıra, kasadaki kızla oğlanın şakaları, sevimli kahkahaları bozuyor.

Müşterilerden orta yaşlı bir erkek, etrafındakilere duyurmak isteyerek, "Acaba satış yapılıyor mu?..." diye soruyor.

Yaşlıca bir kadın, "Galiba fiş alınacak..." diyor.

Bir genç hanım soruyor:

"Fiş mi, nerden alınacak?"

"Herhalde Umum Müdürlükten..."

Artık herkes bir şey söylüyor.

"Evvela muhtarlıktan temiz kâğıdı getireceksiniz."

"Temiz kâğıdı değil teyze... İyi hâl kağıdı. Yani Demokrat Partiye kayıtlı mısınız? Yoksa bir sabıkan filan var mı diye..."

"Arkadaş, vatandaşlar arasına nifak sokma... Basma ile partinin ne alışverişi var?"

"Amma da yaptın birader, sen hiç gazete okumuyor musun? Boyuna basına baskı yapılıyor diye..."

"O basma başka, bu basma başka."

"Kömür tevzi müessesinden beyannamesi olana, burada istediğini veriyorlar."

"Kömür tevziinle bunun şimdi münasebeti var mı?"

"Var tabii... Kömür de hökümatın, pazen de, Amerikan bezi de..."

"Ben çocuğa pabuç alacaktım."

"Pabuç da hökümatın..."

"Canım, şimdi hökümatı ne karıştırıyorsun?"

"Karıştırırım elbet..."

"Karıştırırsın, ama ben seni şimdi gider, bu adam ajanstır diyerek polise ihbar ederim. Adli tıptan rapor alınca, aklın başına gelir."

"Nüfus kâğıdınız yanınızda mı?"

"Hayır..."

"Nüfus kâğıdınızla altı vesikalık resminiz yoksa vermiyorlar."

"Şoförlük ehliyeti olmaz mı?"

Baktım olacak gibi değil... Kahvesini içtikten sonra solumdaki tezgâhtarla tatlı bir muhabbete dalan adama yanaştım.

"Affedersiniz..."

"Ne var yahu? Görüyorsunuz konuşuyoruz... Turan'ı çalımladı, şut... top ağlarda."

Başka birine yanaştım.

"Affedersiniz biraz pazen rica ediyoruz. Kimden alacağız?"

Sivilcilerini patlatmak için, baktığı yuvarlak cep aynasından başını kaldırmadan, parmağıyla sol tarafı işaret etti... Onun işaret ettiği adam, gazetedeki çapraz bulmacayı çözüyordu.

"Pazen istiyoruz, siz mi vereceksiniz?"

"Zühtü bey'e gidin..."

Zühtü bey acaba hangisi?

"Zühtü bey, zatıâliniz misiniz?"

"Benim, n'olacak?"

"Hiç... sorduk. Biraz pazen alacaktık da."

Arkasına rafa uzandı, bir top pazen aldı.

"Kaç metre?"

"Ama biz ondan istemiyoruz. Vitrinde gördük... Pembe de mavi mavi çiçekleri var."

"Ondan kalmadı."

"Vitrinde var beyefendi."

"O vitrinlik... Vitrinden indiremeyiz."

"O halde şu sarıya bakabilir miyiz?"

"İndir, kaldır olmaz! Bak işte uzaktan... Hepsi de pazen... Hangisini istiyorsan, onu söyle!..."

"O sarıyı istiyoruz."

"Ne kadar?"

Beş metre!.."

"Ondan beş metre kesilmez... O bütün top..."

"Şu yeşil..."

"O dört metrelik bir parçadır. İsterseniz vereyim, ha dört metre ha beş metre..."

Bizimkiler dört metreden çıkar mı, çıkmaz mı diye konuşuyorlar. Bay tezgâhtar akıl veriyor:

"Eteği kloş yapmazsanız çıkar."

"Çocuklara pijama yapacağız."

"İyi, paçalarını biraz kısa yapın... Zaten bu sene kısa moda..."

Bizi beklemekten sinirleniyor:

"Bayım, insanı oyalamayın, bu kadar millet alış veriş edecek... Hangisini istiyorsanız söyleyin!"

Çaresiz bay tezgâhtarın kendisinin beğenip de ilk çıkardığı siyah pazenden beş metre kestiriyoruz. Başka yerde "güle güle kullanın!" diye kumaşı keserler ya, bizim Yerli Malların baş tezgâhtarı sanki iki parmağını ağzımıza sokmuş gibi, kumaşı kızgınlıkla "carrrt!..." diye yırtıyor. Bize kağıt uzatıyor.

"Karşıya!..."

Karşısı pembe kâğıda bir mühür vuruyor. Yandakine!... Yandaki damgalıyor. Bir hanım pembe kâğıdı ikiye parçalıyor, bir parçayı bize uzatıyor. Veznedeki bayana o kâğıt parçasını götürüyoruz.

"Saat 12 oldu, paydos," diyor. "Öğleden sonra."

"Aman bayan, taa Râmi'den geldik."

Cevap bile vermiyor. Çoluğu çocuğu otobüse bindirip gönderiyorum. Saat ikide kapıda kuyruk oluyoruz.

Sıram gelince, pembe kâğıt parçasını kesiyor, bayana uzatıyoruz:

"On lira altmış beş kuruş..."

On iki buçuk lira veriyorum.

"Bozuk verin!..."

"Bozuk yok..."

"Bozdurun efendim, burası sarraf dükkânı değil..."

Mağazadan çıktım. Tütüncü bozmaz. Gazeteci bozmaz. 90 kuruşluk bir çukulata aldım, bozdular. Kasiyer hanıma parayı verdim. Bir pusula uzattı. Tekrar damgaladılar. Damgalı pusulayı başka birine verdim, paketi verdiler.

Kapıdan çıkarken, mağaza memurlarından soba başındaki:

"Buradan ucuza alıp, götürüp karaborsada satıyorlar," diyordu. "Bu halka iyilik yaramaz zâti... Ben hükümetin yerinde olsam..."

Kapıdan çıktığım için, lafının gerisini duyamadım.

Eve geldim. Çoluk çocuk sevinçle paketi açtılar. Şaşılacak şey... Bizim paket başkasınınkiyle karışmamış mı? Beş metre pazen yerine, üç metre tülbent almışız...» (Nesin, 1968b).

Yukarıdaki hikâyeyi, 2. Bölümün başında verilen "Etkileşim İçinde Benlik ve Diğerinin Tanımı" başlığı altında tanımlanan "kabullenme", "reddetme" ve "umursamama" kavramları açısından inceleyin. Toplumun sağlıksız bir yönünü sergileyen yazar, okuyucu için sadece güldürücü değil, düşündürücü tablolar çiziyor.

Mesaj alışverişini, iletişimin içinde yer aldığı ortamın yalnız sosyal özellikleri değil, fiziksel özellikleri de etkiler.

İletişimin içinde oluştuğu ortamın fiziksel özellikleri

Oda, salon, büro gibi kelimeler, bir mekânın kullanılma işlevlerini belirtir. Bulunulan yerin fiziksel konumu ve nitelikleri, bir başka deyişle büyüklüğü ve biçimi, ayrıca rengi, aydınlatma derecesi, ısısı, sessiz ya da tenha olması gibi özellikleri, o mekân içinde yer alan iletişimi etkiler. Herkes bu etkiler altında bulunur, ne var ki bazıları bunların bilincindedir bazıları değildir.

Hayalinizde kendinizi sevgilinizle birlikte canlandırın. Buluşup başbaşa yemek yemek istiyorsunuz. Yemek yiyeceğiniz yer nasıl bir yer olmalı? Spor salonu kadar büyük, her yeri betonla kaplı bir yemekhane mi, yoksa ancak birkaç masanın bulunduğu, bir köşesinde şöminenin yandığı küçük bir dağ lokantası mı?

Romalılardan beri yasaların yapıldığı ve uygulandığı yerlerin, büyük, görkemli binalardan oluşması, bir rastlantı mıdır acaba? Bir binanın görünümü, genellikle o yapının işlevine yaraşır bir mesaj oluşturur. Saygı ve korku uyandıran binalar, "yasa" kavramının uyandırdığı duygulara uymaktadır.

Gece kulüplerine gittiğinizde görmüşsünüzdür, genellikle hepsi loştur. Parlak bir şekilde ışıklandırılmış bir gece kulübüne gitmek isterseniz, böyle bir gece kulübü bulmakta zorluk çekersiniz.

Bir yerdeki insan sayısı da önemlidir. Bir sinemada sadece siz olduğunuz zaman filmden zevk alabilir misiniz? Orada bulunan insanlarla konuşmadığınız halde, sinemanın kalabalık olması sizi niçin bu kadar etkiliyor acaba? Aynı şey, düğün, futbol maçı gibi değişik sosyal olaylar için de geçerlidir. Stadyumda siz tek başınıza olsanız, futbol maçını oldukça sıkıcı bulabilirsiniz.

- Bir hafta süreyle, kimlerle nerelerde konuştuğunuza dikkat edin. Bulunduğunuz yerin değişik özelliklerinin farkına varabiliyor musunuz? Bu özellikler sizin konuşmanızı ya da size söyleneni anlamanızı etkilemekte midir? Hangi yönde? Bu sorulara bir hafta süreyle cevap bulmaya çalışın.

İletişim ortamının içinde yer aldığı, daha kapsamlı bir ortam vardır: İletişimde bulunan bireylerin ortak değer ve inançlarının kaynağı olan kültür. İkinci Bölümde, kültür kavramını inceleyerek geleneksel otoriter değerlerle, özgürlükçü çağdaş anlayışın değerlerini karşılaştırdık. Burada, kültürü bir iletişim ortamı olarak yeniden ele alacağız, çünkü kültür, insan davranışlarını bütünüyle kapsar, kuşatır ve mesajlar, bu geniş kapsamlı çerçeve içinde anlamlandırılır. Şimdi, kültürün kişiler arası iletişimle olan ilişkisine bir kez daha göz atalım.

İLETİŞİM ORTAMI OLARAK KÜLTÜR

Hacettepe Üniversitesi öğretim üyelerinden Perihan (Oray) Yunt, Konya yöresinde köy kadınlarıyla yaptığı anket çalışmasında ortaya çıkan bir iletişim sorununu aşağıda dile getiriyor:

> «1970 yılında, Konya yöresinin GEZİCİ KADIN KURSU'nun etkinlik gösterdiği köylerinde ve böyle bir kursun hiç uğramadığı yerlerde, sosyal yaşamda farklılıklar olup olmadığı konusunda bir ön araştırma yapıyorduk. Anketimizde "Kaç günde bir yıkanırsın?" diye bir soru da yer almıştı. Anket sadece kadınlara uygulanmaktaydı. Kursun yapıldığı ve yapılmadığı yedişer köy alarak toplam on dört köyde, örnekleme yoluyla seçtiğimiz bir grup köy kadınına sorular soruyorduk. En son köyde, kadınlardan birisi beni, oldukça fakir bir aileye ait olduğu anlaşılan, tahta basamakları kırık dökük bir eve götürdü. Evin kadınının yüzü mutsuzluk izleri taşıyordu. Anketimizdeki soruyu bu kadına da sordum: "Kaç günde bir yıkanırsınız?" Ka-

dın cevap vermedi, anlamsızca yüzüme baktı. Bana kılavuzluk eden kadın hemen atıldı ve acımalı bir sesle, "Gocası sakattır, ayda bir yıkansa ne nimet," dedi. O anda kafamda şimşek çaktı ve ancak o zaman, bu soruyu sorduğumda öteki kadınların biraz mahçup, yarı mütebessim verdikleri "Haftada bir gün, haftada iki, üç gün," gibi cevapların anlamını farkettim. Ayrıca, uğradığımız köyleri, bizden önce, doğum kontrolüne ilişkin araştırma yapan bir ekibin dolaşmış olduğunu da sonradan öğrendim. Aradan bir süre geçti. Olayı, Konyalı bir arkadaşıma anlattım. Arkadaşım, "O biçimde değil, 'Çoluk çocuk kaç günde bir yıkanır, çamaşır yıkarsınız?' diye sormanız gerekirdi," dedi» (Yunt, 1978).

Araştırmacı, Konya yöresinden olmadığı için, bu yöreden olan kadınlarla biraz zor iletişim kurabilmiştir, ama yine de, sonradan da olsa, "kafasında bir şimşek çakabilmiştir", çünkü, cinsel ilişkiden sonra "gusul aptesi"nin alındığını bilir. Perihan Yunt yerine, bu araştırmayı bir Avrupalı ya da Amerikalı yürütseydi, o şimşek hiçbir zaman çakmayacaktı.

İçinde bulunduğumuz sorunlar ve uğraştığımız konular yaşamımıza o denli işler ki, bir yabancıya bunları anlatmak zordur. Aynı kültürden olan kimseler, bu inançları paylaştıkları için, kolaylıkla aralarında iletişim kurabilirler. Başka başka kültürlerden gelen insanlar arasında iletişim zorlukları olur. Örneğin, yabancı ülkelere giden Türklerin başından geçmiştir: Misafir gittikleri yerde ilk defa ikram edilen şeyi almazlarsa, ikinci kez ısrar edilmez. Aç olduğu ve canı istediği halde, bu nedenle aç kalan Türkler olmuştur. Diğer yandan, Türkiye'ye gelen yabancıların kendilerine ikram edilen şeyleri hemen almaları, çoğumuzun tuhafına gider; kendimizi, nezaket kurallarını bilmeyen insanlarla karşılaşmış gibi hissederiz.

Erdoğan Bozok'un *Modern Çağ* (1972) adlı karikatür kitabını, yurt dışındayken yabancı arkadaşlara gösterdim. Türkiye'de bulunmamış, sorunlarımızı bilmeyenler, sadece hafif bir gülümsemeyle kitabı gözden geçirdiler. Türkler ve Türkiye'de bulunmuş yabancılar, kahkahalarla gülerek, sanatçının görüşündeki keskinliğe hayranlıklarını belirttiler. Bozok bir iletişim durumundaydı: Sanatçı, kendi bildiği kültür ve yaşamı paylaşanlara zengin mesajlar yollayabilirken, bu kültürü paylaşmayanlar açısından sadece bazı şekiller çizmiş bulunuyordu.

SÖZÜN KISASI

"Bugün senin canın birşeye sıkıldı galiba!" diyen arkadaşımız, konuşmadığımız halde, canımızın sıkkın olduğunu sözsüz iletişimle anlamıştır; yüz ifademiz, sesimizin tonu, bedenimizin duruşu ona ipucu olmuştur. Günlük yaşamda, söylenenlerin karşıdakini nasıl etkilediği de sözsüz ifadeden anlaşılır. Söylenenin hoşa gidip gitmediğini, karşıdakini kızdırıp kızdırmadığını, onun sözsüz ifadesinden sürekli izleyebiliriz.

İletişimde, ilişki düzeyine ve sözsüz mesajlara duyarlı olmayan kimse, kendisinin ve konuştuğu konunun karşısındakini nasıl etkilediğinin farkına varamaz; söz konusu kişiye gerektiğinden fazla sokulur ya da uzakta durur; onun yüz ifadesinde, bedeninde, el ve kol hareketlerinde dile getirdiği duygusal tonu "işitemez". Ayrıca, iletişim ortamının özelliklerine "kördür"; kiminle, nerede, nasıl konuşulacağını bilemez.

Sözsüz mesajlara duyarlık kazanmamış, karşısındakinin sadece söylediklerine önem veren kimseler, kişiler arası ilişkilerde büyük zorluklarla karşılaşırlar. Ve çoğu kez, ilişkilerinde meydana gelen tıkanıklık ve aksaklıkların nedenlerini de bir türlü anlayamazlar.

DENEYEBİLİRSİNİZ

Aşağıdaki egzersizler, okuyucuyu ilerdeki konulara hazırlamak için verilmiştir. Bu egzersizleri uygularsanız, kitapta incelenen kavramları daha yakından tanır ve iletişim kavramlarını kendi yaşamınızda kullanma olasılığınız artar.

Kişiler arası iletişimde neredesiniz?

Herkesin yaşamında önemli bir kişi vardır. Sizin için şu an yaşamınızda en önemli kişi kimdir? Bu kişi anneniz, babanız, eşiniz, çocuğunuz ya da arkadaşınız olabilir. Bu önemli kişiyle nasıl bir iletişim içindesiniz, bilmek ister misiniz? O halde, lütfen aşağıdaki soruları cevaplayın. İlişkiniz olanak veriyorsa, aynı soruları onun da cevaplamasını isteyin. Daha sonra cevaplarınızı karşılaştırarak, aralarındaki benzerlik ve farklılıklar üzerinde konuşabilirsiniz.

Sorular:

1. Onunla en son hangi konuda tartıştınız? Bu tartışma nasıl sonuçlandı? Birbirinize daha kızgın olarak mı ayrıldınız? Yoksa, aranızdaki ilişki daha da güçlendi mi?

2. Size söylemeden, onun içinde bulunduğu duygusal durumu anlayabiliyor musunuz? Aşağıdaki duygulardan hangisini, onda daha kolaylıkla tanıyabiliyorsunuz?

- Neşeli–Kendinden emin.
- Gururlu–Korkulu.
- Ne yapacağını bilemez halde–Kendini suçlu hissediyor.
- Tedirgin–Şaşkın.

Yukarıda verilen duygusal durumları sizin nasıl ifade ettiğinizin farkında mısınız? Sizin bu tür duygular içinde olduğunuzu, söylemediğiniz halde, o anlayabiliyor mu?

3. Ona ifade etmekten çekindiğiniz duygularınız var mı? Onun size ifade etmekten çekindiği duyguları olduğunu düşünüyor musunuz? Konuşmaktan çekinilen bu tür duygulardan söz etme olanağını, ilerde bulabileceğinizi zannediyor musunuz?

4. Aşağıda verilen duyguları onda canlandırmak için yapabileceğiniz en az iki şey düşünün:

- Kızdıracak.
- Neşelendirecek.
- Gururlandıracak.
- Suçlu hissettirecek.
- Üzecek.
- Korkutacak.

5. Onun arkadaşları konusunda neler düşünüyorsunuz? Aynı arkadaşlara mı sahipsiniz, yoksa onun ve sizin kendi arkadaşlarınız mı var? Onun arkadaşlarını kıskanır mısınız? Sizin arkadaşlanınız konusunda onun duygularının ne olduğunu biliyor musunuz?

6. Yorucu bir gün geçirdiğinizi ve eve gidip dinlenmeye can attığınızı varsayın. Ama bir yere gitmek için daha önceden söz verdiğinizi, o size hatırlatıyor. Ya da, kendi başınıza kalmak, dinlenmek isterken, sürekli şaka yapma ve sizi rahat bırakmama gibi bir huyu olduğunu düşünün. Bu tür çatışmaları nasıl çözerdiniz? Bir orta yol

bulmaya mı çalışırdınız? Kavga mı ederdiniz? Yoksa sizin görüşünüzü kabul etmesi için onu inandırmaya mı çalışırdınız? Aranızda çıkan çatışmaları ele alış tarzınızdan hoşnut musunuz?

7. Onun yaşamının temel amacını ve önem verdiği ilgilerini biliyor musunuz? Bu amaçlar ve ilgiler konusunda duygularınız ne? Sizin temel amacınız ve ilgilerinizle bunlar uyuşuyor mu? Eğer uyuşmuyorsa, onun sizin amaç ve ilgilerinizi kabul etmesini ister misiniz?

8. Hoşunuza giden yönlerini biliyor musunuz? En güçlü yönlerinin farkında mısınız? Bu konuda düşündüklerinizi onunla paylaştınız mı?

9. Bir gece sizi uyandırarak sizinle konuşmak istediğini düşünün. Ne yapardınız? "Peki, konuşalım!" mı derdiniz, yoksa, "Sabaha kadar bekleyemez misin? Sabah konuşsak olmaz mı?" diye ertelemek mi isterdiniz? Siz onu uyandırsaydınız, acaba o size nasıl davranırdı?

10. Onunla olan ilişkinizden ötürü, kendi kendinizden uzaklaşmış olduğunuzu hissettiğiniz anlar oldu mu? Sizinle olan ilişkisinden ötürü, onun kendi kendinden uzaklaşmış olduğunu hissettiğini düşündüğünüz oldu mu?

Yukarıdaki sorulara verdiğiniz cevapları bir gözden geçirin. Sorulara içtenlikle cevap verdiğinizden emin misiniz? Bu cevapları sizin için önemli olan kimseyle paylaşmak ister misiniz? Yoksa, bu cevapların onun tarafından öğrenilmesinden rahatsız mı olursunuz?

İsterseniz cevaplarınızı saklayın ve kitabın değişik bölümlerini okuduktan sonra yeniden gözden geçirin. İletişimle ilgili yeni kavramlar öğrendikçe, bu kavramların sizin ilişkiniz içinde ne anlama geldiklerini verdiğiniz cevaplardan anlayabilirsiniz.

4

İletişim ve Algılama

Ahlakın Tarifi

«Oğlu ortaokula gidiyordu. Akşam eve gelince derslerine yardım ederdi. Yemekten sonra sordu:

"Oğlum, derslerin nasıl, çalıştın mı, yarın ne var?"

"Ahlak çalıştım, baba."

"Anlat bakayım."

Çocuk geçti karşısına, papağan gibi bir solukta okudu:

"Ahlak, hulk'un cem'idir. Hulk tabiyyat ve seciyye demektir. Buna huy denir. Seciyye ve huy denilen şey, insanda yerleşmiş melektir. O melek sebebiyle nefisten ef'al kolayca çıkar."

Şaşırdı: "Oğlum bu ne? Nereden ezberledin bunu?"

"Ahlakın tarifi, öğretmen yazdırdı."

"Bir şey anladın mı?"

"Yoo! Anlamak şart değil ki! Kimse anlamıyor, ezberle yeter!.."»

Hasan Pulur'un yukarıdaki yazısında belirtilen eğitim sisteminin temelinde yatan, "anlamanın gerekli olmadığı, ezberlemenin yeterli olduğu" anlayışı, öğretmen ile öğrenci arasında gerçek bir iletişim kurulmasını önler. Kişinin temel eğitiminden edindiği bu alışkanlık, basmakalıp ve biçimsel ilişkilerinde sürüp gider. Kalıplaşmış evlilik ya da iş ilişkilerinde de, bu durumu gözlemleme olanağı vardır.

Kalıpları tekrarlamaktan kurtulabilme, insan ilişkilerine anlamsal zenginliği ve derinliği getirebilme, iletişimin süreçlerini uygun ve etkili bir biçimde uygulamaya bağlıdır. Bu bölümün amacı, iletişimin temel yapısını ve süreçlerini bilimsel kavramlar içinde tanımlayarak okuyucuya tanıtmaktır.

İLETİŞİM NEDİR?

Aslında, buraya kadar, çeşitli yönleriyle iletişimden söz edildi. Bu bilgiler, iletişimin yapısını, öğelerini ve süreçlerini daha teknik açıdan inceleyebilmek için bir birikim sağladı.

Konuya, iletişimin tanımını yinelemekle başlayalım:
İletişim, iki birim arasında birbiriyle ilişkili mesaj alışverişidir.

Bu tanımda açıklanması gereken dört kavram vardır: 1. Birim; 2. Birbirine ilişkin olma; 3. Mesaj; 4. Alışveriş.

Birim: Birim, soyut bir kavramdır. Birbirleriyle karşılıklı mesaj alışverişi yapan insan, hayvan ya da makinenin her birine "iletişim birimi" adı verilir. İletişim sadece insanlara özgü bir olay değildir. İki kedinin karşılıklı miyavlamaları, onların iletişim içinde olduğunu gösterir. Karşılıklı satranç oynayan iki bilgisayarın her biri, bir "iletişim birimi" oluşturur.

İletişim birimleri ikiye ayrılır: *Kaynak birim* ve *hedef birim*. Kaynak birim, mesaj gönderen birimdir. Bu, konuşan kişi, miyavlayan kedi ya da satranç oynayan bir bilgisayar olabilir. Adından da anlaşılacağı gibi, *kaynak* birim mesajın kaynaklandığı, oluştuğu birimdir. *Hedef* birim ise, mesajın gönderildiği birimdir. İki kişi konuşurken, konuşan kaynak, dinleyen ise hedef birim olur.

Ne var ki, kaynak ve hedef birimler durağan olmayıp, dinamik birimlerdir. Konuşanın dinleyici ve bir süre sonra dinleyenin konuşmacı olması gibi, kaynak ve hedef birimler sürekli fonksiyon değiştirirler. Bunu bir örnekle somutlaştıralım.

İkisi de aynı fakültede okuyan ve bayram tatili nedeniyle birbirlerini iki hafta göremeyen iki arkadaşın arasında aşağıdaki konuşma geçer:

Ayhan : Hoş geldin Nurten. Nasılsın?

Nurten : Hoş bulduk Ayhan, iyiyim. Sen nasılsın?

Ayhan : Sağ ol, ben de iyiyim. Bayramın nasıl geçti?

Nurten : İlk günler bayram ziyaretleriyle geçti. Daha sonra kardeşlerim ve arkadaşlarımla bol bol konuşma olanağı buldum. Senin kulağını da bol bol çınlattım.

Ayhan : Seni bu kadar özlemem beni korkutuyor. Sanki sana çok bağımlıymışım gibi bir duyguya kapılıyorum.

Nurten : Suç benimmiş gibi konuşuyorsun. Benim elimden ne gelir?

Ayhan : Neyse. Bırakalım şimdi bu konuyu. Dönüş yolculuğun nasıldı?

Nurten : Oldukça rahattı. Gerede yakınlarında otobüsün arka tekerleklerinden biri patladı. Lastiği değiştirdiler, yarım saat geç kaldık.

Konuşmaya ilk başlayan Ayhan, o anda kaynak, Nurten ise hedef birim durumundadır. Nurten, Ayhan'a, "Sen nasılsın?" diye sorduğu anda kaynak, Ayhan ise hedef birim olmuştur.

Birbiriyle ilişkili olma: İletişim olabilmesi için sadece mesaj alışverişi, bir başka deyişle, sadece iki yönlülük yeterli olamaz. Alınan ve verilen mesajların birbiriyle ilişkili olması da gerekir.

Günlük yaşamda yorgunluk, yanlış anlama, dikkati başka bir konuya verme gibi nedenlerden ötürü iletişimde ilişkinlik aksayabilir. Bu tür aksaklıklar süreklilik göstermeye başlarsa, kişinin ruhsal dengesinde bir bozukluk olduğundan kuşku duyulur. Gerçekten de, akıl hastalarının iletişiminde gözlenebilen bu özellik, hastalığın derecesi ve türü hakkında ipucu veren en önemli belirtilerden biridir.

Mesaj: İnsanların karşılıklı konuşurken birbirlerine söyledikleri sözler, mesaja örnek olarak verilebilir. Ne var ki, mesajın mutlaka

sözlü olması gerekmez. Üçüncü Bölümde belirtildiği gibi, sözsüz mesajlar da vardır: Yüz ifadeleri, el kol hareketleri, oturuş ve duruş, birer mesajdır. Önce mesajın genel bir tanımını yapalım, daha sonra ayrıntılarına inelim.

Mesaj, kaynak birimdeki içeriğin, bir seçim sürecinden geçirilmiş ifadesidir.

Kaynak birimdeki içerik, duygusal ya da düşünsel olabilir. Ayhan'ın Nurten'e, "Seni çok özledim!" sözü, duygusal içeriği olan mesaja örnektir; "korkuyorum", "çok sinirlendim" gibi ifadeler de duygu ve heyecanı belirtirler. Sözlü mesajların çoğu, dış dünya ve nesnelerle ilgili düşünceleri belirtir: Nurten'in, "Otobüsün arka tekerleklerinden biri patladı," cümlesi bu tür mesaja örnektir. Sözsüz mesajlar duygusal içeriği, sözlü mesajlar düşünsel içeriği, en dolaysız ve etkili biçimde ifade eder.

Mesajın tanımında bir seçim sürecinden söz ettik; seçme sürecinin söz konusu olmadığı otomatik tepkiler mesaj değildir. Bir makinenin mekanik hareketlerinde ya da bir hayvanın içgüdüsel olarak yaptığı tepkilerde, seçme söz konusu değildir. Bu demektir ki, belirli bir uyarıcı karşısında hayvan, içgüdüsel olarak yalnız bir tip tepki gösterir. Yapabileceği başka bir şey yoktur.

İnsanlarda ise, içgüdüsel davranışlardan pek söz edilemez; ne var ki, reflekslerden söz edildiğini duymuşsunuzdur. Yüzümüze yakın bir yerde el çırpıldığı zaman, istemeden gözümüzü kırparız. Bu tür refleks hareketler, mesaj olarak kabul edilmez. Mesaj olabilmesi için, kaynak birimdeki içeriği ifade edebilecek olası seçenekler arasından seçilerek ifade edilmesi gerekir.

Yüzde yüz kestirilebilen ifadelerde bir seçim söz konusu değildir ve bundan dolayı bu tür ifadeler, birer mesaj değil, tepkidir. Örneğin, göz önünde el çırpıldığı zaman mutlaka gözün kırpılacağını bilirsiniz. Ama, "Merhaba, nasılsınız?" dendiği zaman ne cevap alacağınızı yüzde yüz kestiremezsiniz. "İyiyim, teşekkür ederim," cevabını almanız büyük bir olasılıktır, ne var ki, yine de yüzde yüz değildir. Çünkü, "Biraz rahatsızım," "Sağ ol, sen nasılsın?" gibi ve buna benzer birbirinden değişik cevaplar da alabilirsiniz.

Bir kimseyi iyi tanıyor ve söyleyeceği sözleri önceden yüzde yüz kestirebiliyorsanız, o kimsenin söylediklerine artık pek dikkat etmeye başlarsınız. Çünkü söyledikleri bir tür "tepki" olmaktadır. Bu tür ilişkilerde, iletişim yavaş yavaş ortadan kalkar ve ilginç insan ilişkileri, yerini can sıkıntısına bırakır.

Alışveriş: İletişim iki yönlü bir süreçtir ne sadece alış, ne de sadece veriş, iletişimi oluşturamaz.

Bir arkadaşınızla karşı karşıya oturduğunuzu düşünün. Yalnız biriniz konuşuyor ve diğeriniz dinliyor... Acaba bu durumda, aranızda bir iletişimden söz edilebilir mi? Evet, edilebilir. Çünkü arkadaşınızın yüz ifadesinden, oturuş biçiminden, sizi anlayıp anlamadığını, sıkılıp sıkılmadığını çıkarabilirsiniz. Sadece biriniz konuştuğu zaman bile, bir iki yönlülük söz konusudur: Birinizin sözlü mesajına, diğeriniz sözsüz mesajla cevap verebilir.

Şimdi, arkadaşınızla aranıza karton ya da tahtadan bir perde konsa ve birbirinizi görmeniz engellense!... Yine yalnızca biriniz konuşacak ve diğeriniz hiç cevap vermeden dinleyecek olsa, acaba bu durumda aranızda bir iletişim olur muydu? Bu kez cevap, "Hayır!"dır. Birbirlerini görmesi engellenen iki kişiden sade biri konuşma olanağına sahipse, bu durumda bir *iletişim* değil, bir *iletiş* söz konusudur. Başka bir ifadeyle, mesaj gönderilir, fakat bu mesajın karşılığı alınmaz. İletişim olabilmesi için bir mesaj alışverişine, bir başka deyişle, iki yönlülüğe gerek vardır.

Kaynak birimin gönderdiği mesaja karşılık, hedef birimin verdiği "cevap mesaj"a, *geri-iletim* adı verilir. Ayhan ve Nurten adlı iki arkadaşın aralarındaki konuşmada, Ayhan'ın söylediği ilk söz *mesaj iletimi* , Nurten'in verdiği cevap da *geri-iletimi* oluşturur.

İletişimin iki yönlü bir olay olduğunu unutan kişiler, sadece konuşmak, konuşmak ve yine konuşmak isterler. Karşılarındaki ağızlarını açınca hemen atılırlar ve "Lafını balla kestim," tavrıyla kendileri konuşmaya başlarlar. Sizin kafanızı bir süre daha ütüledikten sonra, "Ne kadar güzel sohbet ettik, yine gel, beklerim," diye sizi uğurlarlar. Bu şekilde sürekli konuşanlar, iletişimden değil, kendi iletimlerinden zevk alırlar. Karşıdaki kişiyle iletişim kurulmak isteniyorsa, ona geri-iletimde bulunma olanağı tanınmalıdır.

Bu noktada, *iletişim, iki birim arasında birbirine ilişkin mesaj alışverişidir* tanımı, tüm öğeleriyle gözden geçirilmiş bulunuyor. Şimdi, iletişim modelini gözden geçirmeye hazırız. Modeller, soyut kavramları somut simgeler ve işaretlerle belirtme olanağı verirler. Bu nedenle, bir konunun açıkça tartışılabilmesi için, eğitim alanında sık sık kullanılırlar.

İLETİŞİM MODELİ

Şekilde iki kişiden oluşmuş bir iletişim modeli görüyorsunuz. Bu modelde yer alan öğeler ve süreçlere değinerek, iletişim olayını, ayrıntılı olarak ve daha yakından tanımaya çalışalım.

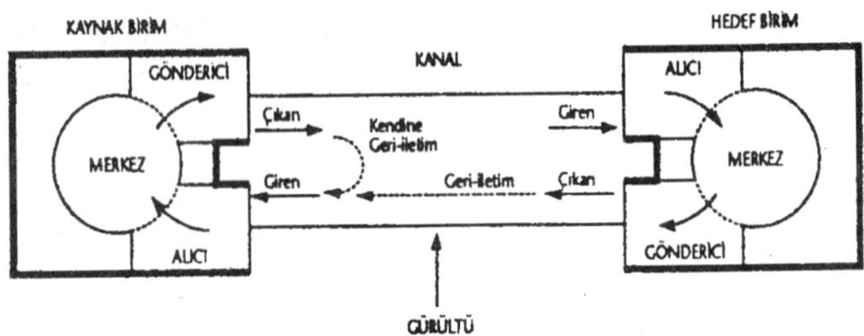

Konuşan iki kişiden biri kaynak, biri de hedef birimi oluşturur. Bu iki birim arasında, mesajların gidip gelebileceği bir kanal vardır. Örnekte, kaynak ve hedef birimlerin her ikisi de insan olduğu için, yapı ve işlev bakımından birbirlerine benzerler. Her birimde bir merkez, gönderici ve alıcı vardır. İletişim modelindeki öğeler ve süreçler: kaynak ve hedef birimlerle kanal ve iletişim ortamı olmak üzere üç ana başlık altında toplanabilir.

KAYNAK VE HEDEF BİRİMLERİ

Kaynak ve hedef birimleri aşağıdaki öğe ve süreçleri içerir:

Merkez: Gönderilecek mesajların içeriğinin (duygu, düşünce, niyet, güdü, eylem vb.) oluştuğu ve gönderilmek üzere seçildiği bölümdür.

Gönderici: Merkezdeki içeriği, sözlü ya da sözsüz işaretler haline dönüştürerek kanala bırakan öğedir. Sözlü iletişimde ciğer, gırtlak, dil, diş, dudak ve damaklardan oluşan ve birbirleriyle düzenli ilişki içerisinde çalışan son derece karmaşık bir sözlü gönderici sistemi iş görür. Yüz ifadeleriyle sözsüz bir iletişim söz konusu olduğu zaman ise, boyun ve yüz kaslarından oluşan bir düzen, gönderici olarak çalışır. Bedenin hareketleri ve duruşu mesaj niteliğini taşıdığından, tüm beden bir gönderici olarak çalışır.

Alıcı: İşaret biçimine dönüşmüş olarak kanaldan gelen mesajları alan ve merkeze aktaran öğedir.

Hedef birim, gelen mesajın türüne göre farklı alıcılar kullanır. Sözlü mesaj geldiğinde işitme sistemi, görsel mesaj geldiğinde ise, görme sistemi alıcı olarak kullanılır. Mesaj, dokunma, koku gibi işaretler aracılığıyla gönderilirse, o zaman cilt ve burun gibi, ona uygun bir alıcı sistem iletişimi sağlar.

Hedef birim pisikolojik işleyiş bakımından kaynak birimin aynısıdır. Farklı olan sadece süreçlerin yönüdür. Kaynak birim mesaj göndermek işiyle uğraştığı halde, her birim kendisine gelen mesajı almak ve yorumlamak işiyle uğraşır. Yorumladığı mesajla ilgili bir geri-iletimde bulunduğu anda, hedef birim, işlevleri bakımından artık bir kaynak birim olmuştur.

KANAL

Kanal: Kaynak ve hedef birimler arasında yer alan ve işaret haline dönüşmüş mesajın gitmesine olanak sağlayan yola, geçite, kanal adı verilir.

Her duyu organına karşılık bir kanaldan söz edilebilir. Mesaj konuşulan kelimelerle aktarılıyorsa, işitme kanalından söz edilir. İşitme kanalı, sözlü işaretleri, bir başka deyişle, kelimeleri hava titreşiminden yararlanarak aktarır. Ağızda başlayan titreşim, bizi dinleyen kişinin kulağına gider ve orada işitsel alıcı organ tarafından, sinirsel titreşimlere dönüştürülerek beyine iletilir. Yüz ifadeleri, el ve kol hareketleri sözkonusu olduğunda, görsel kanal işin içine girer. Göz, yüz ifadesini ışık dalgaları halinde alır ve bu dalgaları sinirsel dalgalara dönüştürür. Beyin ise, bu sinirsel dalgaları, belirli anlamlar taşıyan yüz ifadeleri olarak değerlendirir. İsterseniz, dokunma ya da koklama kanalı yoluyla iletilen mesaj örneklerini, kendiniz bulabilirsiniz. Her duyuma uygun düşen bir kanal olduğu belirtilerek, bu konu kısaca özetlenebilir.

Kanal öğesiyle ilgili açıklamayı bitirmeden, değişik kanalların birbirinden bağımsız olarak varolduğunu da söyleyelim. Örneğin, gece karanlık bir ortamda karşınızdaki kişiyle konuşmanızda bir aksama olmaz; ne var ki, karşınızdakinin yüz ifadesini göremezsiniz, kullanmış olduğunuz kanal, hava titreşimleriyle çalışan işitsel kanaldır. İçinin havası alınmış bir cam bölmeyle ayrılmış bir odada da karşınızdakiyle sözlü iletişim kuramazsınız, fakat birbirinizin yüz ifadelerini rahatlıkla görebilirsiniz.

Bildiğiniz gibi telefon ancak işitsel kanalla iletişim kurma olanağı sağlar. Karşınızdakinin yüz ifadesini göremezsiniz. Buna karşılık günlük yaşamdaki yüz yüze iletişimde, aynı anda birden fazla iletişim kanalı kullanılır; iletişimde kanal sayısı arttıkça iletişimin etkililiği de o derece artar. Çağdaş teknolojinin hem işitsel, hem de görsel kanalı kullanan telefonlar yapmak istemesi bu nedenledir.

İşaret: İşaret, mesajın göndericiden geçtikten sonra temsil edildiği fiziksel biçimdir. Şu anda okuduğunuz kelimeler, benim size göndermek istediğim mesajın harflere dönüşümünden oluşan fiziksel işaretlerden meydana gelmiştir. Konuşma süresince duyduğunuz kelimeler, işitsel işaretlere, okurken gördüğünüz yazılı kelimelerse, görsel işaretlere örnektir.

Çıktı: Kaynak birimin gönderdiği işaretlerin tümüne *çıktı* adı verilir.

Girdi: Hedef birimin alıcısının yakaladığı işaretlerin tümüne *girdi* denir.

Gürültü: Kaynak birimin gönderdiği mesajla, hedef birimin aldığı mesaj arasında bir fark varsa, bu farka "gürültü" adı verilir. Gürültü, iletişimin en önemli kavramlarından biridir. İletişim modelinde, gürültü kaynağı sadece kanaldaymış gibi gösteriliyor, aslında gürültü kaynağı hem kanalda hem de hedef birimde yer alır.

Ağlayan çocuğun sesinden dolayı, karşıdakinin konuşmasını pek iyi duyamayan kişinin iletişiminde *fiziksel gürültü*nün varlığından söz edilir. Fiziksel gürültü kanalda yer alır. Kulağı ağır işittiği için karşıdakinin konuşmasını pek iyi duyamayan kişinin iletişimindeki gürültü ise, hedef birimin alıcısından kaynaklanır. Bu tür işitme bozukluğu, iletişim terimleri içerisinde, *nörofizyolojik gürültü* olarak isimlendirilir.

Bir üçüncü tür gürültü de, hedef birimin merkezinde yer alır:

İnançları, tutumları ya da o anda içinde bulunduğu duygusal durum nedeniyle, hedef birim karşıdakinin söylediğini, söyleyenin anlamından bambaşka bir biçimde yorumlar ve farklı bir anlam çıkarırsa, *psikolojik gürültü*nün varlığından söz edilir.

İnsanlar arasındaki iletişim aksaklıklarında psikolojik gürültünün payı büyüktür. Bu nedenle bu konuyu ayrıntılarıyla incelemekte yarar vardır.

Kişi, belirli konularda önyargılı olabilir ve bu önyargısından ötürü, belirli konularda gönderilen mesajları yorumlarken, anlam içeriğini farklı yönlere saptırır. Örneğin, köylü düşmanlığı olan bir kişiye, dövüşen iki kentliyi ayırmaya çalışan bir köylünün de bulunduğu bir fotoğraf göstererek ne gördüğünü anlatmasını isteseniz, size, bir köylünün elinde bıçakla iki kentliye saldırdığını söyleyecektir. Gerçekte bıçak bir kentlinin elindedir.

İnsanların o andaki gereksinmeleri de yorumlamalarını etkiler. Aç olan kimse, yiyecek konusunda söylenenleri, yalnız olan kimse ise, arkadaşlık konusunda söylenenleri daha iyi anımsar. Annelerin, hiç kimse duymadığı halde, öbür odada birçok sesin arasından çocuğunun ağladığını duyabilmesi, böyle bir algısal hazır oluşla açıklanır.

Mizah hikâyelerinde ve güldürü oyunlarında, yukarıda sözü edilen yanlış anlama ve yorumlamalardan yararlanılır. Örneğin, baba ata binme dersleri almaya başlayan kızına, "Kızım, benden sana baba nasihatı, sakın çıplak ata binme," der. Kızı, "Babacığım, bana ata binme dersi veren erkeğin yanında zaten çıplak dolaşamam ki!" diye cevap verir.

Trafik kurallarını hiçe sayarcasına araba kullanan bir adamı durduran trafik polisi, sürücünün sarhoş olduğunu farkederek, "İçkili araba kullanmanın yasak olduğunu bilmiyor musunuz, beyefendi?" diye sorar. Adam büyük bir saflıkla, "Polis bey, arabada içki olduğunu inanın bilmiyordum!" diyerek masum masum polisin yüzüne bakar.

Psikolojik gürültü, her zaman güldürücü sonuçlar vermez tabii. İnsan ilişkilerindeki kopmanın temelinde bu tür gürültü yatar. Boşanmaların, kırılmaların, küsmelerin ve evi terkederek kaçmaların çoğunun altında yanlış anlama ve yorumlamalar, başka bir ifadeyle, psikolojik gürültü yatar.

İLETİŞİM ORTAMI

İletişim sürecini etkileyebilecek nitelikleri olan ve iletişim durumu içinde bulunan kişi, nesne ve olayların tümüne "iletişim ortamı" adı verilir. Her insan ilişkisi bir ortam içinde yer alır. Herkesin yanında aynı rahatlıkla konuşulamadığını, herkes bilir. Bu yüzden önemli şeyler söylemeden önce, kişi çevresine göz atar, kimlerin bulunduğunu görmek ister. Ayrıca, iletişimde bulunulan ortamda çalınan müzik, odanın sıcak ya da soğuk, büyük ya da küçük olması, binanın veya çevrenin özelliği (konut, işyeri, okul, tören yeri gibi), konuşmaları farkında olunsa da olunmasa da etkiler.

İletişim ortamının, bir de sosyo-kültürel yönü vardır. Sosyo-kültürel yönüyle iletişim ortamına bakıldığında, toplum yaşamında önemli olan değerler açısından, kişilerin nasıl bir çerçeve içinde ilişki kurduklarıyla ilgilenilir. Örneğin, bir erkek, yakını olan bir kimsenin karısıyla konuşurken, ona çoğu kez, "yenge" der. Bu konuşma biçimi, toplum değerlerinin etkisi altında oluşur. Ayrıca, konuşulan kimsenin yaşı, mesleği, öğrenim düzeyi de, onunla nasıl konuşulacağını belirler. Kitabın ikinci kısmında sosyo-kültürel ortamın iletişim davranışını ülkemizde nasıl etkilediğini gösteren örnekler verilmiştir.

TEMEL İLETİŞİM SÜREÇLERİ

Kod: *Mesajın işaret haline dönüşmesinde kullanılan simgeler ve bunlar arasındaki ilişkileri düzenleyen kuralların tümüne "kod" adı verilir.* Bu anlamda, insan dilleri birer koddur.

Şu anda bu kitabı Türkçe kodunu kullanarak yazıyorum. Kitabı başka bir dille yazsaydım, farklı bir kod kullanmış olacaktım. Karşılıklı konuşurken aynı anda değişik türden kodlar kullanılır: Kullanılan dil bu kodlardan ancak biridir. Yüz ifadeleri, söyleyiş tarzı, el ve kolların hareketleri de, ayrı ayrı kodlarla aktarılan mesajlardır. Bugüne kadar üzerinde en çok çalışılan, incelenen kod dildir. Yüz ifadeleri, ses tonu, kelimeler arasındaki sessizlikler, el kol hareketleri de, kişiler arası iletişimde kullanılan kodlar olarak, günümüzde inceleme alanına girmeye başlamıştır.

Kodlama: *Mesajın içeriğinin kod simgelerine dönüştürülmesine "kodlama" denir.* Belirli bir niyet ya da duygunun, değişik kodlarla ifade edilebileceğini yukarıda belirtmiştik. Örneğin, kızgınlık duygusu, kullanılan kelimelerle ("Öyle yapma, beni sinirlendiriyorsun!" gibi, sözlük anlamı kızgınlık ifade eden kelimelerle), söyleyiş tarzıyla (yani kelimelerin sözlük anlamı kızgınlık belirtmediği halde: "Hemen gitsem **iyi olacak**!" gibi bir ifade biçimiyle kızgınlığımızı belirterek), ya da yüz ifadesiyle (kaşı yukarı kaldırıp, dik dik bakarken, soluğu hışırtılı bir sesle dışarı bırakarak) belirtilebilir.

Kod açma: *Kodlanarak gelen mesajın içeriğini yeniden elde etmek için yapılan çözümleme sürecine "kod açma" denir.* Kod açma ve yorumlama birbirlerinden farklı iki işlemdir. Kod açma sürecinden sonra yorumlama başlar.

Yorumlama: Yorumlama, yeniden bir değerlendirmeyi gerektirir. *Kod açılarak elde edilen mesaj içeriğine, o andaki bütün ilişkiler ve diğer koşullar çerçevesi içinde, yeniden anlam verilmesine "yorumlama" denir.*

Bazı durumlarda kod açılarak elde edilen anlamla, yorumlama sonucunda elde edilen anlam arasında, bir fark yoktur. Bazı durumlarda ise, yorumlama sonucunda elde edilen anlam, kod açma düzeyindeki anlamdan farklıdır. Bu tür durumlar herkesin başına gelir: Karşıdaki asıl söylemek istediğinden farklı bir şey söyler, ama biz, yine de, onun ne demek istediğini anlarız.

Örneğin, fakülteden yeni mezun olmuş genç bir ziraat mühendisi, yaşlı bir ziraat teknisyeninin amiri olarak atanmıştır. Uzun yıllar Devlet Üretme Çiftlikleri'nde görev yapmış yaşlı teknisyen, "Siz fakülte bitirmiş bir mühendissiniz, tabii ki benden daha iyi bilirsiniz. Bilmediklerimizi gelip sizden sormak bize düşer," dediğinde, genç mühendis bu sözü, "Fakülteyi bitirmiş olmanız benden daha bilgili olduğunuzu göstermez, önemli olan iş deneyimidir. 'Her şeyi ben bilirim' şeklinde bir tutum içine girmeyin; benim deneyimine önem verin!" biçiminde yorumlamalıdır.

Bu durumda, mühendis iki seçenekle karşı karşıyadır: Cevabını, ya kod açma düzeyinde, ya da yorumlama düzeyindeki anlama göre verecektir. Kod açma düzeyindeki anlama göre verirse, büyük bir olasılıkla "Hay hay memnuniyetle, elimden geldiğince yardımcı olurum," biçiminde cevap verecektir. Yorumlama düzeyindeki anlama göre cevap verirse, "Önemli olan deneyim, aslında benim sizden öğreneceklerim var, umarım bana yardımcı olursunuz," biçiminde cevap vermesi daha doğru olacaktır.

Geri-iletim: Kaynak birimin gönderdiği mesaja karşılık *hedef birimin gönderdiği cevap mesaja "geri-iletim" adı verilir.*

Kendine geri-iletim: Kişinin kendi gönderdiği mesajı, kendisinin alması sürecine *kendine geri-iletim* denir. Türkçe'de "ağzın söylediğini kulak duymalı" diye bir söz vardır. Deneysel koşullarda, kendi söylediğini işitemez duruma getirilerek konuşturulduğunda, kişi, üç dört dakikadan daha fazla fazla konuşmasını sürdüremez.

Kendine geri-iletim yalnız sözlü iletişimde değil, sözsüz iletişimde de önemli bir yer tutar.

İletişimin ortaya çıkabilmesi için, alınan ve verilen mesajların algılanabilmesi gerekir. Zihinsel ve duygusal psikolojik işlemlerin temelinde algılama yatar. Bu nedenle şimdi, algılama konusunu, kişiler arası iletişimle ilişkili olarak, ana hatlarıyla incelemek istiyorum.

ALGILAMA: ANLAMANIN TEMELİ

Yandaki sayfada gösterilen "kaynana gelin illüzyonu" olarak bilinen şekilde ne görüyorsunuz?

Oldukça yüksek yakalı bir manto ya da kürk giymiş, başı örtülü, saçlarının bir kısmı görülen, büyük burunlu, ağzı hafif açık bir yaşlı hanım mı?

Yoksa yüzü biraz öbür tarafa dönük, boynunda kolyesi olan, kirpikleri ve burnunun ucu ile saçlarının altında sol kulağı gözüken genç bir bayan mı?

Şu anda ben yaşlı kadını görüyorum. Sizin ve benim gördüğüm birbirine benziyorsa, şekli tanımlarken aramızda bir farklılık, başka bir deyişle, "fikir ayrılığı" olmaz. Aynı şekle bakan biri, genç bir bayan görüyorsa, aynı resme baktığı halde sizden farklı bir şey görmesini herhalde önce acayip karşılarsınız, daha sonra ya kendi gördüğünüzden ya da kişinin algılamasından şüphe etmeye başlarsınız.

Aynı şekle bakan iki kişinin farklı algılamalarda bulunması, algı olayı ile ilgili şu önemli bulguyu bize gösterir: *Algılama, algılanan uyarıcının ve algılayan kişinin özelliklerinin etkileşimiyle oluşur.*

Çevredeki "uyarıcıya ait" etkenlerle, bireydeki "algılayana ait" etkenleri daha açık seçik görebilmek için, algılama sürecini KARA KUTU terimleri içerisinde kısaca tartışalım.

KARA KUTU VE ALGILAMA

İsterseniz, bir an için insanların değil de, çizilmesi ve tanıtılması daha basit olan bir kutu örneği üzerinde durarak, algı olayını inceleyelim. Aşağıdaki şekilde görüldüğü gibi bu kutunun temel üç öğesinden söz edilebilir: *Girdi; Kutu; Çıktı.*

Girdi, kutunun duyarlı olduğu her türlü enerjiyi kapsar. Kutu, ışık, ses, dokunma gibi kinetik enerji vb. gibi türlü uyarıcılara duyarlı olabilir.

Kutu'nun içi açılıp bakılamıyor; çünkü açılırsa kutu bozuluyor ve bir daha çalışmıyor.

Çıktı, kutunun uyarıcılar üzerinde işlemde bulunduktan sonra ortaya çıkardığı ürüne verilen addır.

Çıktı, kaynana-gelin illüzyonunda olduğu gibi, çoğu kez, girdiden farklıdır. *Girdi* ile *Çıktı* arasındaki bu fark, kutu içinde yer alan işlemlerden kaynaklanır.

Girdi ile *Çıktı* arasındaki ilişkiyi, bir örnekle açıklayalım:

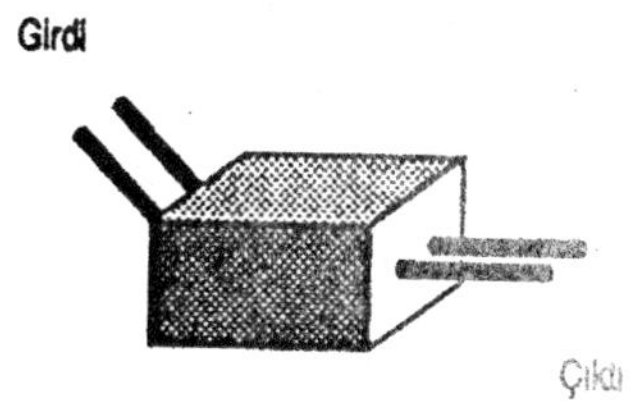

Kutuya aşağıdaki sayısal değerler *Girdi* olarak verildiğinde, *Çıktı* olarak şu değerler elde ediliyor:

Girdi	*Çıktı*
1	4
2	9
3	16

Yukarıda verilen örnekte, *Girdi* ve *Çıktı* arasında bir fark olduğu görülüyor. Bu fark, kutunun girdi üzerinde bazı işlemler yapmasından ileri geliyor. Acaba kutu, aldığı sayısal değerler üzerinde ne gibi işlemler yapmıştır? Sayılarla oynamasını seven okuyucular bunun üzerinde düşüne dursunlar, biz matematikle uğraşmaktan hoşlanmayanlara cevabı açıklayalım:

Kutunun yaptığı işlemi aşağıdaki formülle özetleyebiliriz.

$$\text{Çıktı} = (\text{Girdi} + 1)^2$$

Sözle formülü ifade edelim: *Kutu Girdi*'ye 1 ekleyip, toplam değerin karesini almakta ve sonucu *Çıktı* olarak vermektedir.

Algılama olayında, acaba, bireyin girdi uyarıcılara uygulamış olduğu işlemi yukardaki gibi bir formülle belirlemek olanağı var mıdır? Psikoloji, her yıl gelişen bir bilim olarak, büyük atılımlar yapıyorsa da, henüz yukarıda verilen formüldekine benzer matematiksel kesinliği olan kurallara ulaşabilmiş değildir. Buna rağmen, insan algılamasında rol oynayan etkenleri, genel bir model içinde toplayarak gösterme olanağı vardır. Şimdi, bu amaçla yapılaştırılmış bir "algılama modelini" inceleyelim.

ALGILAMA MODELİ

Algılama modelinde, algılanan uyarıcıları bulunduran bir çevre ve bu çevre içinde yer alan uyarıcıları algılayan bir birey vardır. Yan sayfada verilen algılama modelinde, algılama sürecini etkileyen belli başlı etkenlerin bir dökümü verilmiştir.

Çevrede bulunan çok sayıda uyarıcı, bireyin duyu organına ulaşır. Bu uyarıcılar şiddetleri, sıklıkları, hareketleri ya da hareketsiz olmaları, büyüklükleri, renkleri ve diğer uyarıcılarla bir örüntü oluşturup oluşturmadıkları bakımından birbirlerinden farklılıklar gösterirler. Çevrede bulunan bu uyarıcı karmaşası, duyu organlarını sürekli etkiler.

Algılama işlemini gerçekleştiren organizmayı, dört bölüm içinde incelemek mümkündür: 1. Alıcılar; 2. İlk işlem; 3. Geçmiş yaşantılardan getirimler; 4. Son işlem ve algısal ürün. Şimdi bu bölümleri kısaca gözden geçirelim.

Alıcılar

Alıcılar, duyu organlarından oluşur. Göz, kulak, burun, dil ve cilt, yapıları ve işleyişleri hakkında az çok bilgi sahibi olduğumuz duyu organlarıdır. Duyu organları yapıları, işleyiş biçimleri, içinde bulunulan çevreye uyum (adaptasyon) dereceleri ve kapasiteleri çerçevesinde, çevredeki uyarıcıları alırlar ve sinir sitemiyle ilişkiye sokarlar. Duyu organlarımızın duyarlılık dereceleri, *duyum eşiği* kavramıyla ifade edilir.

Örneğin, göz, bir mum ışığını karanlık bir gecede elli kilometreden görebilecek görme; kulak, bir kol saatinin tik taklarını altı metreden duyabilecek işitme; ve dil, bir çay kaşığı şekerin yedi litre saf suda eritilmiş tadını alabilecek tad alma duyarlığına sahiptir. Burun, bir damla parfümün üç odalı bir eve dağılmış kokusunu alabilecek; cilt, bir santimetre yükseklikten yanağa düşen bir arının kanadını hissedebilecek duyarlıktadır. Duyarlık dereceleri, duyu organlarının ortama yapmış oldukları *uyuma* göre değişir.

Ortama uyum yapmış bir duyu organının, algılamayı nasıl etkilediğini denemek için, üç kap alın ve bunlardan birini elinizin dayanabileceği sıcaklıkta suyla doldurun. Diğer iki kaptan birine soğuk, diğerine ılık su koyun. Sağ elinizi sıcak su, sol elinizi soğuk su dolu kaba sokarak üç dakika tutun. Sonra her iki elinizi birden ılık su dolu kaba sokun. Sonucun ne olacağını tahmin edebiliyor musunuz? Aynı uyarıcıyı (ılık su) sağ eliniz soğuk, sol eliniz ise sıcak bulur.

İlk işlem

Duyu organlarından gelen sinirsel akımlar sinir sisteminin değişik yerlerinde son bulur ve bu noktada, sinir sistemi *girdiler* üzerinde işlem yapmaya başlar. Sinir sistemi, bu işlemleri kendi kapasitesi içinde yapar.

Kanal kapasitesi, sinir sistemine ulaşan bütün uyarımların işleme giremediğini, sinir sisteminin belirli bir kapasitesi olup, yalnızca bu kapasite sınırları içerisinde *girdi*yi işleyebildiğini ifade eder. Örne-

UYARICILAR
Manzara
Müzik
Koku
Lezzet
Ateş
UYARICININ:
- Şiddeti
- Büyüklüğü
- Hızı
- Tekrar sayısı
- Diğer uyarıcılarla ilişkisi

→

ALICILAR
Göz
Kulak
Burun
Dil
El
ALICININ:
- Yapısı
- İşlevi
- Duyarlık derecesi

İLK İŞLEM
Sinirsel uyarılmada ilk kod açma süreci
- Heyecansal, duygusal durum
- Yorgunluk
- Gereksinmeler
- Fizyolojik dönemler

YAŞANTI VE ÖĞRENMENİN GETİRDİKLERİ

Algıda Değişmezlik
- Nesnel değişmezler
- Sosyal değişmezler
- Benlik bilinci değişmezliği

Algıda Organizasyon
- Örüntüleme (patterning)
- Kümeleme, gruplama
- Şekil-zemin ilişkisi

Algıyı doğrudan etkileyen faktörler
- Beklentiler
- Sosyal roller ve değerler
- Algılama çerçevesi

Algıyı dolaylı etkileyen faktörler
- Dil/Kültür ortamı
- Genel tutumlar

SON İŞLEM VE ALGISAL ÜRÜN
Algıda seçicilik
- Genel uyarıların yaşantı faktörleriyle etkileşimi sonucu **uyarılan içerik** çerçevesinde

ALGISAL ÜRÜN

ğin, göz saniyede 5 milyon *bit*lik bilgi aktardığı halde, sinir sistemi ancak 500 bin bitlik bir bilgi işleyebilir.

Yorgunluk, o anda içinde bulunulan *heyecan durumu,* organizmanın o andaki *gereksinmeleri* ve *güdüleri,* sinir sisteminin işleyişini etkiler. Ayrıca, belirli *fizyolojik dönemler* de, sinir sisteminin işleyişini etkiler. Kadınların adet günlerinde ya da gebelikleri sırasında daha gergin, daha duyarlı olmalarını ve genellikle aldırış etmedikleri olay ve durumlara, bu dönemlerde daha şiddetle tepkilerde bulunmalarını, fizyolojik dönemlere örnek olarak gösterebiliriz.

Özetle, ilk işlem olarak adlandırılan bu bölümde, sinir sistemi, girdi uyarıcıları bir türlü *kod açma* sürecine tabi tutar ve bu kod açma, sinir sisteminin genel kapasitesi ve organizmanın o anda içinde bulunduğu fizyolojik ve güdüsel koşullar içinde yapılır.

Yaşantı ve Öğrenmenin Getirdikleri

Duyu organları kanalıyla sinir sistemine ulaşan duyusal veriler ilk işlemden sonra, organizmanın yaşamı boyunca geliştirmiş olduğu psikolojik süreçlerle etkileşim haline geçer. Yaşantı ve öğrenme ürünü bu etkenler dört temel kategoride toplanabilir.

Bunlar: (a) Algıda değişmezlik; (b) Algıda organizasyon; (c) Faal ve algıyı doğrudan etkileyen faktörler ve (ç) Pasif ve algıyı dolaylı etkileyen faktörlerdir.

(a) Algıda Değişmezlik

Nesnelere, simgelere, insanlara ve olaylara verilen anlamlar ve önem dereceleri, geçmiş yaşantılar içinde oluşur. Bu anlamları, uyarıcının kendi değil, o uyarıcının kişinin yaşantı ve amaçlarıyla olan ilişkisi sağlar.

Dış dünya, yani insanlar, olaylar, nesneler ve bunların ilişkilerinden oluşan fiziksel ve sosyal dünya, durağan bir dünya değildir. Tümüyle belirlenmiş koşullar altında, belirgin ve yapılaşmış biçimde karşımıza çıkmaz. Bu nedenle, bireyler dış dünyayla ilişkilerinde, genellikle "merak", "kuşku" ya da "kaygı" denebilecek bir ruh hali içindedirler.

Sürekli değişen bu dünya içinde, insanoğlu "değişmezler" yaratarak, belirsizliği bir dereceye kadar gidermeye çalışır. Duyu organlarından gelen duyusal veriler son derece karmaşık olarak gelseler de,

Aynı uyarıcı ortamında iki çocuk; biri kendine güvenli arkadaşça gülümsüyor, diğeri ortamda tehlike seziyor, ağlıyor. Bu gözlem de, algının bir etki değil, etkileşim olduğunu kanıtlıyor.

insan beyni bu karmaşıklığı örgütleyerek algılar. Bu örgütlenmenin bir görünümü, *değişmezlik* adıyla bilinir.

Göze gelen ışınlar, bir nesnenin çevresinde yürürken bakıldığında olduğu gibi, nesnenin yeri ve açısı değiştikçe, sürekli değişir. Oysa nesnenin çevresinde yürünse de, yine *aynı* nesne görülür. Bu değişmezlikler, algılanan nesne ve olaylara tutarlı ve yinelenebilen özellikler yüklenerek, yapılaştırılır. Algılamada değişmezlik yalnız biçimde olmaz, renk, büyüklük (cesamet), açıklık bakımından da algısal değişmezler vardır.

Duyu organlarından gelen birçok duyuma, anlamlar ve önem dereceleri verilir. Gelen duyusal verilere, her defasında yeni baştan anlamlar vermek yerine, yaşantı boyunca geliştirilen değişmezler kullanılarak, algısal işlem kolaylaştırılmış olur.

Kişinin yaşantısı boyunca geliştirmiş olduğu değerlerin, beklentilerin ve algısal kalıpların tümü, kişinin içinde yetişmiş olduğu kültürden kaynaklanır. Bu kültür değerleri, algılamayı sürekli etkiler.

Basit bir örnek vererek kültürel değerlerin ve beklentilerin algılamayı nasıl etkilediğini gösterelim. Gözün her birine dış dünyanın farklı görüntüsünün düştüğü biliniyor. Sağ ve sol göze gelen görüntüleri denetleme olanağı sağlayan *stereoskop* denen bir aletle, her iki göze, iki ayrı kişinin yüzleri gösterildiğinde, birey bu iki yüzden farklı bir üçüncü yüz görür. Böyle bir deneyin ilginç yanı, her bireyin diğerlerinden farklı bir yüz görmesidir. Bireyler, sağ ve sol gözlerine gelen farklı yüzlerin, "kendilerine göre" önemli olan özelliklerini bir araya getirerek, yeni bir yüz oluşturmaktadırlar. Gördüğü yüz özelliklerini, her birey kendi yaşantısı içinde anlamlandırdığından, ortaya çıkan yeni yüz, herkes için farklı olmaktadır. Sağ ve sol göze verilen resimler, bu denemeye girmiş olan kişilere, daha sonra ayrı ayrı çıplak gözle gösterildiğinde, çoğu denek, stereoskop aracılığıyla kendilerinin yaratmış olduğu "sentez yüzü" daha "güzel", daha "cana yakın" ve "anlamlı" bulmuştur.

Başka bir örnekle açıklamaya devam edelim: İki erkek deneğe stereoskopla iki farklı resim gösterildiğini varsayalım. Bu resimlerden biri çıplak, diğeriyse kapalı giyinmiş bir kadını göstersin. Erkeklerden biri kapalı, tutucu bir ailede büyümüş ve halen küçük bir kasabada yaşıyor olsun. Diğeriyse, kadın erkek ilişkileri açısından çocuklarını serbest yetiştiren kentli bir aileden gelmiş olsun.

Bu iki kişinin stereoskopta göreceği üçüncü resim birbirinden farklı olacak mı acaba? Farklı olacağını düşünüyorsanız, ne yönde bir fark ortaya çıkacağını beklersiniz?

Vermiş olduğunuz cevaplar, bu kişilerin yetişme ortamlarının, onların resimlerdeki bazı özelliklere ne gibi önem dereceleri vereceği konusunda, sizin tahminlerinizi yansıtır. Bu deneyi çevrenizdekilere anlatıp aynı soruyu onlara sorun, onların cevabı sizinkinden farklı mı? Sizin ve diğerlerinin cevapları arasındaki bu farklılık nereden geliyor acaba?

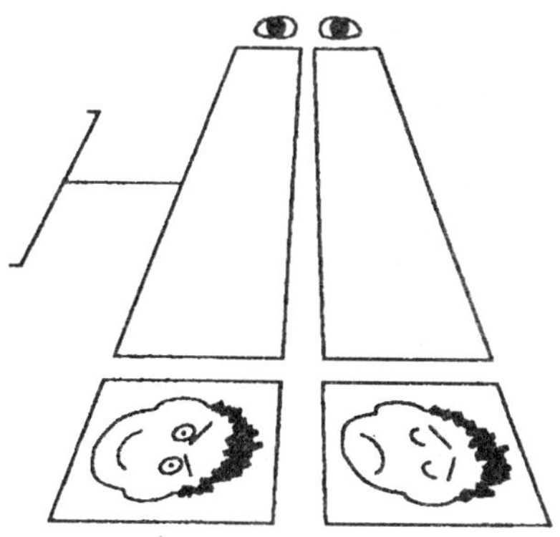

İlk kez karşılaşılan kişilere, değişmezlik kavramının etkisi altında, çeşitli sorular sorularak, onlar, belirli kalıplara, değişmezlere sokulmaya çalışılır: "Nerelisiniz, efendim?", "Ne işle meşgulsunuz beyefendi?", "Evli misiniz, kaç çocuğunuz var?, "Kaç yaşındasınız?", "Nerede oturursunuz?" Uğraşını söyleyen kişi "işportacı" ise bir kalıba, "doktor" ise başka bir kalıba sokulur ve farklı ilişkiler kurulur.

Nereli olduğu da, değer sistemini harekete geçirir: Karşısındaki Kayserili ise başka, Nevşehirli ya da Çorumlu ise daha başka biçimde değerlendirecek kişiler vardır. Yaşla, evli ya da bekâr oluşla da ilgili birçok kalıp ve "değişmezlik" bulunur. Bunlar aracılığıyla insanlar sınıflara ayrılır ve böylece "belirlenmiş" bir dünya yaratılır.

(b) Algıda Organizasyon

Algısal örgütlenme, sadece değişmezlik kavramı içinde tutulamaz. *Şekil* ve *zemin*, algısal kümeleme ve yapılaştırmada önemli kavramlardır. Algılanan nesneler, kişiler, olgular ya da ilişkiler, bir zemin üzerinde algılanır.

Yanda verdiğimiz resimde, çizgili ve çizgisiz kısımların hangisini zemin olarak görüyorsunuz? Zemini arkada bırakıp, algısal alanda birinci plana çıkan, dikkati daha çeken, toplayan uyarıcıya "şekil" adı verilir. Kaynana-gelin belirsizliğinde olduğu gibi, bazen şekil ve zemin ayırımı pek belirgin olmaz, biri diğeriyle yer değiştirir. Şekil ve zeminin birbiriyle yer değiştirmesi sonucu algılamada bazı değişmeler olur.

Cümle içinde kullanılan kelimelerin yeri, cümledeki hangi anlam öğesinin şekil, hangisinin zemin olacağını bir ölçüde belirler.

Çocuk hamurdan bebek yaptı,

cümlesi dört kelimeden oluşmaktadır. Bu kelimelerin yeri değiştirilerek cümle farklı biçimlerde söylenebilir:

Hamurdan bebek yaptı çocuk.

Bebek yaptı çocuk hamurdan.

Bu cümlelerde farklı anlam öğeleri şekil ve zemin rollerini alır. Örneğin, ikinci cümlede bebeğin hamurdan yapıldığı vurgulanmakta, bir başka deyişle, hamur özelliği birinci plana çıkarılmakta, çocuk ve onun faaliyeti, zemini oluşturmaktadır. Üçüncü cümlede vurgulanan ise, çocuğun bebek yaptığıdır, cümledeki diğer öğeler, bu anlama zemin oluştururlar.

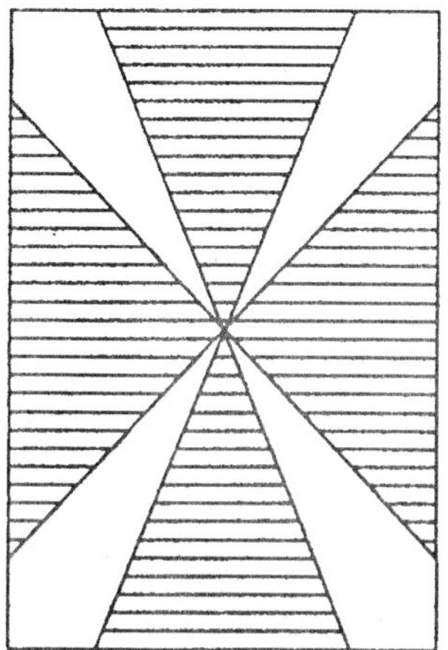

Algılamada gruplama ve örüntüleme (*patterning*) sürecini aşağıdaki şekle bakarak kendiniz de gözlemleyebilirsiniz.

Bu şekilde ilk sırada üç çift ve bir tek çizgi algıladığınız halde, aynı şeklin alımında üç kare görmeye başlıyorsunuz.

Algısal gruplama ve örüntüleme, yalnız görsel uyarıcılarda değil, işitsel ve dokunsal uyarıcılarda da kendini gösteren bir süreçtir.

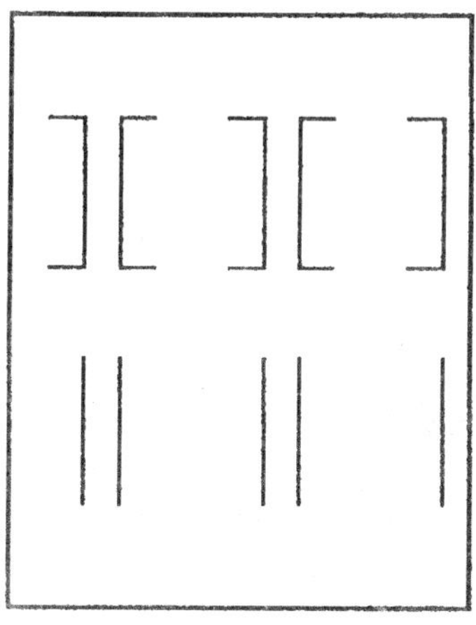

(c) Faal ve Doğrudan Etkileyen Faktörler

Bir olayla ya da kişiyle karşılaşıldığında, beklentiler o olay ya da kişinin algılanışını etkiler. Beklentiler, algısal sürecin o denli doğal bir parçasıdır ki, başlangıçtaki beklentilerin çoğu kez farkında olunmaz. Algılamayı etkileyen beklentilerin çoğu, kişilerin almış oldukları sosyal roller ve bu rollere bağlı değerlerle ilişkilidir. Sosyal roller ve sosyal değerleri, gelecek bölümlerde ayrıntılı olarak ele alacağız. Sosyal roller ve değerlerin dışında da, kişinin kendine özgü geçmiş yaşantıları, kişisel beklentileri vardır. Bu beklentilerin tümü, biraz sonra inceleyeceğimiz *algılama çerçevesi*ni oluşturur.

(ç) Pasif ve Dolaylı Etkileyen Faktörler

Konuşulan dilin özellikleri, algılamayı etkiler mi? Böyle bir etki söz konusuysa, bu etki nasıl ve nerede kendini gösterir? Bu tür sorular, düşünürlerin kafasını yüzyıllar boyunca meşgul etmiş olmasına rağmen, cevapları bugün bile kolaylıkla verilemez. Kullanılan dil ve algılama konusu, özel teknik terimleri içeren karmaşık bir konu olduğu için, burada ayrıntılı tartışmasına girmeyeceğiz. Şu kadarını söylemekle yetinelim: Kişinin içinde yetişmiş olduğu dilin kelime haznesi ve bazı yapısal özellikleri, kişiyi bazı konuları algılamaya daha duyarlı, daha yatkın yapabilmektedir.

Son işlem: Algısal ürün

Sinir sisteminin işleminden geçen duyusal veriler, yaşantı ve öğrenme getirimleriyle etkileşimde bulunarak bir seçilmeye uğrarlar. Kişi, duyu organlarına ulaşan bütün uyarıcılara tepkide bulunamaz. Gelen uyarıcılardan birkaçı üzerinde odaklaşır. Bu algısal odaklaşmaya *dikkat* adı verilir.

- Bu satırları okurken bir dakika ara verin ve şu anda duyu organlarınızın kaydetmekte olduğu uyarıcıların farkına varmaya çalışın. Kitabı evde okuyorsanız, sözgelişi, öbür odada çalan müziğin farkına varacaksınız. Dışarda bağıran eskici ya da simitçinin sesini şimdi duymaya başladığınızı farkedebilirsiniz. Oturmaktan sırtınızın ağrıdığını, kaslarınızın dünkü uzun yürüyüşten hamladığını şimdi hissedebilirsiniz. Okuduğunuzu anlamak için dikkatinizi tümüyle kitaba verdiğinizde, hem dışardaki, hem de sizin kendi bedeninizle ilgili uyarıcıların yine kaybolduğunu göreceksiniz.

Bir cümlenin söyleniş biçimi ve vurgulanması, cümlenin anlam öğelerini gruplamaya yardım etmek içindir. "Oku baban gibi eşek olma," cümlesinin kelimelerini değişik biçimlerde gruplayarak, iki farklı anlamda algılanabileceğini çoğumuz daha önce duymuşuzdur.

Duyu organlarına ulaşan uyarıcıların, farkında olunsa da, olunmasa da, belirli bir biçimde kaydedildiğine işaret eden kanıtlar vardır. Hiç kokteyle gittiniz mi? Birçok kişinin aynı anda konuşmasından doğan gürültünün arasında, sadece bir kişinin konuşmasını dinleyebilmekteyiz. Başkalarının konuşmalarını duymadığınızı sanırken, odanın öbür ucunda birinin sizin adınızı söylediğini anında duyabilirsiniz. Bu gözlem, algısal sistemdeki mekanizmanın, o anda kişiyle "ilişkin" olmayan bilgileri filtrelediğini, fakat "ilişkinlik derecesi" artınca, algı kanalını açtığını gösterir.

ALGILAMA ÇERÇEVESİ

İletişimde bulunurken, iletişimin konusunu ve iletişimin içinde yer aldığı durumla ilgili ne gibi iç ve dış algı etkenlerinin bulunduğunu bilmekte yarar vardır. Mesajı oluştururken, onun anlaşılması için gereken algısal çerçeve, çoğu kez örtük bir biçimde vardır. Eğer bu algısal çerçevenin, hedef birimin belleği tarafından sağlandığı biliniyorsa, bilineni yeniden söylememek için, gönderilen mesajda, algısal çerçeveyi oluşturan öğelerden hiç söz edilmez. Mevcut algısal çerçeve içinde mesaj geliştirilir. Hedef birimin yorumda kullanacağı çerçevenin, onun belleği tarafından sağlanmadığı sanılıyorsa, o zaman, algısal çerçeve mesajın kendisi içinde açık ve seçik bir biçimde verilir.

Ortak bir algısal çerçeve yokken mesaj olduğu gibi gönderilirse, kişi kendi yaşam ve deneyimine uygun düşen bir algısal çerçeveye göre mesajı alır ve yorumlar. Ortak bir algılama çerçevesinden yoksun olduğundan, aynı mesaj, farklı kimselerce, farklı biçimlerde yorumlanır.

A. Averchenko'nun anlatmış olduğu hikâye, aynı olayın üç farklı kimse tarafından nasıl algılandığına, güzel bir örnek oluşturur.

Görüş Açısı

«Gülümseyerek, "Erkekler komik," dedi. Bunun kabahat mı, yoksa övme mi belirttiğini anlamadığım için, "Gerçekten doğru," diye cevap verdim.

"Kocam tam bir Othello. Bazen onunla evlendiğime üzülüyorum."

Anlamayarak baktım. "Açıklamandan..." diye söze başlayacak oldum. "Ha, senin duymadığını unutmuştum," diye sözüne devam etti. "Üç hafta kadar önce kocamla alandan geçip eve yürüyordum. Bana çok yakışan siyah bir şapkam vardı ve yürümekten yanaklarım pembeleşmişti. Bir ışığın altından geçerken, esmer bir adam bana baktı ve aniden kocamı kolundan tuttu."

"Ateşinizi verebilir misiniz?" dedi. Alexander kolunu çekti, eğildi ve şimşek gibi bir hızla yerden aldığı tuğla ile adamın kafasına vurdu. Adam yere yığıldı. Korkunç bir şey!"

"Kocanı ansızın ne gibi bir şey öyle kıskanç yaptı?"

Omuzlarını silkti. "Söyledim ya, erkekler komik."

"Hoşçakal," deyip çıktım, köşede kocasıyla karşılaştım.

"Merhaba," dedim. "İnsanların kafalarını kırmaya başladığını duydum."

Gülmeye başladı. "Anlaşıldı, karımla konuştun. Çok şanslıydım. O tuğla hemen elime geldi. Yoksa bir düşün: Cebimde bin beş yüz ruble vardı ve karım elmas küpelerini takmıştı."

"Seni soymak istediğini mi zannettin?"

"Karanlık bir köşede adamın biri sana yanaşıyor. Daha ne beklersin?" Şaşkın, ondan ayrıldım ve yürümeye devam ettim.

"Sana bugün yetişmek imkânsız," diye bir ses duyup döndüm baktım ve üç haftadır görmediğim bir arkadaşımı gördüm. "Aman Tanrım, senin başına ne geldi?"

Hafifçe gülümsedi. "Birtakım delilerin başıboş dolaştığından haberin var mı? Üç hafta önce biri bana saldırdı. Hastaneden bugün çıktım."

Ani bir ilgiyle sordum: "Üç hafta önce mi? Alanda mı duruyordun?"

"Evet. Çok saçma bir şey. Alanda oturuyordum, canım çok sigara içmek istiyordu. Kibrit yok. On dakika filan sonra, bir bey yanında yaşlı bir kadınla sigara içerek geçiyordu. Yanına gittim, koluna dokundum ve en kibar tavrımla, "Ateşinizi verebilir misiniz?" diye sordum. Sonra ne oldu düşünebiliyor musun? Deli yere eğildi, bir şeyi kaptı, bir dakika sonra ben kafam kanar halde, kendimden geçmiş, yerde yatıyordum. Herhalde gazetede okudun?"

Ona baktım ve içtenlikle sordum: "Gerçekten bir deliyle karşılaştığına inanıyor musun?"

"Eminim."

Bir saat sonra kent gazetesinin eski sayılarını merakla karıştırıyordum. En sonunda aradığımı buldum, kaza sütununda kısa bir not:

İçkinin etkisi altında

Dün sabah, alanın bekçileri, bir bankın üzerinde kimliğinden iyi bir aileden olduğu anlaşılan bir genç adam bulmuştur. Aşırı içkili olmanın sonucunda, yere düşüp kafasını yakındaki tuğlaya vurarak yaraladığına inanılmaktadır. Haşarı gencin ana-babasının üzüntüsü derin olmalı.» (Averchenko, 1966.)

SÖZÜN KISASI

Konuşurken ve dinlerken her şey o denli hızlı olur ki, konuşmanın ve dinlemenin temelinde yatan fizyolojik ve psikolojik süreçlerin farkına varılamaz. Bir şey söylemek için ağzın açıldığı anı düşünün: Bu noktaya gelmeden önce, algısal bütün işlemlerin yapılarak içinde bulunulan ortamın anlamlandırılması ve neyin söyleneceğinin "bilinmesi" gerekir. Bir başka deyişle, algılama çerçevesi içinde, önemli olanı (teknik algılama terimi ile "şekli") bulup çıkarmak gerekiyor. Sinir sisteminde oluşmuş bu mesaj dil, dudak, damak, gırtlak ve ciğerlerde uygulanan Türkçe dil kurallarıyla söyleniyor (teknik terimiyle "kodlanıyor") . Buna ek olarak, konuşan, karşıdaki kişinin hal ve tavırlarına bakarak, nasıl anlaşıldığını sürekli denetleme durumundadır.

Dinleyenin işi de konuşanınki kadar karmaşıktır: Kulağa, hava titreşimleri halinde gelen fiziksel uyarıcılar, sinirsel titreşimler biçiminde beyne ulaşır. Beyin, dinleyenin algılama çerçevesi içinde anlamlandırarak yorumlar. Yorumlanan mesajla, gönderilen ilk mesaj, çoğu kez birbirinden farklıdır; çünkü araya birçok fiziksel, fizyolojik ve psikolojik etken girer.

Bu kadar değişkenin işin içine girdiği iletişim sürecinde, kişilerin birbirleriyle anlaşabilmeleri şaşılacak bir başarı olarak görünüyor. Bu karmaşık sürecin ürünü olan iletişim, çözdüğü kadar getirdiği sorunlarla da günlük yaşamın büyük bir bölümünü doldurarak sürüp gider. Bu sorunlar, kişiler arasındaki anlayış, yorumlayış ve duyuş farkının *doğal* ve *kaçınılmaz* olduğunu kabullenmeden doğan *hoşgörüyle* büyük ölçüde giderilebilir.

5

İletişim Benimle Başlar: Kendini Tanıma

Benim için çok önemli bir karar devresinde, hangi yönde karar vereceğimi bilemez durumdayken, William Schutz'un *Here Comes Everybody* adlı yazısını okudum. Schutz'un bu makalesinden aşağıya aldığım kısım, belirli bir yönde karar vermeme yardım etti! Mevcut iki alternatif karardan her birini "sanki kesinleşmiş bir karar olarak" düşünerek, her bir alternatife bedenimin nasıl tepkide bulunduğunu gözledim. Bu deneyimden sonra duygu ve düşüncelerimi bedenimin nasıl ifade ettiğine daha çok dikkat etmeye başladım.

> «... Her düşünce, her jest, kas gerginliği, duygu, midenin gaz yapması, burunu kaşıma, saçı karıştırma, hımlayarak melodi mırıldanma, dil sürçmesi, baş ağrıması gibi her şeyin şu anda olup bitenlerle anlamlı bir ilişkisi vardır.
>
> Eğer bedenimin bana söylediklerini anlarsam, en derin duygularımı bilirim ve ne yapacağıma o zaman karar verebilirim... Kendimi tam anlamıyla tanıyorsam, yaşamımı kendim yönetebilirim. Bu bilinç olmadan, çoğu kez dış etkenler tarafından yönetiliyorum... Verimsiz, üzücü, karışık bir zihinle ve istemediğim bir biçimde...» (Amerikalı klinik psikolog Schutz, 1975.)

İnsan kendini tanımaz mı? Bu bölümün başlığını okuduğunuzda, aklınıza gelen ilk soru bu olabilir. Evet, insan kendi bedeninin farkındadır, fakat bu oldukça bütünsel bir farkında oluştur. İçinde bulunulan durumla ilgili olarak, bedenin çeşitli bölümlerinin gergin ya da gevşek olduğu, elin titreyip titremediği, kalbin hızlı ya da yavaş attığı çoğu kez pek farkedilmez. Bu bedensel belirtilerin farkında olunsa bile, içinde bulunulan durumla hissedilen duygular arasındaki ilişki üzerinde pek durulmaz.

"Kendini tanıma" sözüyle, sedece bedenle ilgili bir farkında oluş kastedilmiyor. Kendini bilmenin, tanımanın birçok boyutları vardır; bu boyutlar geçmiş, şimdi ve gelecekle ilgili olarak ortaya çıkar. Örneğin, geçmiş yaşantıların kişiyi şu anda nasıl etkilediği pek bilinemez; gelecekle ilgili beklentilerin şu andaki davranışlarla ilişkisi üzerindeyse çoğu kez düşünülmemiştir. Bunun gibi, şu an içinde bulunulan çevrenin, konuşmayı, düşünce ve duyguları nasıl etkilediği üzerinde pek durulmaz.

Bu bölümde, "kendini tanıma" sözüyle bireyin kendisiyle, düşünce ve duygularıyla ilişki kurması, kendinde olup biten duygusal ve düşünsel süreçlerle ilgili bir anlayışa kavuşması dile getiriliyor. Kendini tanıma devamedegelen bir süreçtir. *Kişi noksanını bilmek gibi irfan olamaz* sözüyle, bu sürecin zorluğu ve önemini atalarımız vurgulamıştır.

"Kendini tanıma niçin gerekli?" sorusu aklınıza gelmiş olabilir. Belki bu soru, "Kendini tanıyan kimsenin, kendini tanımayan birine göre ne gibi üstünlükleri vardır?" biçiminde sorulsa daha anlamlı olur. Kendini tanıyan kimse gerçek duygu ve düşüncelerinin farkındadır. Böyle biri, başarısından dolayı elini sıktığı kimsenin yüzüne gülümserken, gerçek duygusu kıskançlıksa bunu farkeder. Bu farkında oluş sayesinde, karşısındakini niçin kıskandığı üzerinde düşünebilir ve kendisiyle ilgili bazı özelliklerden haberdar olabilir. Örneğin, karşısındakinin başarısını onun cesaretli girişiminde görebilir, ne var ki, kendisi baskı altında büyümüş olduğu için böylesine cesaretli girişimler yapamaz. Dolayısıyla da girişim yaparak başarı kazananları kıskanır.

Kendini tanımayan bir kimseyse, gerçek duygularının farkında olamaz. Elini sıktığı kimsenin yüzüne gülümserken, içinde bir sıkıntı olduğunun belki farkına varabilir. Ancak içinde hissettiği bu duygunun gerçek içeriğini ve nereden kaynaklandığı bilemez. Böyle durumlarda, bu kimselerin kafaları karmakarışıktır ve genel bir huzursuzluk içindedirler. Herkese ve her şeye kızmaya, kavga çıkarmaya hazırdırlar. Kavga çıkardıkları kimselerse genellikle yakın aile çevresindekilerden oluşur. Böyle huzursuz günlerinde eşlerine, çocuklarına, ana-babalarına sürekli çatarlar.

Kendini tanıyan kimse, dış dünyadaki olayların ve iç dünyasında oluşan yaşantıların çoğu kez farkındadır. Bu tür biri, çevresindeki kişilerin kendisini nasıl etkilediğinin farkında olduğu kadar, kendisinin çevresindekileri nasıl etkilediğini de bilir. Böylece kendi yaşamını yönetebilme olanağına kavuşmuş olur.

Kendini tanımayan biriyse, dış dünyadaki olayların kendisini nasıl etkilediğini bilemez. Çünkü kendi iç dünyasında olup bitenleri henüz tam algılayabilmiş değildir.

İnsanların kendi duygularını tanımada zorluk çektiği bir gerçektir. Acaba bu zorluk nereden ileri geliyor? Doğuştan bu zorlukla mı doğulur? Hayır! Böyle doğmayız. Çocukları gözleyin; onların duygu ve davranışları arasında bir fark yoktur. Çocuk mutlu olduğu zaman güler; üstelik yalnız yüzüyle değil, tüm bedeniyle güler. Bir yeri acımışsa ağlar, kızdığı da hemen anlaşılır. Kısacası çocuklar, büyüklerde görülen HİSSET → DÜŞÜN → UYGUN OLANI SEÇ → GÖSTER formülünü uygulamazlar.

Gülerken Göbeği Oynamayan Adamdan Kork!
Çin atasözü

Duygu ve düşüncelerini süzgeçten geçirmeden ifade edebilen çocuk, nasıl oluyor da, büyüyünce duygu ve düşüncelerini denetledikten sonra değiştirerek ifade eden bir kimse haline dönüşüyor?

Bu sorunun cevabı çocuğun büyürken aldığı terbiye ve yetiştiriliş biçiminde yatar. Çocuğun içinde yetiştiği çevre, sürekli olarak hangi duygu ve düşüncelerin kabul edilebilecek, hangilerinin kabul edilemeyecek türden olduğunu belirtir. İstenmeyen duyguları açığa vurursa ya dayak, ya azarlama ya da başka bir tür cezayla karşılaşır. Örneğin, eve gelen konuğun yanına gidip de, "Sen pis kokuyorsun! Hiç banyo yapmaz mısın?" derse, orada bulunan yetişkin, çocuğu hemen kapı dışarı eder. Bu tür birkaç cezalanmadan sonra çocuk, "Kimsenin yüzüne doğruyu söylememem gerekiyor," genellemesine ulaşabilir.

Çocuğun cinsiyetle ilgili soruları, çoğu kez, hemen önlenir ve zamanla çocuk, cinselliğin, konuşulmaması gereken "kötü" bir konu olduğunu öğrenir. Hatta, çocuk sadece konuşmamaya değil, yasaklanan konularda düşünmemeye de koşullanır. Yasaklanan konularda düşünmesi körlenir, ne var ki düşünmemek, bu konularla ilgili duyguların da yok olduğu anlamına gelmez. Duygular vardır, fakat bu duyguların ifadeleri bastırılır. Bastırılan duygular bilinçaltına itilir. Zamanla, bu duygular, bilinçaltında biçim değiştirmeye başlarlar ve artık onları tanımak, bu duyguların farkına varmak, güçleşir. Ne var ki, beden bu duyguları kendinde barındırır. Bedenin vermiş olduğu belirtiler dinlenirse, tanınması güçleşmiş, bir köşeye itilmiş olan duyguların farkına varılabilir. Sözü konusu olan, bedenin dilidir.

İçteki gerçek duyguları, heyecanları ve tutumları belirten "beden dili" nasıl öğrenilir? Bedenin değişik kimseler ve olaylara göstermiş olduğu tepkiler dinlenirse, bu dil öğrenilebilir.

Şimdi kendi yaşam ve deneyimlerimden bir örnek vererek konuyu açmak istiyorum:

Tanıdığım bir tarım mühendisi, büyük kentin olanaklarından yararlanabilmek için Tarım Bakanlığı'na atanmasını istiyordu. Böylece tiyatroya, operaya ve konserlere daha rahatlıkla gidebileceğini, arkadaşlarıyla daha sık buluşabileceğini ve çocukların daha kaliteli okullarda okuyabileceğini söylüyordu. Bir süre sonra karşılaştığımda bana ilginç gelen şu olayı anlattı:

«Tayin işlerini takip için sık sık Ankara'ya gelmem gerekti. Gelişlerimde ortaya çıkan bazı bedensel değişiklikleri önceleri farketmedim, ne var ki, sonraları dikkatimi çekmeye başladı. Ne zaman Ankara'ya gelsem, başım ağrımaya başlıyor, sanki nefes darlığı çekiyormuşum gibi, sık sık derin soluk alma ihtiyacı duyuyorum! İçimde nedenini bilmediğim bir kızgınlık oluyor, sanki dolmuştakilerle kavga etmek istiyorum, ne var ki, niçin kavga etmek istediğimi bilmiyorum. Aynı şey geçenlerde İstanbul'a gittiğimde de başıma geldi. Oysa şimdi çalıştığım Devlet Üretme Çiftliği'ne gidince içimi bir huzur kapsıyor. Ağaçlarla uğraşmaktan, meyvaları toplamaktan, onların bakımıyla ilgilenmekten büyük zevk alıyorum. Ben büyük kentlerden hoşlanırım diyerek kendimi aldatıyormuşum. Bedenim, "büyük kentten hoşlanmıyorum," diye bağırıyormuş. Şimdi önceden vermiş olduğum karardan vazgeçtim ve tayinimin durdurulması için Bakanlığa başvurdum.»

Bedeninin dilini anlamaya başlayan kişi, yaşam biçimiyle ilgili daha yerinde kararlar verebilecek duruma gelir. Örneğin, arkadaşınızla gerçekten hoşça vakit geçiriyor musunuz, yoksa zorunlu olduğunuz için mi onu ziyaret ediyorsunuz? Yaşamınızda önemli olan bir kişiden sürekli sakladığınız bir sırrınız var mı? Bazen kendinizin bile inanmadığı şeyleri, karşınızdakini hoşnut etmek için söyler misiniz? Bırakın bunların cevabını bedeniniz versin.

HOŞLANDIKLARIM VE HOŞLANMADIKLARIM

Bedeninizin dilini öğrenmek için küçük bir deney yapmak ister misiniz?

Aşağıdaki açıklamaları bir arkadaşınız size okuyabilir ya da kendiniz bir kasete okuyarak teypten dinleyebilirsiniz. Açıklamada (...) ile gösterilmiş yerlerde 5 saniye susunuz. Bu süre kendinizi gözlemlemeniz için konmuştur.

1. Gözlerinizi kapayın ve sakinleşin.
2. Şimdi bulunduğunuz bu durumdan ayrıldığınızı ve gitmek istemediğiniz bir yere gitmek zorunda kaldığınızı düşünün: Burası öyle bir yer olsun ki, orada yapmak istemediğiniz işleri yapmak zorunda kalacak, görmek istemediğiniz insanları göreceksiniz. Bu, bir sınava girmek ya da görmekten hiç hoşlanmadığınız bir kimseyle beraber bulunmak gibi bir durum olabilir. Hoş olmayan bu durumu ancak siz bilebilirsiniz, onun için en rahatsız olacağınız kişileri ve durumları bulmak size kalmıştır. Hoş olmayan durumu hayalinizde canlandırınca, üzerinde durun ve her yönüyle tanımaya çalışın, orada olan herkese, her olaya dikkatinizi verin. (Buna bir ya da iki dakika ayırın.)
3. Hoş olmayan durumu iyice görüp inceledikten sonra şimdi dikkatinizi bedeninize çevirin. Ne gibi mesajlar alıyorsunuz bedeninizden? Her bir duygunun yerleşmesine olanak tanıyın.(...) Bedeninizde gerginlik var mı? Varsa nerede? Başka neler diyor bedeniniz?(...) Soluk alış verişinize, ayaklarınızın, ellerinizin duruşuna, kalbinizin atışına dikkat ederek bedeninizin söylediklerini bütün ayrıntılarıyla işitmeye, anlamaya çalışın.(...)
4. Şimdi biraz sakinleşin ve hoş olmayan durumu unutun. Bir dakika aradan sonra, gitmek istediğiniz bir yer ya da hoşlanacağınız bir durum düşünün.(...) Söz konusu ortamda yapmak

istediğiniz işler, görmek istediğiniz kimseler var. Bu kişileri yine en iyi siz bilirsiniz. Ayrıntıları düşünün: Burası neresi? (...) Ne yapıyorsunuz?(...) Başkaları da var mı?(...) Kimler?(...) Yaptığınız işe, birlikte bulunduğunuz kişilere tüm dikkatinizi verin ve o durumdaki her şeyi bütün ayrıntılarıyla gözünüzün önünde canlandırmaya çalışın.(...)

5. Şimdi dikkatinizi yeniden bedeninize verin.(...) Ne gibi mesajlar gönderiyor, bu kez?(...) Hangi duyguları nerenizde hissediyorsunuz?(...) Bedeninizin söylediklerini iyice duymaya ve anlamaya çalışın.
6. Artık gözünüzü açabilirsiniz. Şimdi aşağıdaki soruları cevaplandırın:

   (a) Hoşlanmadığınız ve hoşlandığınız durumları düşündüğünüzde, bedeninizin farklı mesajlar gönderdiğini gözlediniz mi? Bu farklı mesajları bedeninizin en belirgin nerelerinde hissettiniz?

   (b) Bu tür mesajları daha önce de duydunuz mu? Daha önceleri bedeninizden bu tür mesajlar geldiğinde ne yapardınız? Bu mesajlara gerekli anlamları verip onları gözlemlemeye çalışır mıydınız? Yoksa onları bir kenara iterek üzerinde pek durmaz mıydınız?

(İlgilenen okuyucu bu bölümün "Alıştırmalar" kısmındaki *"Bedeniniz Ne Diyor?"* başlıklı alıştırmayı yaparak, bu konuda daha çok deneyim kazanabilir.)

BENLİK BİLİNCİNİZ NASIL BİÇİMLENDİ?

Yukarıda yaptığınız alıştırmaların sonucunda, şimdi bedeninizin duygularınızı nasıl dile getirdiğine daha duyarlı bir duruma geldiğinizi umarım. Bedeninizin dilini dinleyerek, hangi ortamlardan hoşlandığınızın, hangi durumlardan rahatsız olduğunuzun farkına varabileceğinizi öğrenmiş bulunuyorsunuz.

Peki, şimdiki kişiliğiniz nasıl biçimlendi? Bir başka deyişle düşünmenizde, duymanızda, hal ve davranışlarınızda size ait özellikleri kazanmak konusunda neler etkili oldu? Diğer insanlarla konuşmaktan hoşlanan dışadönük bir kişiyseniz, nasıl oldu da bu duruma geldiniz? Utangaç, sıkılgan, kendinden emin olmayan bir kişiyseniz, ıeden böyle bir kişilik edindiniz? Bu soruları cevaplarken hem kalıım yoluyla, hem de içinde yetiştiğiniz toplumsal çevre yoluyla neler :azandığınızı değerlendirmek zorundasınız. Kişinin belirli özellikle-i, annesinden ve babasından kalıtım yoluyla aldığı bir gerçektir. An-ak kişilik, büyük ölçüde, içinde yetişilen sosyo-kültürel koşulların ›zelliklerine bağlıdır. İçinde yetişilen ortam, kendi hakkında nasıl lüşünmesi gerektiğini kişiye öğretir. Büyürken çevresinde bulunan :işiler, kişinin kendi hakkında nasıl düşüneceğini önemli ölçüde be-irler.

Ünlü eleştirmen George Herbert Mead, *Sosyal Bir Nesne Olarak ŀenlik* başlığını taşıyan makalesinde bu konuda şöyle der:

> «Benlik, iletişim süreci içinde oluşan bir kavramdır. Ancak iletişim içinde insan kendi içinden çıkıp, sanki diğerlerinin gözüyle kendine bakabilmektedir. Sadece kendine değil, başkalarına da başkalarının gözüyle bakabilmeyi öğrenir. Böylece bu etikileşim ağı içinde benlik ortaya çıkmaya başlar. Benliği toplumsal yaşantının dışında düşünmek olanağı yoktur. Toplumsal yaşantının olmadığı, yani iletişim olmayan yerde, benlik bilincinin oluşacağını düşünemeyiz. Benlik bir kez oluştuktan sonra, bireyler uzun yalnızlık sürelerine dayanabilirler. Çünkü birey bir arkadaş olarak kendini kullanabilir. Benlik oluştuktan sonra kişi, diğerleriyle olduğu gibi, kendisiyle de iletişim kurabilir. Kendisiyle kurulan iletişim sonsuza dek sürmez, mutlaka bir süre sonra bu iletişimin başkalarıyla kurulan toplumsal iletişim biçimine dönüşmesi gerekir. Yoksa kişilerde akıl hastalığı belirtileri ortaya çıkar.» (Mead, 1970.)

Çocuk, doğduğunda, toplumsal açıdan boş bir tabloyu andırır. ꞌebeğin düşünme yeteneği henüz olgunlaşmamıştır ve dayanabilece-;i hiçbir yaşantısı, deneyi yoktur. Zamanının büyük bir bölümü ma-ıa yemek ve uyumakla geçer. Çocuğa yapılan yaklaşımlar küçük bir ꞌebekken bile diğerlerinin gözünde kendisinin ne kadar değerli ol-luğu konusunda ona bir fikir verir. Bebek kendi bakımıyla ilgili dav-anışlardan etkilenir.

Birkaç örnek verelim:

- Kucağa alınmak, sarılmak ve öpülmek.
- Acıktığı zaman beslenmek.

- Ağladığı zaman ilgilenilmek.
- Uykusu geldiği zaman "nennen" yapılmak.

Bu davranışlarıyla anne ve baba çocuklarına olan ilgilerini ve sevgilerini ilişki düzeyinde iletmiş olurlar. Eğer bebek konuşabilseydi, "Bana gerçekten değer veriyorlar... Demek ki onlar için ben oldukça önemliyim," derdi.

Ne yazık ki, kimi çocuklar bu kadar şanslı değildir; çünkü onların anne ve babaları ya çocuk yetiştirme konusunda yeterince bilgili sayılmazlar, ya da çocuklarını pek önemsemezler. Bu ana-babaların kendileri de çocukken ihmal edilmişlerdir ve farkında olmadan, kendilerine çocuklukta gösterilen davranışın aynısını yaparlar:

- Çocuklar aç olduğunda aldırmazlar, uzun süre beslemezler.
- Ağladığı zaman ihmal ederler, ilgilenmezler.
- Çocuklarına fazla dokunmaz, onları kucaklayıp okşamazlar.

Böyle bir yaklaşımla karşılaşan bir bebek, konuşabilseydi, şöyle derdi: "Bana aldırış etmiyorlar, ben onların umurlarında bile değilim... Demek ki, ben önemsiz, değersiz biriyim."

İlgisizlik, umursamazlık sadece çocukların değil, İkinci Bölümde tartışıldığı gibi, yetişkinleri de olumsuz yönde etkiler. Psikoloji bilimi tarihinin önemli isimlerinden olan William James, 20. yüzyılın başlarında kendilik konusuyla ilgili olarak şöyle der:

«Bir insana verilecek en korkunç ceza, onun varlığını kabul etmemektir. Örneğin, varsayalım ki, bir insan topluma bırakılıyor ve o toplumun hiçbir üyesi tarafından farkedilmiyor. Bu kişi bir yere girdiğinde hiç kimse kafasını kaldırıp bakmıyor, cevap vermiyor, yaptığı hiçbir işe aldırmıyor, kısacası, sanki o hiç yokmuş gibi davranıyor.... Bu durumda olan kişinin içinde öyle bir kızgınlık ve çaresizlik ortaya çıkacaktır ki, en vahşice bedensel işkenceler bile böyle bir duruma oranla bir iç rahatlığı gibi görülecektir. Çünkü bedensel işkence yapan, ne kadar kötülük yaparsa yapsın, yine de bizim varlığımızı kabul ediyor demektir.» (James, 1970.) *

Bu gözlem, hatırlanacağı gibi, Watzlawick ve arkadaşlarınca kendi iletişim kuramlarını kanıtlamak için kullanılmıştır (Bkz. s. 29).

Çocuk büyüdükçe, çevreden daha çok sayıda mesajlar almaya başlar. Davranışları büyükleri tarafından değerlendirilmeye başlanır. Çocuk bu değerlendirmelere dayanarak kendisi hakkında bazı yargılara ulaşır:

- *Erkek çocuklar ağlamaz!* (Ben ağladığıma göre, demek ki benim erkekliğimde bir eksiklik var.)
- *Kafa yok mu sende, eşşek kafalı!* (Demek öteki insanlar hiç hata yapmıyorlar! Hata yapan sadece benim. Gerçekten kafasız biriyim öyleyse!)
- *İyi çocuklar çişleri geldiği zaman annelerine söylerler. Annene söylemeden niçin çişini yaptın bakayım?!* (Demek ben kötü bir çocuğum.)
- *Büyükten çok daha zeki maşallah!* (Benim kafam ablam ya da ağabeyimkinden daha iyi çalışıyor. Onlar ahmak, ben akıllıyım. Ben onlardan üstünüm.)
- *Sen benim için dünyanın en değerli varlığısın.* (Annem beni seviyor. Beni hiçbir zaman yalnız bırakmayacak. Hatalarım olsa bile yine beni sevmeye devam edecek.)
- *Benim kızım dünyanın en güzel kızı. Hem kendine bakmasını da biliyor. Her zaman saçlarını tarar, üstünü başını temiz tutar.* (Beni seviyorlar ama bu sevginin koşulları var; üstümü başımı temiz tutmalı, saçlarımı taramalıyım.)
- *Eğer annene biraz acısaydın, bunu yapmazdın.* (Bunu yaptığıma göre, demek ben anneme acımıyorum. Anneme acımadığıma göre ben kötü bir çocuğum.)

Çocuklar kolay inanan varlıklardır. Bu mesajlara anında inanırlar. Kendileri konusunda bilgi sahibi olabilecekleri başka hiçbir kaynak olmadığından, özellikle başlangıçta, tümüyle aile içinde duydukları sözlere dayanırlar. Böylece çocuk çevrede duydukları sözler yoluyla kendisiyle ilişkili bir resim, bir imaj oluşturmaya başlar. Bir yaşına geldiğinde *benlik bilinci*'nin temeli oluşmuştur. Dört, beş yaşına geldiğinde ise, kendisi hakkında o denli tutarlı ve güçlü bir kanı —iyi ya da kötü— geliştirmiştir ki, bu, ömür boyu sürer. Bu kanıyı değiştirmek artık zordur.

İşte kişinin kendisi hakkındaki bu yargıya, *benlik bilinci* adı verilir. Benlik bilinci, sürekli farkında olunan bir yargı değildir; genellikle bilinçaltında bulunur ve etkisini algılama, düşünme ve davranışlarda gösterir.

ÇOCUK NE YAŞIYORSA ONU ÖĞRENİR

Eğer bir çocuk sürekli eleştirilmişse,
Kınama ve ayıplamayı öğrenir.

Eğer bir çocuk kin ortamında büyümüşse,
Kavga etmeyi öğrenir.

Eğer bir çocuk alay edilip aşağılanmışsa,
Sıkılıp, utanmayı öğrenir.

Eğer bir çocuk sürekli utanç duygusuyla eğitilmişse,
Kendini suçlamayı öğrenir.

Eğer bir çocuk hoşgörüyle yetiştirilmişse,
Sabırlı olmayı öğrenir.

Eğer bir çocuk desteklenip, yüreklendirilmişse,
Kendine güven duymayı öğrenir.

Eğer bir çocuk övülmüş ve beğenilmişse,
Takdir etmeyi öğrenir.

Eğer bir çocuk hakkına saygı gösterilerek büyütülmüşse,
Adil olmayı öğrenir.

Eğer bir çocuk güven ortamı içinde yetişmişse,
İnançlı olmayı öğrenir.

Eğer bir çocuk kabul ve onay görmüşse,
Kendini sevmeyi öğrenir.

Eğer bir çocuk aile içinde dostluk ve arkadaşlık görmüşse,
Bu dünyada mutlu olmayı öğrenir. (Nolte, 1975.)

Kendinizi Seviyor musunuz?

Benlik bilincinize yakından bakabilmenin bazı yöntemleri vardır. Aşağıdaki ifadelere verdiğiniz cevapları değerlendirerek, kendi kendinizle ne ölçüde iyi ilişkiler içinde olduğunuzu saptayabilirsiniz. Her bir ifadenin yanına sizin değerlendirmenizi belli eden bir rakam koyunuz:

4 : eğer ifade tümüyle doğruysa,
3 : eğer ifade çoğunlukla doğruysa,
2 : eğer ifade kısmen doğruysa,
1 : eğer ifade ender durumlarda doğruysa,
0 : eğer ifade hiç doğru değilse.

1 ( ) Sabahleyin neşeli bir şekilde uyanırım.
2 ( ) Çoğunlukla neşem yerindedir.
3 ( ) Çoğu kimse tarafından sevilirim.
4 ( ) Aynaya baktığım zaman, aynada gördüklerim hoşuma gider.
5 ( ) Karşıt cinsten biri gözüyle bakıldığında, çekici bir kimse olduğumu düşünürüm.
6 ( ) Zeki bir insanım.
7 ( ) İşimden hoşlanırım.
8 ( ) Kendimle ilgili olarak utanılacak pek bir şey göremiyorum.
9 ( ) Yeterli sayıda arkadaşım var.
10 ( ) Oldukça enerjik bir insanım.
11 ( ) Esas olarak iyimser bir kişiyim.
12 ( ) Kendi hatalarıma gülebilirim.
13 ( ) Eğer hayata yeniden başlama imkanım olsaydı, değiştirmek istediğim pek bir şey olmazdı.
14 ( ) Ben ilginç bir insanım.
15 ( ) Cinsel yaşamımdan memnunum.
16 ( ) Hâlâ gelişen ve değişen bir insanım.
17 ( ) Başkaları bana önem verir.
18 ( ) Bana benzer başka insan pek bulunmaz.
19 ( ) Görünüşümle ilgili olarak değiştirmek istediğim şey yok.
20 ( ) Ben duyarlı bir insanım.
21 ( ) Şimdiye dek yaptıklarımdan pişman değilim.
22 ( ) Önem verdiğim kişiler benim kanılarımla, düşüncelerimle ilgilenirler.
23 ( ) Duygularımı açıklamaktan çekinmem.
24 ( ) Gerçekten bir cennet varsa, öldükten sonra ben mutlaka oraya giderim.
25 ( ) Başkalarıyla konuşurken rahatım.
26 ( ) Yaşamımı istediğim yöne çevirebilirim.

27 ( ) Yerlerinde olmak istediğim, gıptayla baktığım çok sayıda kimse yok.
28 ( ) Oldukça ilginç bir yaşamım oldu.
29 ( ) Ben her türlü iyilik ve ödüle değer biriyim.
30 ( ) Yaşamımda, şu anda bulunduğum noktada olmaktan memnunum.

Toplam puanınız kaç?

96 ve Yukarısı: Kendiniz hakkında oldukça olumlu düşünen bir kimsesiniz. Eğer puanınız 105'in üstüne çıkmışsa, iki seçenek var: Ya işi biraz şakaya vurdunuz, ya da kendi hakkında son derece olumlu düşünen bir kişisiniz. Bir insanın her yönüyle kendini tam anlamıyla beğenmesi biraz ender bir durumdur. Kendinizle ilgili eksikleri görebilecek gerçekçiliğe sahip olmalısınız. 105 puandan daha üstün puan alanların dikkatli olmaları gerekir. Kendini bu denli beğenmiş kişi, ilişkide bulunduğu diğer kimseleri genellikle iter, uzağa kaçırır.

82 - 95 Arası: Kendini seven ve kendiyle barış içinde yaşayan, şanslı insanlardan birisiniz. Mükemmel olmadığınızı bildiğiniz halde, karşılaştığınız kişisel sorunları çözebilecek inancı kendinizde bulabiliyorsunuz ve gelişmeye istekli bir insansınız.

48 - 81 Arası: Kendinizle ilgili karışık duygularınız var. Bazı güçlü yönlerinizin farkındasınız, ancak zayıf yönlerinizi gözünüzde daha abartıyor olabilirsiniz. Büyük bir olasılıkla, bu hatalı yönlerinizi pasif bir biçimde kabullenip kendinizi geliştirmek için pek bir çaba harcamıyorsunuz. İnsanın isterse kendini değiştirip geliştirebileceğini unutmayın.

47 ve Aşağısı: Kendinizi pek beğenmiyorsunuz. Belki de geçici olarak bir "kendini aşağılama dönemi"nde bulunuyorsunuz. Herkes böyle bir dönemden ara sıra geçer. Kendinizle ilgili kanınız çoğu kez böylesine olumsuzsa, belki de kendini beğenmiş kişilerde görülen hataya paralel ancak ters yönde, bir hata yapıyorsunuz. Kendi hakkınızdaki düşünce ve duygularınızı bir arkadaşınızla, sizi iyi tanıyan biriyle konuşmanızda yarar olabilir. Onlar sizin iyi ve kötü yönlerinizi, dışınızdan baktıkları için, daha iyi değerlendirebilme durumunda olabilirler. Kendinizle ilgili kanınızı, onlarınkiyle karşılaştırmanızı ve üzerinde tartışmanızı öneririm.

"Kendinizi Seviyor Musunuz?" konulu uygulama ilginizi çekmişse ve benlik bilincinizle ilgili daha ileri aşamada bir uygulama yapmak istiyorsanız, bu bölümün sonunda verilen *"Olmak mı, Görünmek mi?"* başlığı altında yer alan alıştırmayı yapabilirsiniz.

"Kendinizi Seviyor Musunuz?" testini, Hacettepe Üniversitesi Sosyoloji ve Psikoloji öğrencilerinin devam ettiği "İletişim Psikolojisine Giriş" dersinde, 1976 yılında uyguladım. Sınıfta 55 öğrenci bulunuyordu. Testten elde edilen sınıf ortalaması puanı 85'di. Kız ve erkek öğrencileri, bu testten aldıkları puanlar yönünden karşılaştırınca, kızların erkeklerden daha yüksek puan aldıklarını saptadık: Kızların ortalama puanı 89, erkeklerinkiyse 80'di.

Bu puanlara bakarak sınıftaki öğrencilerin genel olarak "kendilerini seven ve kendileriyle barış içinde yaşayan" kişiler olduğunu söyleyebiliriz. Ne var ki, sonuçlara göre, kızlar biraz daha kendileriyle barış içindeler, biraz daha kendilerinden hoşnutlar.

En düşük puan 35'ti. Bu puanı alan öğrencimle özel olarak konuştuğumda, son iki haftadır, değişik nedenlerden ötürü, bir karamsarlık içinde olduğundan söz etti. O sıralarda yaptığım ara sınavında da, en düşük notu alan bu öğrenci oldu.

Bu arada ilginç olabilir diye, kız ve erkek öğrencilerin sınav notlarının ortalamalarını ayrı ayrı hesapladım: Kız öğrencilerin ortalama sınav notu yüz üzerinden 71 iken, erkek öğrencilerinki 65 çıktı. Bu sonuca bakarak kızlar ve erkekler hakkında hemen bazı genellemelere gitmemek gerekir. Ancak yukardaki sonuçlar, kişilerin kendilerinden hoşnut olma derecesiyle başarı göstermeleri arasında bir ilişki olabileceği açısından düşündürücüdür...

KENDİ KENDİNİ DOĞRULAYAN KEHANET

Benlik bilinci, diğer insanlarla olan etkileşimi biçimlendirir. Bu biçimlendirme, yaşam boyunca sürer, ne var ki, çocukluk yıllarındaki yaşantıların etkisi daha ağır basar.

Kendini değersiz bulan kişilere rastlamışsınızdır. Bu kişilerin önemli bir bölümü oldukça zeki insanlardır. Fakat küçükken sürekli olarak kendilerinden daha zeki olduğu söylenen kardeşleri ya da arkadaşlarıyla kıyaslandıkları için, kendilerini "akılsız", "düşük zekâlı", "ahmak" bilerek büyümüşlerdir. Bazı kişiler de, küçükken arkadaşları tarafından alay edilerek koşullandırılmışlardır. Kimine "şişko" denmiş, kimine gözlük taktığı için "dörtgöz" adı verilmiştir.

Kendini değersiz bulan insanların geçmişinde, yukarıda anlatılanlara benzeyen bazı olumsuz etkileşimler yer almıştır. Bu kişilerin geliştirdiği benlik bilinci, onların gerçek potansiyelini yansıtmadığı halde, yıllar yılı kafalarında bu benlik bilincini yaşattıkları için, değiştirilmesi zor bir duruma gelmiştir. Ancak, bilinçli bir çabayla, benlik bilincini yeniden inşa etmek olanağı vardır. Bu yeniden inşa, yavaş bir süreçtir ve sağlıklı bir ortamı ve her şeyden önemlisi, kişinin bilinçli olmasını gerektirir.

Benlik bilinci, kişilerin kendileriyle ilgili, kafalarında taşıdıkları bir resme benzetilebilir. Kendini değersiz bulan kişinin resmi, çarpıtılmış, gerçeği temsil etmeyen, yamuklaştırılmış bir resimdir. Her insan, kafasında taşıdığı "benlik resmi"ni gerçekleştirmeye yönelir. Bu resim ne kadar gerçekten uzak olursa olsun, zamanla sanki gerçekmiş gibi kişinin yaşamını etkilemeye başlar. "Kötü bir öğrenciyim" düşünce ve inancını kafasında taşıyan bir öğrenci, sınıfta niçin başarısız olduğuna birçok neden bulur. Fakat bu kişinin davranışını yakından gözlerseniz, onun iyi öğrenci olmaktan âdeta çekindiğini farkedebilirsiniz. Çünkü "kötü öğrenci" olmak, onun benlik bilincine uyar. İyi not alan bir öğrenci durumuna gelmesi, ancak benlik bilincinde bazı değişikliklerin yapılmasıyla mümkün olabilir. Başarısız bir öğrenci olması, onun kendi hakkındaki "kötü öğrenci" inancını doğrular. Yine aynı biçimde, kendini sıkılgan olarak tanıyan bir insan, kendisini topluluk içinde konuşacak ya da soru soracak bir kimse olarak göremez. Böylece de, kendisi hakkında olumsuz bir benlik sahibi olan kişi, benlik bilincine uygun beklentilerini gerçekleştirmeye devam eder.

Kişinin bu kısır döngüyü kırıp, gerçek potansiyelini kullanabilecek bir duruma gelmesi için, bilinçli olarak, sağlıklı bir ortamda, benliğini yeniden inşa etmesi gerekir.

Aziz Nesin'in, aşağıdaki hikâyesini çocuğun içinde yetiştiği ortamdaki "sevgi" ve "benlik bilinci"nin bir insanın kaderinde oynayabileceği rolü, evrensel bir psikolojik olayı sergilediği için okuyucuya sunuyorum.

Helal Olsun

«Petir canavarı Zengo yakalandı. Beş vilayet sınırını içinde sindirip sındırmadığı kimse kalmamıştı. İnsanları titreten haydut, en sonunda kapana kısıldı.

Hükümet konağı önündeki caddeden geçerken bütün yol boyu onu görmek için gelenlerle dolmuştu. İki eli, iri baklalı bir zincire vurulmuştu. Sarkan zincirin ucu yerde sürünüp şakırdıyordu. Sağında iki candarma, solunda iki candarma, arkasında beş candarma vardı. Candarma komutanı assubay da önde gidiyordu.

Herkes onu merak ediyor, görmek istiyordu da, yine de kimse yakınına sokulamıyordu. Arkadaki meraklılar, Petir canavarını görmek için öndekileri ittikçe, öndekiler geri direniyor, canavara sokulmaktan ürküyorlardı. Candarmaların arasındaki Zengo ilerledikçe, kalabalığı bıçak gibi yarıyor, önü açılıp boşalıyordu. Ama kaçışan halk, uzaktan da olsa, Zengo'ya bir tükürük atmaktan geri durmuyordu. Zengo'ya taş atanlar bile vardı. Yaşlı kadınlar yumruklarını sıkıyorlardı.

"Kahrol Zengo!.."

"Geber Zengo!.."

Her eşkıyanın az çok, bir iki seveni bulunur. Hiç değilse yakın hısımları sever. Zengo'yu bir tek kişi, öz kardeşi bile sevmiyordu. Onun için, bir an önce asılmasını en isteyenler, kendi köylüleri, yakın hısımlarıydı.

En azgın, en azılı eşkiyanın bile, uydurma da olsa birkaç iyiliği anlatılır, eşkiyanın en canavarı bile masallaştırılır. "Zengini soyar, yoksula verir," derler. "Öksüz kızlara düğün dernek yapar," derler. Ne de olsa bir iyiliğini söylerler. Zengo için hiç kimse iyi bir şey söylemiyordu. Bu Zengo, çocukluğundan beri canavardı. Adam öldürmekten, ama hiç yoktan cana kıymaktan zevk alıyordu. Öldüreceği adamın zengin ya da yoksul, kadın ya da erkek, yaşlı ya da genç olması onun için hiç önemli değildi. Yıllarca dağlarda bir başına gezmişti. Yanına kimse sokulamazdı ki onunla arkadaş olsun.

Yakalandığı zaman üstünde beş liraya yakın bozuk para çıkmıştı. Oysa oldürdüğü her adamdan onar lira almış olsaydı, ceplerinin altınla dolu olması gerekirdi. Parası yoktu. Çünkü para için adam öldürmüyordu. O, öldürmek için öldürüyordu. Belki de bütün insanları öldürüp, bu koca yeryüzünde bir başına rahatça yaşamak istiyordu. Daha doğrusu niçin adam öldürdüğü belli değildi, bunu, belki kendisi de bilmiyordu.

Çocukluğunda yakaladığı tavukların başını dişleriyle koparırmış. Sonra kedilerin gözlerini oymaya, köpeklerin karnını deşmeye başlamış.

Dağa ilk çıkışı, evliliğinin ilk gecesi olmuş. Zengo, köyünün en zengini. Yalnız kendi köyünün değil, bütün bura köylerinin en zengini. Böyle olduğu için de çok güzel bir kızla evlendi. Kızın babasına yüz koyunluk bir sürüyle üç yüz de altın verdi. Kızı aldı. Kız, gerdeğe girecekleri geceye kadar Zengo'nun yüzünü görmemişti. İlk o gece gördü. Görmesiyle de bir çığlık atıp, iki elini yüzüne kapayarak kaçması bir oldu. Ama kaçacak yer yoktu. Zengo, kapıyı tutmuştu. Kız iki avucu yüzüne kapalı, çığlık çığlığa duvara sırtını verip köşeye büzüldü. Parmaklarının arasından Zengo'ya bakıp çığlığı basıyordu.

Zengo'yu görüp de korkmamak olanaksızdı. Boyu iki metreyi aşkındı. Elleri kürek kadar iriydi. Ya hele yüzü... Doğduğu zaman, katır başlı bir çocuk doğdu diye bütün köylü şaşırmıştı. Bu baş, yalnız katır başına da benzemiyordu. Biraz katır, biraz domuz, biraz manda... Şaşılası bir baş. Bütün hayvanlara benziyor, yalnız insana benzemiyordu.

Anasının bu çocuğa bir ayıdan gebe kaldığını söyleyenler bile vardı. Zengo büyüdükçe daha korkunçlaştı. Tepegözlü, fincan iriliğindeki iki gözünün biri alnında, biri de yan aşağıdaydı. İri burnu, suratına saplanmış bir bıçağın sapı gibi duruyordu. Yanpiri, kocaman ağzı vardı. Çiğ pirzola gibi alt dudağı sarkık, iri dişleri de görünürdü. Bütün yüzü kıllarla kaplıydı.

Güzel gelin, Zengo'yu böyle görünce korkudan titreyerek köşeye büzüldü. İki eliyle yüzünü kapadı. Parmaklarının arasından Zengo'ya baktıkça çığlığı basıyordu. Zengo gülümsemeye çalıştı. Ama beceremedi. Çünkü, nasıl gülündüğünü hiç bilmiyordu. Geline doğru, ellerini açarak yürüdü. Maksadı geline gülümsemek, "Korkma, korkma benden," diye ona yalvarmaktı.

Ona yalvaracak, insan olduğunu söyleyecek, "Bağırma, istersen vazgeçelim. Yarın sabah babanın evine git!..." diyecekti.

Ama gelin, bunu anlayamadı. Zengo'nun ellerini açıp üzerine yürüdüğünü görünce, bayıldı, boş bir çuval gibi oracığa yığılıp kaldı.

Zengo, hiç soğukkanlılığını yitirmeden gelini okşaya okşaya boğdu. Sonra onu koynuna alıp sabaha kadar beraber yattı. Gün ışımadan da başını alıp dağa çıktı.

Aradan bir hafta geçmeden Zengo, kızın babasını öldürdü. Ama bu, başka cinayetlere benzemiyordu. Adamı lokma lokma doğramış, her lokmasını köy yoluna serpmişti. Ertesi sabah yollarda parmaklar, kulaklar, burun gördüler.

Zengo, daha sonra, kendi iki kardeşini öldürdü. Kardeşleri, kendisi gibi çirkin, korkunç değillerdi. Kız kardeşini, başından aşağı gaz dökerek geceleyin tutuşturmuştu. Kız, gecenin karanlığında alevler içinde tutuşa tutuşa dağlara doğru koşarak yandı, kül oldu.

Ağabeysini de bir gece baltayla parçalayıp başını, kollarını, gövdesini, ayaklarını ayrı ayrı ağaçlara astı.

Bundan sonra Zengo'nun cinayetlerinin ardı arkası gelmedi. Önce kendi hısımlarını öldürdü. Çocuk demiyor, kadın demiyor, yaşlı demiyor, öldürüyordu. Öldürmekle de hırsını alamazsa, cesedi yakıyordu.

Dağda yaşıyordu. Pek sıkışır da yakalanacağını anlarsa, sınırdan kaçıyordu.

Bir kez yakalanmış, hapishane duvarını delerek kaçmıştı. Candarmaların arasında caddeden geçen Petir canavarını halk taşlıyor, suratına tükürüyordu. Ama ona yaklaşmaya da korkuyorlardı.

Göğsünde çaprazlama fişeklik vardı. Bir dev gibi yürüyor, koskocaman ayakları, deve tabanı gibi yere löp löp basıyordu.

Silahı, fişekleri alınan Zengo, hapishanenin bodrumundaki hücreye atıldı. Mahkemesi başladı. Zengo avukat tutacaktı. Ama parası yoktu. Köyündeki geniş topraklarını, bütün mallarını, davarlarını, evini sattı. Eline çok büyük para geçti. Bu kez de kendisini savunacak avukat bulamadı. Zengo'dan herkes nefret ettiği için, hiçbir avukat onun davasını almak istemiyordu. Alsalar neye yarardı! Hiçbir avukat, Zengo'yu idamdan kurtaramayacağını biliyordu. Onun için de davasını almıyorlardı. Ama en sonunda Zengo bir avukat buldu. Avukata pek çok para verdi.

Herkes, "İdamdan kurtaramazsa, Zengo avukatı öldürür," diyordu. İdama gitmeden hapisten kaçar, belki de mahkeme salonunda avukatı öldürürdü. O, bir kişiyi öldürmeyi kurmuşsa öldürür. On, on beş kişi, bu dev azmanıyla başedemezdi.

Zengo, avukatının kendisini yalnız idamdan değil, hapisten bile kurtaracağına inanıyordu. O kadar çok para vermişti ki avukata, Zengo'yu kurtarmalıydı o.

Mahkeme uzun sürdü. Sonunda sıra avukatın Zengo'yu savunmasına geldi. Ne olacaksa işte bu oturumda olacaktı.

On süngülü candarmanın arasında mahkemeye gelen elleri kelepçeli Zengo'ya kalabalıktan çok kişi bağırıyordu.

"Geber Zengo!.."

"İpe, ipe Zengo!.."

Mahkeme salonuna girerken, Zengo'nun bileklerindeki kelepçeyi çözdüler. Zengo, iki candarmanın arasında mahkeme salonuna girdi.

Söz savunmanın. Avukat ayağa kalktı, öksürdü. Titrek, korkulu bir öksürüktü bu. Zengo'nun savunulacak bir yanı yoktu. Bütün suçları, tanıklarıyla, kanıtlarıyla ortadaydı. Yalnız bilineni yirmi cana kıymıştı. Daha bilinmeyeni kimbilir ne kadardı? Avukat, bir kurtuluş umudu olarak Zengo'nun deli olduğunu ileri sürmüş, ama tıbbi gözlem altına alınan Zengo'nun deli olmadığı doktor raporuyla anlaşılmıştı. Avukatın, Zengo'yu savunacak gerçekten bir sözü yoktu. Cüppe kolunun bol yeni içinde kaybolan elini önce yargıca, sonra Zengo'ya çevirdi. Söze başladı.

"Pek muhterem reisim ve pek muhterem yüksek mahkeme heyeti... Müvekkilim masumdur. O'nun masumiyetini anlamak için temiz nasiyesine, şefkatle bakan gözlerine bir nazar atfetmek kâfidir sanırım. Yüksek mahkemenizden rica ederim. Sanık mevkiinde bulunan müvekkilime dikkatle bakınız. Kendisine isnad edilen bunca suç, bu masum, bu temiz, bu açık çehreden memul edilebilir mi? Hayır. Edilemez!"

Avukat heyecanla konuşuyordu. Bu konuşması bir saat sürdü. Konuşurken sesini bir alçaltıp bir yükselterek harp telleri gibi titretiyor, bir hızlanıp bir yavaşlıyordu. Ama bütün çabası boşa gitmişti. Sözlerinin hiçbiri, ne yargıçlarda, ne dinleyicilerde olumlu bir etki yaptı. Nasıl olsa Zengo'yu kurtaramayacağını bilen avukat, hiç olmazsa sanıktan aldığı parayı hak etmek için konuşmuştu. Yalnız bir kişi, avukatın sözlerinden büyük bir üzüntü duymuştu. Ağlıyordu. Bu adam, Zengo'ydu. Alnındaki fincan iriliğindeki gözü yaşarmıştı. Avukatına bakarken gülümsemeye çalışıyordu. Mahkeme karar için bir ay ileriye atıldı.

Zengo, salondan çıkınca avukatının elini öptü. Bütün hayatında, kendisine "iyi" diyen bir kişi bu avukattı.

Hapishaneden avukatına beş bin lira daha gönderdi. Daha önce de çok para vermişti.

"Helal olsun, böyle avukata helal olsun..." diyordu.

Yargıç kararını bildirdi. İdam! Zengo, avukatına gülümsüyordu. Hapishaneden avukatına ikinci kez beş bin lira daha gönderdi.

Karar Yargıtaydan geldi: İdam onaylanmıştı.

"Helal olsun, böyle avukata, helal olsun..." diyordu Zengo.

İdam kararı Meclis'te onaylandı. Zengo, gülüyordu, sevinçliydi. Zengo, bütün parasını avukatına bıraktı.

İdam sehpasına götürülmek için hücresinden alınırken Zengo: "Helal olsun, böyle avukata, helal olsun..." diye söyleniyor, gülümsüyordu. »

Sevgi eksikliği her zaman bir Zengo yaratmaz, ama dünyaya küskün, kendini değersiz bulan, kendini ve insanları sevmeyen kişiler ortaya çıkarır. Benlik bilinci, geçmişte kişiye nasıl davranıldığı, neler söylenildiğiyle oluşur. Benlik bilincini değiştirip, kendini tanıma yoluyla yeniden biçimlendirme durumuna geçilmezse, gerçeğe uymayan benlik bilinci, ömür boyu sürer.

Kaldı ki, küçüklükten beri söylenenler, çoğunlukla kendi aralarında tutarlıktan yoksundur. Birbiriyle çelişen o denli çok şey söylenir ki, hangisinin doğru olduğuna karar vermek zorlaşır ve bir an gelir, ipin ucu kaçırılır.

Kişinin bu iç karmaşasını dile getiren bir örnek sunalım size.

Gerçek Benliğim Lütfen Kendini Tanıt

«Çocukluğumda ne kadar rahattım. İçimde iki, üç kişi birden konuşmazdı. Bir tek kişiydim ve sadece kendi yaşantımdan haberdardım.

Sonra herkes bana neyin iyi neyin kötü olduğunu söylemeye başladı. Konuk geldiği zaman, "Niçin konuşmuyorsun, bak sana adını soruyorlar!" derken, yarım saat sonra, "Küçükler çok konuşmaz!" diye azarladılar. Böylece *ben, iki ben* oldum.

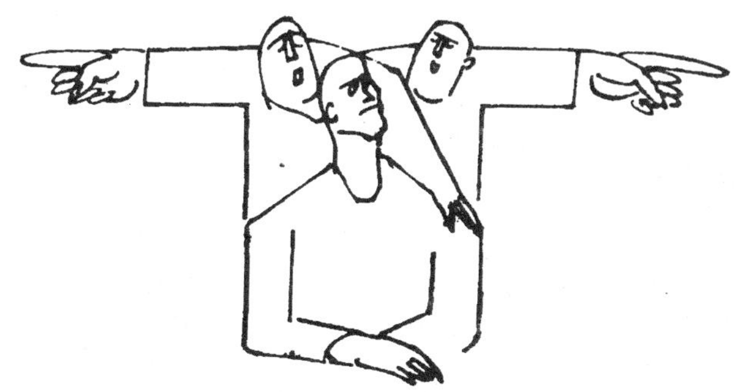

"Benler"den birisi bir şey yaparken *öteki ben* sürekli onu ayıpladı. Neleri sevmem, nelerden hoşlanmam gerektiğini, biri diğerine söylemeye başladı. Ama çoğu kez birbiriyle anlaşamıyorlardı. Bu tartışma hâlâ içimde sürüp gidiyor.

Çocukken ben *ben*dim ve iyi bir *ben*dim.

Büyüdükçe, dışardaki otoriteleri temsil eden *ben* de sesini duyurmaya başladı. O zaman kafam iyice karıştı, çünkü bir tane değil, o kadar çok otorite vardı ki dışarıda...

"Doğru dürüst otur kızım," "Burnunu, odadan çıkıp öyle temizle," "Şunu ya da bunu yapma, ayıptır," "Vah zavallı, daha çatal ve bıçağı nasıl kullanacağını öğrenememiş," "Geceleri tuvalete çıkınca su dök, yoksa kokar," "Gece tuvalete şarıl şarıl su dökme, uyuyanları uyandırıyorsun," "İnsanlara terbiyeli davran, onları sevmesen bile, kalplerini kırmamaya bak," "Dürüst ve açık kalpli ol, yalan söyleme," "İnsanların yüzüne, onlar hakkında ne düşündüğünü söylemezsen, bu korkaklıktır."

"Bir meslek sahibi olmak hayatta en önemli şeydir," "Hayatta en önemli şey evlenmektir," "Başkalarına o kadar önem verme," "Herkesin seni sevmesi en önemli amacın olmalı," "Aklından geçen şeyleri kimse yüzünden ve sözünden anlayamamalı," "En önemli şey, girişken olmaktır."

Bir *ben* nasılsa öyle kalmak ister, halinden memnundur. Fakat o *ben* memnun olduğu zaman, *öteki ben* "Hadi çalış, işe yarayacak bir şey yap," der.

Ben bulaşıkları yıkamaktan hoşlanır. *Öteki bene* göreyse bu, "Aman, ne tuhaf!"tır. *Ben*, insanlarla birlikte olmaktan ama onlarla konuşmadan vakit geçirmekten hoşlanır. *Öteki ben*, "Konuş," der. "Konuş, konuş, konuş!" *Ben*in kafası iyice karışır.

Nesnelere sahip olmaktan çok, onlarla oynaması hoşuma gider. Ama, "Böyle gidersen adam olmazsın, yiyecek ekmeğe muhtaç kalırsın," diye karşı çıkar *diğer ben*.

Ben vermekten hoşlanır; eğer birisinin bir şeye ihtiyacı olduğunu hissederse, verir. "Ne yapıyorsun sen, niçin veriyorsun? Kendine sakla, sana bir şey kalmayacak!" der *öteki ben*.» (Stevens, 1975.)

*Ben*ler arasındaki mücadele, şiddetli derecelerde olursa, davranış ve kişilik bozukluklarına yol açabilir. Değişik *benler* arasındaki çatışmanın farkında olmak ve bu çatışmaların nereden kaynaklandığını araştırmak, en sağlıklı yaklaşım biçimlerinden biridir. Böyle bir yaklaşım, sizi özgür bir insan olarak yaşamaya götürür.

E. E. Cummings'in (1975) aşağıdaki sözü, bu ifadeyi destekliyor:

Seni Diğerlerinden Farksız Yapmaya Bütün
Gücüyle Gece Gündüz Çalışan Bir Dünyada,
Kendin Olarak Kalabilmek,
Dünyanın En Zor Savaşını Vermek Demektir.
Bu Savaş Bir Başladı Mı, Artık Hiç Bitmez!...

E. E. Cummings

KENDİNİ TANIMA PENCERESİ

Diğer insanlarla iyi bir iletişim kurup kuramadığınızı anlayabilmek için, önce kendinizi ne ölçüde o insanlara gösterdiğinizi bilmeniz gerekir. "Kendinizi ne ölçüde dışarıya gösteriyorsunuz?" sorusuna cevap verebilmeniz için, sizlere yardımcı olacak bir tür oyun getiriyoruz. Bu oyuna *kendini tanıma penceresi* adını verebiliriz.

Bir çerçeve düşünün... Bu öyle bir çerçeve ki, sizinle ilgili her şeyi içine alıyor. Amaçlarınız, zevkleriniz, korkularınız, gereksinmeleriniz, kısacası her şeyiniz bu çerçeve içinde olsun.

SİZİNLE İLGİLİ HER ŞEY

Kendiniz hakkında tüm gerçekleri bildiğinizi savunamazsınız. Doğal olarak, hiç kimse kendisiyle ilgili tüm nitelikleri bildiğini iddia edemez. İnsan ömrü boyunca kendini tanımaya, kendisiyle ilgili yeni keşifler yapmaya devam eder. Öyleyse sizi temsil eden bu çerçeveyi ikiye bölebiliriz: Bir bölümü sizin kendi bildiklerinizi, diğer bölümüyse bilmediklerinizi içersin. Şimdi ortaya aşağıdaki gibi yeni bir çerçeve çıkar.

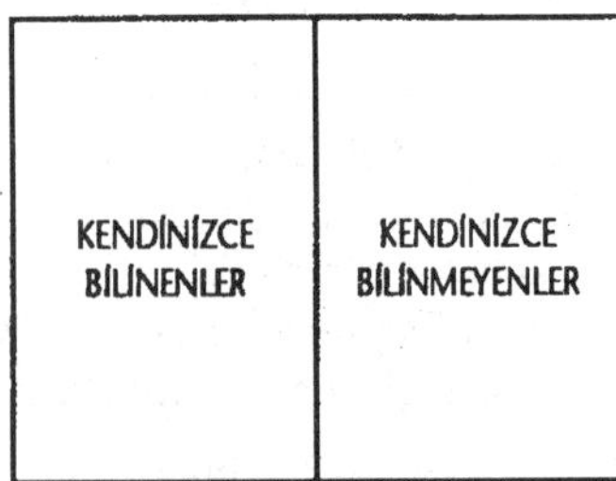

Ayrıca, başkalarının bildiği ve bilmediği yanlarınız vardır. Bu nedenle, sizinle ilgili her şeyi içeren çerçeveyi bu açıdan da ikiye bölebiliriz. Bu bölmeleri, "başkalarının bildiği" ve "başkalarının bilmediği" yanlarınız olarak adlandırabiliriz.

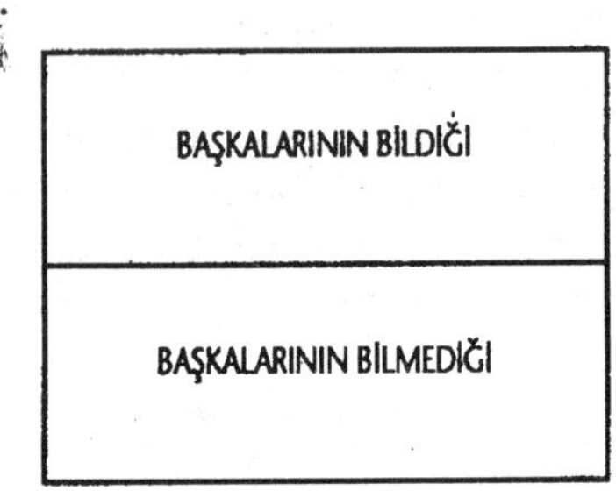

Şimdi *"Kendinizce Bilinenler ve Bilinmeyenler"* çerçevesiyle, *"Başkalarınca Bilinenler ve Bilinmeyenler"* çerçevesini üst üste koyalım. Ortaya çıkan dört bölmeli yeni çerçeveye de, *kendini tanıma penceresi* adını verelim.

	KENDİNİZCE BİLİNENLER	KENDİNİZCE BİLİNMEYENLER
BAŞKALARINCA BİLİNENLER	1 AÇIK	2 KÖR
BAŞKALARINCA BİLİNMEYENLER	3 GİZLİ	4 BİLİNMEYEN

Bu pencerenin birinci bölümü hem sizin hem de başkalarının bildiği niteliklerinizi içerir. Bu bölmeye AÇIK bölüm adı verilir. İkinci bölme sizin bilmediğiniz, fakat başkalarının farkında olduğu özelliklerden oluşur. Bir başka deyişle, bu bölme sizin KÖR olduğunuz bölümü oluşturur ve bu adla anılması uygundur. Üçüncü bölmedeyse sizin bildiğiniz, fakat diğer kişilerin bilmediği bir içerik vardır. Bu bölmeye de GİZLİ bölüm adını verelim. Dördüncü bölme de ne sizce, ne de başkalarınca bilinen yanlarınızı içerir; bu bölmeye BİLİNMEYEN bölüm adını verebiliriz.

Şimdi iş, bu şeklin, yani *kendini tanıma penceresi*'nin sizin özel kişiliğinize uygulanmasına kalıyor. Kişisel özelliklerinize göre bu "pencere"yi yeniden biçimlendirebiliriz. Örneğin, kendinizi açık bir insan olarak görüyorsanız, o zaman pencerenizin AÇIK bölümü, diğer bölümlerden daha büyük olur ve ortaya şöyle bir şekil çıkar:

	KENDİNİZCE BİLİNEN	KENDİNİZCE BİLİNMEYEN
BAŞKALARINCA BİLİNEN	1 AÇIK	2 KÖR
BAŞKALARINCA BİLİNMEYEN	3 GİZLİ	4 BİLİNMEYEN

Kişiler arası anlamlı bir iletişim, ancak kişilerin AÇIK olan bölümlerinin büyüklüğüyle mümkün olabilir. Bir insanın AÇIK bölümü ne ölçüde büyükse o ölçüde, daha zengin iletişim olanaklarına sahiptir. Öte yandan AÇIK bölümü küçük olan kişi, diğerleriyle o ölçüde az iletişim kurabilir.

Şekilde, tanıma penceresindeki bölümlerinin büyüklüğü yönünden farklı olan iki kişinin iletişimi gösterilmiştir. İletişimi belirten okların çiziminde kolaylık olması için pencerenin AÇIK bölmeleri birbiriyle yüz yüze gelecek biçimde konmuştur. Dikkat edilirse, şekilde karşılıklı oklarla gösterilen başarılı iletişim, ancak *B* Bireyinin

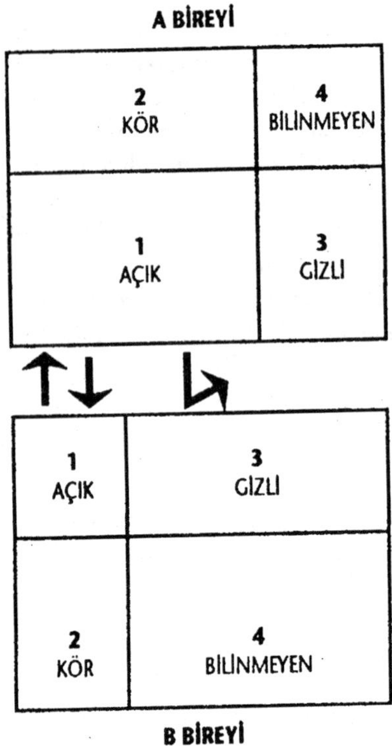

İnsan ilişkilerinde açık olan bir kimseyle, kapalı olan bir kimsenin kurmuş oldukları iletişim. Kırık ok karşılık bulamayan mesajı gösteriyor.

daha küçük olan AÇIK bölümü oranında gerçekleşebilir. *A* Bireyinin daha büyük olan AÇIK bölümünden gelen mesajlar, *B* Bireyinin gizli bölümüne rastlıyorsa, herhangi bir karşılık alamaz. Bu durum okun kırılarak geriye dönmesi biçiminde gösterilmiştir.

Kendinize sorun: Son şekildeki *A* Bireyine mi, yoksa *B* Bireyine mi benziyorsunuz? Tanımak istediğiniz halde, bir türlü "nasıl biri olduğunu çıkaramadığınız" bir kimseyi anımsıyor musunuz? Acaba bu kimse içine kapanık, konuşmayan, paylaşmayan biri miydi? Yoksa çok konuştuğu halde, kendinden bir şey vermeyen bir kimse mi? Peki, sizi tanımak kolay mı? Konuştuğunuz kimseler, sizin nasıl bir kimse olduğunuzu anlamakta zorluk çekiyorlar mı? Kendinizi, ister bu şekildeki *A*, ister *B* bireyine daha benzer görün, önemli olan şu gerçeği akıldan çıkarmamaktır: Başarılı bir kişiler arası ilişki ve verimli bir iletişim için, *kendini tanıma penceresi*'ndeki AÇIK bölümün *karşılıklı* olarak *varolması* gerekir.

NE KADAR AÇIK BİRİSİNİZ?

İlişki kurduğunuz kişilere karşı ne kadar açık olduğunuzu, ancak belirli bir ölçüde bilebilirsiniz. Çünkü kişinin farkında olmadığı davranışları çoktur. Aşağıdaki uygulama, bu konudaki bazı sorularınızı aydınlığa kavuşturabilir:

1. Her gün değişik koşullar içinde birçok kimseyle, birbirinden farklı ilişkilere giriyorsunuz. Günlük yaşamınızda kurduğunuz ilişkileri, şöyle bir anımsamaya çalışın ve bu tür ilişkilerde nasıl bir kimse olduğunuzu gözönünde tutarak, bir *kendini tanıma penceresi* çizin. İlişkilerinizde genellikle "içindekini olduğu gibi gösteren bir kimse" iseniz AÇIK bölümünüzü büyük, "insanları iyice tanımadan gerçek duygu ve düşüncelerinizi pek belirtmeyen bir kimse" iseniz, AÇIK bölümünüz küçük olacaktır. Böylece, *"genel olarak insanlarla"* ilişkilerinizde nasıl davrandığınızı gözönünde tutarak, pencere içindeki her bir bölümün büyüklüğünü kararlaştırın.
2. Şimdi, *"kendinize özellikle yakın bulduğunuz biriyle"* olan ilişkinizi düşünerek, bir *kendini tanıma penceresi* çizin. Bu kişi eşiniz, anne ya da babanız, okul arkadaşınız gibi biri olabilir. Yukarıda, birinci maddede çizdiğiniz dikey çizgi herhalde pek değişmeyecektir. Çünkü siz kendinizi aynı kişi olarak tanıyorsunuz. Fakat yatay çizgi, bir başka deyişle, size yakın olan kimsenin sizi ne kadar tanıdığını belirten çizgi, büyük bir olasılıkla, değişecektir.
3. Şimdi, *"az ilişkiniz olan bir kimseyle"* (büyük anfilerde ders veren bir hoca ya da iş nedeniyle ilişki kurduğunuz bir kamu görevlisi gibi) olan ilişkinizi gözönüne alarak, bir başka pencere

çizin. Başkalarınca bilinen yönlerinizi belirten yatay çizginin yerinde bir değişme oldu, değil mi?

4. Şimdi kendinize şu soruyu sorun: "Bir kimseye kendimi tanıtma, kendimi açma ölçüsüyle, o kişiyle aramdaki yakınlığın, güven ve samimiyetin derecesi arasında bir ilişki var mı?" Bu sorunun cevabını vermeden önce, isterseniz, içten, yakın dostluk ilişkileri kurduğunuz üç kişi ve pek yakın olmadığınız, yüzeysel ilişki kurduğunuz üç kişinin her birisiyle ilişkilerinizi temsil eden birer *kendini tanıma penceresi* çizin; sonra yukardaki sorunun cevabını düşünün.

Bu alıştırmadan sonra, kendinizle ilgili olarak ne düşünüyorsunuz? Açık bir insan mı, yoksa kendini açmakta güçlük çeken biri mi olduğunuza karar verdiniz? Acaba bu özelliğiniz nereden geliyor? İçinde yetiştiğiniz çevredeki bazı kimseler sizi bu yönde etkilemiş olabilir mi? Bu kişiler kimler olabilir? Yetiştiğiniz çevrede bulunan, sizi etkilediğini düşündüğünüz her kişi üzerinde ayrı ayrı düşünün... Kendinizle ilgili önemli nitelikler keşfedebilirsiniz!..

KENDİMİZİ AÇALIM! AMA NE ZAMAN?

Bu bölümün başından beri, kişinin kendisini açmasının, onunla karşısındaki kişi arasında, daha iyi bir iletişim ortamı yaratacağından söz edildi. Kişi kendini nasıl açmalı? "Kendini açmak" deyiminden ne anlıyorsunuz? Kendisiyle ilgili saklı yönlerini, sırlarını mı "sergileyecek", geçmişte olup biten, başından geçen olayları mı açıklayacak? *Kendini açmak*, eski önemli olayları anlatmak olarak değil, *içinde bulunulan zaman süresi içinde, duygu ve düşünceleri paylaşmak* olarak anlaşılmalıdır. Kişisel ilişkiler, geçmişteki yaşantıların karşılıklı aktarılması yoluyla, sağlam bir temel üzerinde kurulamaz. Kişiler birbiriyle etkileşimde bulundukları sırada, o anda, bu etkileşimden doğan düşünce ve duyguları paylaşabilirlerse, kendilerini açmış olurlar.

Ayrıca şunu da belirtmekte yarar var: Burada, kuşkusuz, tanıştığınız herkesle açık bir paylaşım içine girmeniz salık verilmemektedir. Kendinizi açmak, ancak *"güven duyulan"* kişiye yapılabilir. Bir insanın karşısındakine güven duyabilmesi ise, zaman içinde gerçekleşir. Fakat zaman içinde, hiçbir açma denemesine girilmezse, o zaman da ilişki gelişme ve büyüme temelinden yoksun kalır. Kendini açan kişi karşısındakine güven vermekte, İkinci Bölümde sözü edilen ilişki düzeyinde, "sana güveniyorum!" mesajını vermektedir. Güven duyulan kişi, kendini daha açar; böylece derin ve yakın bir ilişkinin doğması ortamı yaratılır.

İnsan kendini kapadıkça, karşısındakini de kapanmaya zorlayan bir kısır döngü yaratır. Böyle bir kısır döngüden çıkarak, verimli ilişkiler ortamına girmek istemez misiniz? Öyleyse bir deneyin!..

SÖZÜN KISASI

Biz farkında olsak da olmasak da, bedenimiz duygularımızı belirtir. Bazı duygular, her bireyde değişik türden davranışlarla kendini gösterir. Örneğin, biri sıkıldığında sık sık gözlerini kırpıştırmaya başlar, bir başkası sürekli saçıyla oynarken, bir diğeriyse sessizleşerek donuk donuk karşısındakine bakmaya başlayabilir. Kendi davranışlarında olduğu kadar, başkalarının hareketlerinde de bu belirtileri tanıyan ve anlamlandıran kişi, kurmuş olduğu iletişimde o denli bilinçli olur. Kendisini böylesine gözlemleyebilen birey, olayların neden olduğu duygu ve düşüncelerini tanır, iç dünyasındaki yaşantısını gerçekçi bir biçimde değerlendirir.

Küçük çocukların, duygularını doğal bir biçimde kolaylıkla ifade ettiğini çoğu kez gözlemlemişsinizdir; bütün bedenleriyle gülerler, üzülürler ya da kızarlar. Büyüdükçe, duyguların bu doğal ifadesi, çevresinde onu eğitmekle yükümlü büyüklerce engellenir. Bazı kimselerde bu engellenme öylesine büyük olmuştur ki, bir yetişkin olarak duygu ve düşünceleriyle, iç dünyalarıyla doğrudan ilişki kurmaları zorlaşmıştır. Duygularını bilemeyen, kafası genellikle karmakarışık, donuk bir yüz ifadesiyle dolaşan çevremizdeki kimseler, büyük bir olasılıkla, aşırı engellenmiş ve bastırılmış bir çocukluk dönemi geçirmişlerdir.

Çocuğun içinde yetiştiği toplum, onun duygularının ifade biçimini olduğu kadar, benlik bilincini de biçimlendirir. "Ne ekersen onu biçersin!" çocuk eğitiminde geçerli olan bir deyiştir. Çocuklarının duygu ve düşüncelerini doğal ifadesi içinde kabul eden anne babalar kendine güveni olan, girişimci, insan ilişkilerinde başarılı bireyler yetiştirirken, çocuklarını olumsuz yönde sürekli eleştiren, kısıtlayan, onların duygu ve düşüncelerini doğal bir biçimde ifade etmesini engelleyen anne babalar pısırık, çekingen, içine kapalı, alıngan bireyler yetiştirirler.

Çocukluk süresince oluşturduğu benlik bilinci, bireyin davranışlarına sınırlamalar getirir; "kendi kendini doğrulayan kehanet" budur. Kendini "başarısız bir öğrenci" olarak algılayan birey, "başarılı bir öğrenci" olmamak için farkında olmadan elinden geleni yapar. "Başarılı bir iş adamı", "iyi bir anne", "mutlu bir eş" olamamanın kısıtlamalarını da benlik bilincimiz getirir. Kişinin kendini tanıması ve benlik bilincinin oluşturduğu sınırlamaların farkına varması, çocukluğundan beri süregelen *koşullandırmalardan* kurtulabilmesi olanağını sağlar. *Kendini tanıma penceresi*'nde tanıdığımız AÇIK, KÖR, GİZLİ ve BİLİNMEYEN bölmelerinin farkında olan birey, kendini tanıma yönünde büyük adımlar atabilmiş bir kimsedir. Böyle bir kimse karı veya koca, anne ya da baba, arkadaş, nişanlı, yönetici veya dost olarak zengin, derin ve doyurucu insan ilişkileri kurabilme olanağına sahiptir.

ALIŞTIRMALAR

I. Bedeniniz Ne Diyor?

Aşağıdaki uygulamanın açıklamasını size okuyacak birini bulun ya da bir ses bandına aldıktan sonra teypten dinleyerek uygulayın.

Rahat bir şekilde oturun. Nereye oturduğunuz o kadar önemli değil; bir sandalyeye, bir koltuğa, bir divana ya da bir yer minderine oturabilirsiniz.

Hazırlık

1. Oturduğunuz odanın perdelerini kapatın, geceyse, ışıkların birkaçını söndürün. İçerde kuvvetli ışık bulunmasın.
2. Gözlerinizi kapayın. (Göz, baskın bir duyu organımız olduğu için, açık olduğu sürece, diğer duyu organlarından gelen uyarıların farkına varmamız güçleşir.)
3. Gözleriniz kapalıyken, bedeninizde bir yolculuğa çıkacaksınız. Bu yolculukta vücudunuzun çeşitli bölümlerini gezeceksiniz. Bu yolculuk sırasında, içinde bulunduğunuz durumu değerlendirmeye kalkmayın, dikkatinizi topladığınız yerde ne olup bittiğini gözlemeye çalışın... Nasıl bir durumdasınız, ne-

ler hissediyorsunuz, bunların farkına varmaya çalışın. (Üç noktayla (...) belirtilmiş yerlerde 5 saniye kadar durun, sonra uygulamanın açıklanmasını dinlemeye devam edin.)

Uygulama

4. Şimdi başlayabilirsiniz. Gözlerinizi kapayın.(...) Şimdi dikkatinizi ayaklarınıza toplayın.(...) Ayaklarınız nasıl hissediyor?. (...) Rahat mı, yoksa acıyan bir yer var mı?(...) Ayak parmaklarınız birbirine yapışmış şekilde mi duruyor?(...) Ayakkabınız rahat bir şekilde ayağınıza uymuş mu, yoksa biraz sıkıyor mu?(...) Ayaklarınız soğuk mu?(...)

Şimdi dikkatinizi bacaklarınıza verin. Bacaklarınız gergin mi, yoksa gevşek bir şekilde mi duruyor?(...) Bacağınızdaki her bir kasın farkına varmaya çalışın. Her bir kasın gergin ya da gevşek olduğuna dikkat edin.(...) Ayak ayak üstüne atmış durumda mısınız? Biri diğerinin üzerine atılmışsa, üstteki bacağınızın ağırlığını diğerinin üstünde hissedebiliyor musunuz?(...) Bu oturuş durumunuz rahat mı, yoksa biraz rahatsız mı hissediyorsunuz?(...)

Şimdi bacağın üst kısımlarına, kalçaya doğru çıkalım.(...) Biraz daha yukarı çıkarak bacaklarınızla kuyruk sokumunuzun birleştiği bölgeye dikkatinizi verin. Bu bölgede dikkatinizi topladığınız zaman biraz kendinizi gergin hissediyor musunuz?(...)

Şimdi üzerinde oturduğunuz kısmın bedeninizin ağırlığını nasıl taşıdığına dikkat edin.(...)

Şimdi yavaş yavaş gövdeye doğru çıkalım. Karın bölgeniz nasıl hissediyor?(...) Bu bölgede ne gibi duyumlar hissediyorsunuz ?(...) Hareket eden bir şey var mı?(...) Soluk alışınıza dikkat edin. Ciğerinizin üst bölümüyle mi soluk alıyorsunuz, yoksa bütün ciğerinizi doldurarak derin ve rahat mı nefes alıyorsunuz? Hava burun deliklerinizden mi girip çıkıyor, yoksa ağzınızla mı soluk alıp veriyorsunuz?(...) Göğsünüz rahat ve gevşek mi, yoksa gergin ve sıkışık bir durumu var mı?(...)

Şimdi dikkatinizi el ve kollarınıza verin. Parmaklarınızın farkına varın.(...) Avucunuz kapalı mı, açık mı? Parmaklarınız birbirine bitişik mi?(...)

Bileklerinizle omuzunuz arasında kalan kaslarınızı gözleyin. Gergin mi, yoksa gevşek mi?(...) Kolunuzun duruş biçimi nasıl? Sarkıyor mu? Bükük mü? Bir el diğerinin üzerine konmuş mu?(...)

Omuzunuza verin dikkatinizi. Dik mi, yoksa çökük mü? Öne ya da arkaya düşmüş mü?(...)

Soluk alışınızı kontrol ederken büyük bir olasılıkla gırtlak ve boyun kısmınızın farkına vardınız. Gırtlağınız rahat mı, yoksa sürekli yutkunma duygusu veren bir yumak mı var orada?(...) Boynunuz nasıl?(...) Boynunuzun başınızın ağırlığını taşıdığını hissedebiliyor musunuz?(...) Belki de başınızı yavaş yavaş bir yandan öbür yana hafifçe kıpırdatarak boynunuzdaki kasların farkına daha çabuk varabilirsiniz.(...) Boynunuz ve omuzlarınızda bir gerginlik hissedebiliyor musunuz?(...)

Şimdi yüzünüze geçelim. Yüzünüzde ne gibi bir ifade taşıyorsunuz?(...) Yüzünüzün kasları gergin mi, yoksa rahat ve gevşemiş bir durumda mı? Hangi kaslar? Ağzınız, kaşınız, çeneniz, şakaklarınız?(...) Dikkatinizi yüzünüzün bu kısımları üzerinde toplayın ve farkına varmaya çalışın.(...)

Şimdi yolculuğunuz içeriye doğru yöneliyor. Zihninizde ne olup bittiğini gözleyin.(...) Sakin ve karanlık mı, yoksa bazı olaylar oluyor mu?(...) Ne gibi olaylar?(...) Zihninizden geçenler hoş mu?(...) Yoksa sizi rahatsız eden şeyler var mı?(...)

Aşağıdan yukarıya bütün vücudunuzu gezmiş ve gözlemiş durumdasınız.

Şimdi vücudunuzu bir bütün olarak hissetmeye çalışın.(...) Yeni bazı şeylerin farkına vardığınızı hissediyor musunuz?(...) Dikkatinizi şimdi çeken bazı bölümler var mı?(...)

Buralardan ne gibi duyumlar aldığınızın farkına varmaya çalışın.(...)

Şimdi vücudunuzun bir başka önemli yerine dikkatinizi çevirelim. Üzüntülü veya mutlu olduğunuz ya da korktuğunuz zamanlarda, vücudunuzun belli bir bölgesinde, duyguların bedensel belirtilerini hissedersiniz. (Bazı kimselerde bu karın, bazı kimselerde gırtlak, daha başkalarında ise göğüs olabilir. Herkese göre değişen bu bölge, belirgin ya da belirsiz her insanda vardır.) Bir süre bu noktayı bulmaya çalışın.(...) Şimdi orası nasıl hissediyor?(...) "Şimdi nasılım, şimdi ne hissediyorum?" sorusunu sorduğunuzda ne oluyor, onu gözlemeye çalışın.(...)

Şimdi de, son zamanlarda sizin canınızı sıkan bir kişisel sorununuzu düşünün ve bunu düşünürken o duyarlı yerde ne olup bittiğini gözlemeye çalışın. Düşündüğünüz sorunun, bugün yaşamınızda önemli bir yeri olması gerekir.(...) Bu sorunu bütün ağırlığıyla, duygularıyla bir noktada hissedebiliyor musunuz?(...) Bu duyguyu tümüyle yaşamaya çalışın, değiştirmeye kalkmayın.(...) Eğer siz dikkatinizi verince duygunuz değişiyorsa, bırakın değişsin, siz sadece olup bitenleri gözleyin.(...) Olup bitenlerle birlikte seyahat edin, onları yönlendirmeden beraber olun.(...) Duygularınızda şimdi yeni bir şey keşfettiniz mi? Bir fark var mı?(...) Bu farkın ne olduğunu hissedebiliyor musunuz?(...)

Şimdi kendinizi serbest bırakın ve zihniniz sizi nereye götürürse oraya gidin.(...) İki dakika kadar, gözleriniz kapalıyken zihninizi serbest bırakın, aklınıza ne gelirse onu gözleyin. Bu iki dakikanın sonunda yavaş yavaş gözlerinizi açın.

Sonuç

5. Şimdi aşağıdaki sorular üzerinde düşünebilirsiniz:
   (a) Bu alıştırmayı yaptıktan sonra, vücudunuzla ilgili yeni şeylerin farkına vardınız mı? Sürekli olarak taşıdığınız bazı gerginlikler keşfettiniz mi? Ne kadar süredir bu durumdaydınız? Bunların farkına varmak bir değişiklik oluşturuyor mu?
   (b) Duygularınızın en yoğun olarak yaşandığı bedensel bölgeyi bulabildiniz mi? Nerede idi? Farklı duygular için değişik yerler mi var? Aklınıza gelen kişisel sorununuza dikkat etmek, hissediş tarzınızda herhangi bir fark meydana getirdi mi?

Bir İleri Aşama

Yukarıda yaptığınız alıştırma size önemli geldiyse, bu yolla kendiniz hakkında yeni şeyler öğreneceğinizi düşünüyorsanız, o zaman kendiniz hakkında daha çok şey öğrenebilmek için aşağıdaki yolu izleyebilirsiniz.

1. Üç gün süreyle kendinizi gözleyin. Diğer kişilere karşı hissettiğiniz duyguları, bedeniniz nasıl bir tepki göstererek belirtiyor, onu keşfetmeye çalışın. Aşağıdaki duyguları yaşayıp yaşamadığınızı gözleyin:

   (a) sevinç (b) üzüntü
   (c) korku (ç) kızgınlık
   (d) alınma, gücenme (e) sevgi, yakınlık duyma
   (f) bir kimseyi çekici bulma (g) diğer duygular

   Son günlerde bu duygulardan yaşamadığınız biri var mı? Olmadığı için mi, yoksa bu duyguları yeterince tanımasını bilmediğiniz için mi yaşamadığınızı sanıyorsunuz?
2. Bu duyguları ne zaman duyduğunuzla ilgili bir günlük geliştirin. Bu duygular, bedeninizde nasıl bir belirti veriyor? Yukarıdakine benzer bir alıştırma yaparak farkına vardıklarınızı bu günlüğe yazmaya çalışın.
3. Her bir duygu yaşantısı için günlüğünüze aşağıdakileri yazmaya çalışın:

   (a) Duygusal yaşantı *nerede* ortaya çıktı? Başka bir deyişle, duygunun ortaya çıktığı ortam nasıl bir ortamdı? (Evde ailemle birlikteyken, okulda arkadaşlarla beraberken, bir pastanede ya da arkadaşın doğum günü partisinde gibi.)

   (b) O ortamda nasıl bir *duygu* yaşadınız? (Sıkılma, tedirginlik, mutluluk, cinsel arzu, korku, kızgınlık, kıskançlık, vb.)

   (c) *Bedeninizin neresinde* bu duygu kendini belirtiyor?

   (ç) Bu duyguya *nasıl bir tepki*de bulundunuz? (Unutmaya mı çalıştınız, başkasıyla konuşarak bu duygunuzu paylaştınız mı, yoksa başka bir zaman o insanla ilişkinizde, bu duygunun etkisini kendisine söylemeyi mi tasarladınız?)
4. İlk üç günlük devreden sonra, bir ikinci üç günlük dönemi denemede yarar var. Bu ikinci devrenin sonunda duygularınızın farkına varışınızda bir değişiklik olup olmadığını gözlemeye çalışın. Acaba duygularınızın daha çok farkında olma, konuşmanızda ve insanlarla ilişkiler kurmanızda herhangi bir değişme oldu mu?

II. Olmak mı, Görünmek mi?

Olmak istediğiniz kişi olabildiniz mi? Bu soruya "Evet" diyecek pek az insan çıkar. Aşağıdaki alıştırma, *ideal,* yani olmak istediğiniz benliğinizle, davranışlarınızda kendini belirten *görünen* benliğiniz arasındaki farkı saptamanız için hazırlanmıştır. Bu yolla, kendinizle ilgili ne gibi değişiklikler istediğiniz konusunda bir bilgi sahibi olabileceksiniz. Alıştırmayı nasıl yapacağınız aşağıda anlatılmıştır.

1. Alıştırmanın sonunda numaralanmış olarak verilen ifadeleri, numaralarıyla birlikte ayrı kartlara yazın. Böylece 100 kartınız olsun.
2. Kartları önünüze serebileceğiniz, geniş yüzeyli bir masa ya da benzeri bir düzlük bulun.
3. Yapmanız gereken basit: Bugünkü halinizle sizi en iyi anlatan ifadeleri bir yönde, sizinle ilişkisi bulunmayan ifadeleri diğer yönde yerleştireceksiniz. Tabii, bu arada sizi anlatmaları yönünden ifadelerin derecelenebileceğini de farkedeceksiniz. Size "en az benzeyen, ya da hiç benzemeyen" ifadeleri sol uca, size "en çok benzeyen" ifadeleri sağ uca koyacaksınız. Bu iki uç arasında, size "oldukça" ya da "biraz" "benzeyen" ve "benzemeyen" ifadeler konacak. Böylece 11 grup halinde kartlarınızı toplayacaksınız. "Hiç benzemeyen" ifadeler bulunduran kartların geldiği gruba 1, "en çok benzeyen" ifadelerin geldiği gruba 11 numaralarını verirsek, şekildeki gibi bir dizi oluşur.

En az benzeyen		Oldukça benzemeyen		Biraz benzemeyen		Biraz benzeyen		Oldukça benzeyen		En çok benzeyen
1	2	3	4	5	6	7	8	9	10	11
(2)	(4)	(8)	(12)	(14)	(20)	(14)	(12)	(8)	(4)	(2)

İfadelerinizi size "benzeme" ve "benzememe" yönünden gruplandırırken, her bir gruba girecek kart sayısına da dikkat etmeniz gerekiyor. Her gruba girecek kart sayısı, çizginin altında parantez içinde gösterilmiştir. Böylece size "en çok benzeyen" iki, "en çok benzemeyen" yine iki ifade bulmanız gerekiyor. 6 numaralı ortadaki gruba, "size ne benzeyen, ne de benzemeyen", yani "sizinle ilişkisi olmayan" ifadeler gelecek ve bunların sayısı yirmi olacak. Bu iki uç grubun ve ortadaki grubun anlamını kavradıktan sonra, aradaki gruplara kartları kolayca yerleştirebilmeniz gerekir.

Kartları gruplara yerleştirirken, kartlardan birini yanlış yere koyduğunuzu düşünürseniz, bu kartın yerini değiştirebilirsiniz. İsterseniz bütün diziyi tekrar tekrar yapabilirsiniz. Önemli olan, bugünkü halinizi en iyi anlatan bir sırayı oluşturduğunuzu düşünmenizdir. Bu noktaya gelinceye dek, istediğiniz kadar deneme yapabilirsiniz.

5. Kartları sıralamayı bitirdikten sonra, her bir grupta doğru sayıda kart bulunup bulunmadığını kontrol edin. Şimdi kartlardaki ifadelerin numaralarını, her bir grup için alt alta boş bir kâğıda, aşağıda gösterildiği gibi yazın. Bu kağıdın başına GÖRÜNEN BENLİĞİN DEĞERLENDİRİLMESİ diye yazın.

Aşağıdaki şekilde, grup numaraları altta, her gruba girmesi gereken ifade (kart) sayısı, sütun başlarında ve parantez içine yazılmıştır.

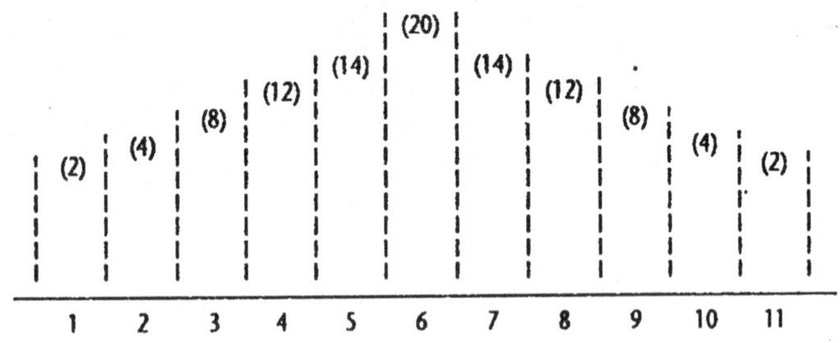

6. Şimdi kartlarınızı karıştırın ve aynı yukarıda söylenen yöntemle yeniden gruplayın; ancak bu kez ifadeleri olmak istediğiniz, arzuladığınız *ideal benliğinize göre* gruplayın. Bu durumda, 1 numaralı gruba "hiç olmak istemediğiniz", 11 numaralı gruba ise "en çok olmak istediğiniz" ifadeler girer. Kartların üzerindeki ifadeleri inceleyerek, kendi anlayışınız çerçevesinde, size en doğru gelen diziyi oluşturun. Bitirdikten sonra, her grupta doğru sayıda kart bulunup bulunmadığını gözden geçirin.

7. Diziyi oluşturunca, yukardaki şekle benzer biçimde, bu kez ideal benliğiniz için, her gruptaki ifadelerin numaralarını yazın. Bu şeklin başına İDEAL BENLİĞİN DEĞERLENDİRİLMESİ başlığını koyun.
8. Bu iki dizi şu anda gözünüzün önünde: Nasıl bir kişi olarak görünüyorsunuz ve nasıl bir kişi olarak görünmek istiyorsunuz konusunda, şimdi elinizde önemli veriler bulunuyor. Bu sonuçları karşılaştırın: Eğer görünmek istediğiniz *ideal* benlikle *göründüğünüz* benlik arasındaki gruplamada bir ifade (sizin listenizde ifadenin sadece numarası var) birbirinden 2 grupluk bir fark gösteriyorsa, bu ifadenin numarasını bir başka kâğıda yazın. Örneğin, 14 numaralı ifade GÖRÜNEN BENLİĞİN DEĞERLENDİRİLMESİ'nde 10 numaralı gruba girdiği halde, İDEAL BENLİĞİN DEĞERLENDİRİLMESİ'nde 4 numaralı basamağa girmiş olabilir. Arada 6 basamaklık bir fark vardır (Görünen: 10, İdeal: 4, aradaki fark, 6). Görünen ve ideal benlik değerlendirmesinde böyle farklı basamaklara gelmiş ifadeleri inceleyin. Bu ifadeler ne gibi bir yönde değişme isteği dile getiriyor? Gerçekten bu yönde değişmek istiyor musunuz? Kendi kendinize iyice düşünün.

   Bu değişme yönleri üzerinde düşünürken, *değişme isteğinin şiddeti* üzerinde de durun. Bir ifade, görünen ve ideal benlik arasında sadece 2 basamaklık bir fark gösteriyorsa, o zaman değişme isteğinin anlamlı olduğu düşünülür. Görünen ve ideal benlik arasında 3 basamaklık bir fark, 2 basamaklık bir farktan daha şiddetlidir. Hangi tür ifadeler az, hangi tür ifadeler çok değişme isteği gösteriyor, bunlar üzerinde düşünün.
9. Şimdi aşağıdaki soruları cevaplayın lütfen:

   (a) İfadeleri kolaylıkla mı, yoksa zorlukla mı gruppladınız?

   (b) Bu alıştırma, sizin kendinize bakış açınızda bir değişiklik meydana getirdi mi?

   (c) İlk gruplamanızda, kendinize göre düşünecek yerde, "Bunların konulacak doğru bir yeri vardır, oraya koyayım," diye düşündünüz mü?

   (ç) Şu andaki benliğinizle, ideal benliğiniz arasındaki fark sizi memnun etti mi, yoksa rahatsız mı oldunuz?

(d) Size verilen açıklamada, aralarında sadece 2 basamak fark bulunan ifadeleri kaydetmeniz istendi. Acaba niçin aralarında bir basamak fark olan ifadeler üzerinde düşünmeniz istenmedi?

(e) Zamanınız ve isteğiniz varsa, sizin yaptığınız işlemleri bir başka arkadaşınıza kendisi için yaptırabilir ve aranızda ne gibi benzerlik ve farklılıklar bulunduğunu tartışabilirsiniz.

10. Bu alıştırmanın ilginç bir uygulaması da, sizi iyi tanıyan bir yakınınıza bu kartları, sizi gördüğü biçimde gruplatmaktır. Bu yolla sizin görünen benliğinizi algılayışınızla, arkadaşınızın algılayışı arasında bir karşılaştırma yapma olanağı doğar. Arkadaşınızın sizi hangi yönlerden farklı gördüğünü birlikte tartışabilmeniz size kendinizi tanımada yeni pencereler açabilir...

Kartlara Yazılacak İfadeler

1. Birisiyle konuşurken kendimi rahatsız hissederim.
2. Düşünce ve duygularımı kendime saklar, karşımdakine söylemem.
3. Rekabetten hoşlanan bir insanım.
4. Kendimden başarılması kolay olmayan zor şeyler isterim.
5. Yapmış olduğum şeylerden çoğu kez pişmanlık duyarım.
6. İncindiğim, kırıldığım duygusuna sık sık kapılırım.
7. Cinsel gücüm hakkında kuşkularım var.
8. Karşı cinsle çok benzer yönlerim var.
9. Başkalarıyla oldukça sıcak ilişkileri olan bir insanım.
10. Pek konuşmayan, içe kapanık bir insanım.
11. Kendi yaşamımdan kendim sorumluyum.
12. Sorumluluk duygusu güçlü olan bir insanım.
13. Gelecekle ilgili hiçbir umudum yok.
14. Diğer insanların değer ölçülerine ve normlarına uyarak yaşarım.
15. Hemen hemen bütün sosyal değer ve normları kabul edebilirim.
16. Kendime ait yalnız birkaç değer ve normum var.

17. Cinsel arzularımı kontrol etmekte güçlük çekerim.
18. Saldırganlık duygularımı kontrol etmek benim için zordur.
19. Kendimi kontrol etmek benim için bir sorun değildir.
20. Sık sık, berbat bir durumda olduğum duygusuna kapılırım.
21. Kendini merkez edinmiş, ilk planda kendini düşünen bir insanım.
22. İnsanları genellikle severim.
23. Duygularımı rahatlıkla ifade edebilirim.
24. İnsanların toplandıkları, bir araya geldikleri yerlerde kendimi biraz yalnız hissederim.
25. Dünyayla başa çıkmaya çalışmaktan vazgeçmek istiyorum.
26. Çevremdekilerle rahat ilişki kurabilen bir insanım.
27. En çetin mücadelelerim, kendi kendimle yaptıklarım olmuştur.
28. Bana karşı beklediğimden daha arkadaşça davranan insanlarla beraber olduğum zaman, "Acaba bu adam benden bir şey mi isteyecek?" düşüncesi devamlı aklıma gelir.
29. İyi bir insanım.
30. Biraz inatçı biriyim.
31. İstemediğim halde, belirli yönlere, insanlar sanki beni itiyorlarmış gibi geliyor.
32. İnsanların eleştirilecek yönlerini hemen görebilen biriyim.
33. Beni tanıyanların çoğu beni sever.
34. Hayata bir katkıda bulunmadığım yolunda, içimde temel bir duygu var.
35. Cinsel yönden çekici bir kişiyim.
36. Kendimi aciz hissediyorum.
37. Kendi kendime karar verebilir ve bu kararlarıma sadık kalırım.
38. Kendi başıma karar veremem.
39. Sık sık kendimi suçlu hissederim.
40. Çoğu kez insanlara husumet ve hışımla davranan bir kimseyim.
41. Hayatta doyum sağlamış bir kişi olduğum kanısındayım.
42. Oldukça dağınık bir kişiyim.
43. Duygu ve heyecanları donuklaşmış bir insanım.
44. Dengeli bir kişiliğe sahibim.
45. İş yapabilmem için kendimi dürtmem gerek.
46. Çoğu kez içimde bir hınç duygusu var.

47. Hemen alevlenen, içindekini pek tutamayan bir insanım.
48. Başkalarının beni nasıl gördüğüne önem veririm.
49. Duygu ve heyecanlarıma güvenim yoktur.
50. Oldukça güç yaşam koşulları altında yaşayan biriyim.
51. Mantığı ön planda tutarım.
52. Olayları göğüslemek yerine, onlardan kaçma yolunu seçiyormuşum gibi bir duygu var içimde.
53. Hoşgörülü biriyim.
54. Sorunlar hakkında düşünmemeye çalışırım.
55. Çekici bir kişiliğim var.
56. Utangacım.
57. Başladığım işleri bitirebilmek için birisinin beni dürtüklemesi gerekir.
58. Bende aşağılık duygusu var.
59. Kendimi bir hiç olarak görüyorum. Hiçbir şey benden bir parça değil.
60. Diğer insanların benim hakkımda ne düşünebileceklerinden korkarım.
61. Tutkulu ve hırslı biriyim.
62. Kendimi aşağı görürüm.
63. Girişken bir insanım.
64. Bunalım ya da zorlukla karşılaşmaktan çok korkarım.
65. Kendime hiç saygım yok.
66. Baskın bir kişiliğim var.
67. Kendime karşı olumlu bir tutumum vardır.
68. Düşündüğünü söyleyen bir kişiyim.Utangaç ve sıkılgan değilim.
69. Bir kimseyle tam bir fikir uyuşmazlığına girmekten korkarım.
70. Karar vermekte çok zorluk çekerim, şu ya da bu yönde bir karar veremem.
71. Kafası çok karışık birisiyim.
72. Kendi halinden hoşnut biriyim.
73. Başarısız bir insanım.
74. Sevimli bir kişiliğim var.
75. Karşı cinse hoş gelen bir kişiliğim var.
76. Cinsel konular beni korkutur.

77. Gerçekleştirmek istediğim şeylerde başarılı olamayacağıma dair içimde bir korku var.
78. Rahat bir insanım, kolay kolay hiçbir şey sinirlerimi bozamaz.
79. Çalışkan bir insanım.
80. Kendimi, duygu ve heyecan yönünden olgun bir insan olarak görüyorum.
81. Başardığım, ortaya çıkardığım bir iş var.
82. Yapım gereği, sinirli ve gergin bir insanım.
83. Ruhsal yönden oldukça altüst olmuş durumdayım.
84. Birisi yeterince ısrar ederse, mutlaka onun dediğini yaparım.
85. Kendime pek güvenim yok.
86. Bahaneler bularak ve teselli arayarak kendimi korumam gerektiğine inanırım.
87. Boynu büküк bir insanım.
88. Zeki bir insanım.
89. Kendimi üstün görürüm.
90. Hiç umudum kalmadığını hissediyorum
91. Kendimden başka dayanak, destek aramayan biriyim.
92. Sık sık saldırganlık duygularım kabarıyor.
93. Sıkılgan ve çekingen bir insanım.
94. Diğerlerinden farklı bir insanım.
95. Güvenilir bir insan değilim. Bana pek güven olmaz.
96. Kendimi anlayan bir kişiyim.
97. Bir toplulukta kişileri birbirine ısındırmasını bilen biriyim.
98. Kendimi birçok işlerin altından rahatlıkla kalkacak bir kişi olarak görüyorum.
99. Ben değersiz bir kişiyim.
100. Kendi cinsiyetimi hiç sevmem.

Yapmam, Yapamam!

Acaba sizin benlik bilincinizin gözden geçirilme gereği var mı? "Kimin yok ki?" diyeceksiniz. Haklısınız! Aşağıdaki uygulamaları yaparak benlik bilincinize bir göz atın, isterseniz.

1. Rahat konuşabileceğiniz birini bulun ve kimsenin sizi rahatsız edemeyeceği bir yere oturun.

2. Karşınızdaki beş dakika bir süreyle "..................... yapamam" biçiminde cümleler kuracak. Örneğin, "Çevremde tanımadığım kimseler varsa rahat konuşamam," "yakın arkadaşlık kuramam," "on parmakla daktilo yazmasını öğrenemem" gibi. Arkadaşınızın söylediği her cümleyi bir kâğıda yazın. Daha sonra beş dakika süreyle bu kez siz yine aynı türden "..................... yapamam" şeklinde cümleler kurun. Sizin söylediğiniz cümleleri, arkadaşınız bir kâğıda yazsın.
3. Her bir ifadeyle gelen duyguyu yaşamaya çalışın. Bunlar kendine acıma, pişmanlık, üzülme, sinirlenme ya da buna benzer duygular olabilir. Bu duyguların getirdiği yaşantıyı değiştirmeden sadece gözlemeye çalışın.
4. Daha önce söylemiş olduğunuz ifadeleri şimdi tekrarlayın. Fakat bu kez, "..................... yapamam" şeklinde değil, "..................... yapmam" biçiminde söyleyin. Örneğin, "Çevremde tanımadığım kimseler varsa rahat konuşmam," "yakın arkadaşlık kurmam" gibi. Her ifadeden sonra aklınıza gelen fikirler varsa onları da söyleyin; gelen düşünceleri içinizde tutmayın.
5. Şimdi neler hissediyorsunuz? Her bir ifadeyle gelen duyguyu arkadaşınızla paylaşın.
6. Bitirdikten sonra, "yapamam" dediklerinizin gerçekte yapmanızın mümkün olup olmadığını bir kez daha beraberce gözden geçirin; acaba "yapamamlar geliştirdiğiniz katı bir benlik resminin sonucu mudur? Bu "yapamam"ların nedenlerini arkadaşınızla aranızda tartışın.

6

Aramızda Büyük Engel: Savunucu İletişim

«... İnsan yaşamının devamı için yakın ilişkinin zorunlu olduğuna inanıyorum. Hatta kişinin bir değil, birçok yakın ilişkiye ihtiyacı vardır. Geniş aile ve yakın komşuluk gibi, sanayi öncesi toplumlarda bulunan ve şimdi ortadan kalkmaya yüz tutmuş olan birincil gruplar, gelenekçi toplumlarda yakın ilişkilerin geliştirildiği ve sürdürüldüğü ortamları oluşturmaktaydı. Bu birincil grupların yerine geçecek ve onların işlevlerini görecek türden yeni ortamlara gereksinme vardır. Bu inancımı, birey ve toplum ilişkisi yönünden bir varsayım olarak dile getirmek isterim:

Bir insan, yaşamında üç ya da dört yakın ilişkiye sahipse, mutlu ve sağlıklı olabilir. Bir toplum, bireylerinin her biri yaşamlarının her döneminde üç ya da dört yakın ilişki geliştirmişse, sağlıklı bir toplum olabilir.

Tarihte bilinen bütün toplumlar, içinde yaşadığmız karmaşık modern toplum dışında, bireylerin üç ya da dört yakın ilişki geliştirmesine imkan verecek koşulları yapılarında bulundurmuşlardır. Sanayileşmiş Batı toplumu, insanlık tarihinde bu yakın ilişkiden insanları yoksun bırakmaya zorlamış ilk toplumdur. Eğer yukarıda öne sürdüğümüz varsayım doğruysa, toplumumuzun ana temelleri tehlikede demektir.» (Alexander, 1967.)

Türkçe'deki "dost" sözcüğü, Kaliforniya Üniversitesi profesörlerinden Charles Alexander'ın sözünü ettiği "yakın ilişki"nin anlamını karşılar. Türk kültüründe önemli bir yeri olan, yaşamımızda özlemle aranan "dostluk", hikâyelerde, türküler ve şarkılarda sık sık dile getirilen bir konudur. İşte bu bölümde, teknik deyimiyle "yakın ilişki", günlük dilde "dost" ya da "dostluk" sözcüğüyle belirtilen olayın gerçekleşmesine engel olan *savunucu iletişim* üzerinde duracağız. Savunuculuk konusunu değişik yönleriyle tartışmaya başlamadan önce, bir hikâyeden esinlenerek Amerikalı çocuk psikoloğu Charles C. Finn tarafından yazılmış bir şiiri sizlerle paylaşmak istiyorum.

SÖYLEMEDİKLERİMİ İŞİTİN LÜTFEN

Bana aldanmayın!
Yüzüm bir maskedir,
Sizi aldatmasın.

Binlerce maskem var,
Çıkarmaya korktuğum,
Ve,
Hiçbiri ben değilim...
Olmadığımı göstermek
İkinci doğam oldu.

"Kendinden emin biri" dersiniz,
Sanki güllük gülistanlık
Benim için her şey...
Adım güven belirtir,
Ve,
Oyunumun adı
"Ağırbaşlılıktır".
İçimde ve dışımda denizler sakin,
Her şeyin kumandanı ben...
Kimseye gereksinme duymayan
Ben...
Fakat, inanmayın bana,
Lütfen!..

Her şey dışta düzgün ve cilalı,
Hiç yıpranmayan, her zaman saklayan
O maske!..
Altta ne güven, ne de rahatlık...
Altta,
Karışıklık, korku ve yalnızlık içinde bocalayan
Gerçek ben!..
Ama saklarım bu gerçeği savunuculukla...
Kimsenin bilmesini istemem...
Zayıf taraflarımı düşündükçe,
Titrer ve sararırım...
Ya başkaları görürse iç dünyamı...
Gerçek ben ve yalnızlığımı!
İşte,
Maskelerimi onun için takarım...

Onun içın, arkalarına saklanacak
Maskeler yaratırım...
Onlar,
Gösterişte kullanabileceğim
Parlatılmış yüzlerim.
Beni korur, bakan gözlerden...

Beni olduğum gibi kabul edecek,
Sevecek
Bakışlar bulamazsam,
Solacak kuruyacak gerçek ben...
Ve,
Ben bunu biliyorum.
Beni kendi maskelerimden kurtaracak,
Kurduğum hapishaneden kaçıracak
Diktiğim engellerden aşıracak,
Beni seven,
Beni anlayan
Bakışlar olacak.
Bana,
"Sen değerlisin" diyecek,
"Maskesizken, daha bir insansın"
"Daha yakın, daha bir dostsun"
Diyecek bir bakışa
Beni gören bir bakışa
Muhtacım...

Benim yanıma sokulman kolay olmayacaktır!..
Uyarırım seni dost!..
Uzun yıllar kendini yetersiz hissetmiş ben,
Sana kendini kolayca açamayacaktır...
Bütün gücümle tutunacağım maskelerime,
Ne kadar sokulursan yakınıma,
O denli şiddetli geri iteceğim seni...
Kim olduğumu merak ediyor musun?
Hiç merak etme...
Ben çevrendeki
Her erkek ve kadınım.....
Maske takan her insanım.

(Çeviren D. C.)

Siz hangi tür maskeler takıyorsunuz? "Söylemediklerimi Işitin Lütfen" şiirinde dile getirilen duyguyu içinizde hissettiğiniz oldu mu? İçinizde hissettiklerinizi başkalarının anlamaması için çaba gösterdiğiniz olmuyor mu? Hatta, kendi kendinizi bile aldatmaya çalıştığınız olmaz mı hiç? Hani içinizde duyduğunuz şeyleri boğmaya uğraşır, ya da onları duymamak için kendinizi başka faaliyetlere verir, o da olmadı gülüp geçmeye çalışırsınız ya... İşte öyle bir duygu.

Diğer insanlarla ilişkilerinde hiç maske takmadığını dürüstlükle söyleyebilecek insan azdır. Başkalarıyla ilişki kurarken dikkatli olmaya ve kendini korumaya herkes gerek duyar. Fakat kimi insan sürekli maske takarken, kimi buna daha az gereksinme duyar. Kendine güveni olan kişiler, genellikle, daha az maske takarlar.

Bu bölümde, kullanılan "maskeler" sorununa ayrıntılarıyla değinmek istiyorum. Bu maskeler nerede ve ne zaman kullanılmaya başlanıyor? Bunları takarak ne ya da neler korunuyor? Kişinin kendine açıklamak, karşı karşıya gelmek istemediği yanlarını saklamak için kullanılan savunma mekanizmaları nelerdir? Bu sorularla ilişkili olarak, ne gibi tutumların kişiyi daha savunucu yaptığını ve bu savunuculuğun derecesini azaltmak için neler yapılabileceğini tartışacağız.

BİR GÖRÜNÜM OLUŞTURMAK

Temelden başlayalım: İnsanlar acaba niçin maske takıyorlar? Bu sorunun karşılığı, kişinin yetiştiriliş biçimiyle, büyüdüğü toplumsal çevrede yatar. Büyük bir çoğunluğun paylaştığı normal bir sosyoekonomik ortamda büyümüş bir kimseyseniz, siz de, başkalarının karşısına en iyi görünümünüzle çıkmayı öğrenmişsinizdir. Çünkü yetiştiğiniz sürece çevrenizde, aşağıdaki türden sözleri sık sık işitmiş olacaksınız:

- "Elini yüzünü yıka, yoksa seni dilenci çocuğu sanacaklar!..."
- "Saçını tara, dişini fırçala. Öğretmenin, "Bu çocuğun annesi babası yok mu?" diye düşünmesini istemezsin, değil mi?"
- "İtibar giyimedir. Giyimine dikkat et!"
- "İçin kan ağlasa da, dıştan yüzün güleç olsun. Ele güne zayıf yanlarını gösterme."

Bu sözlerin etkisi yavaş yavaş bizlerde şu anlayışı geliştirir: "Olduğum gibi görünürsem herkes benimle alay eder, beni horgörür... Onun için nasıl düşündüğümü, nasıl hissettiğimi göstermemeliyim... Gerçek olan duygu ve düşüncelerimi saklamalıyım... Karşımdakilerin görmek istediklerini göstermeliyim yalnızca. Yoksa beni adam yerine koymazlar, sosyal itibarım sıfıra iner!"

Başkaları tarafından kabul edilmek için dışarıya sosyal benlik gösterilir. *Sosyal benlik,* diğer insanları düşünerek oluşturulan görünüş, düşünce, davranış ve duyguların bir bileşimi, bir sentezidir. Sosyal benlik bilinci olduğu gibi, bir de *iç benlik* bilinci vardır. Bu da, görünüş, düşünce, davranış ve duyguların kişiye görünümü, onu etkileyiş biçimidir. Bu etki, son derece ona özgü ve onun iç dünyasına ait bir bileşim oluşturur. İşte buna *iç benlik* bilinci adı verilir.

Bu *dışa* ve *içe dönük* benlikler birbirleriyle sürekli etikileşim içindedirler; aralarında hiç bitmeden süregiden bir "diyalog" vardır. Bu diyalog, kişiliği oluşturan temel öğelerden biridir. Dışadönük sosyal benliği bireyin yaşantısının tümünü egemenliği altına almışsa, bu kimse kendisine en yakın olanlarla beraberken bile, davranışlarını hep "başkalarını düşünerek" yapar; *dış merkezli*dir. Böyle bir kişi, uzun yıllar birlikte çalıştığı kimseler, hatta aynı yastığa baş koyduğu eşi için bile, "iç dünya"sını açamaz; bir anlamda yabancı biridir. Sosyal benliği ve iç benliği arasında denge kurabilmiş bir kimse duygu ve düşüncelerini, ortam ve konuştuğu kişi uygunsa paylaşabilir; *kendi merkezli*dir. Onunla birlikte çalışanlar ve yakın ilişki içinde olanlar, onun nelerden hoşlandığını, ne gibi özlemleri olduğunu, üzüntüsünü ve neşesini bilebilirler.

Dışa dönük sosyal benlik toplumsal yaşamın bir gereksinimidir. Bu gereksinimi karşılamak için sosyal maskeler kullanılır. Sosyal maskeleri kullanmaya yönelten böyle bir gereksinim acaba nereden kaynaklanır? Şimdi bu konuyu ele alalım.

NEDEN SOSYAL MASKELER TAKARIZ

Sosyal maskeler takarak iletişim kurulmasının temel nedenlerinden biri, "kabul edilmek", başkalarınca uzağa itilmemek isteğidir. Her maskeli iletişimin altında, "sana nasıl bir kişi olduğumu, ne düşündüğümü, neler hissettiğimi olduğu gibi söylersem, beni kabul etmez, benimle alay eder, ya da bana kızarsın," anlayışı vardır. Böylece *ne olduğumuzu değil, başkalarının bizi nasıl göreceğini düşünerek, iletişimde bulunuruz.*

Normal şartlar altında, kimse yalancı ve sahtekâr olmak istemez. Fakat diğerleriyle iletişiminde, içinden geçenleri olduğu gibi açıkça söylerse, kişi iç dünyasının reddedilme tehlikesini göze almış demektir. Herkes, her yerde ve her zaman bu riski göze alamaz ve almamalıdır da. Gelişigüzel herkese kişinin kendi iç dünyasını açması sağlıklı bir davranış değildir.

Bu nedenle sosyal maskeler, insan ilişkilerini kolaylaştırıcı, gereksiz sürtüşmeleri ortadan kaldırıcı önemli bir işlev görürler. Ne var ki, yakın ilişki içinde olduğumuz, yaşamımızı paylaştığımız kimselerle ilişkilerde bu sosyal maskeleri kullanmak, bizi onlardan uzaklaştırır, sahte ve güvensiz bir ortam yaratır. Maskeleri o kadar sık kullanabiliriz ki, bu "göstermelik" davranış, ikinci bir doğa haline gelebilir.

Bazen başkaları tarafından kabul edilme isteği ya da onlardan korku, gerçek duygu ve düşünceleri göstermeyi engeller. Böylece, işte, eş seçmede, ana-babayı memnun etmede, kişi, kendisiyle hiç ilgisi olmayan davranışlar gösterebilir.

Her bireyin değişik konularda kendine özgü bir düşüncesi, bir anlayışı vardır ve bu düşüncenin bir başka kimseninkinden farklı olması doğaldır. Bir toplumda "herkes benim gibi düşünmelidir, benim düşünce tarzım en doğrusudur" tutumu ağır basarsa, akılcı tartışmalar yerine duygusal çatışmalar ortaya çıkar. Akılcı tartışmanın gerçekleşemeyeceğini bilenler, duygusal çatışmaya girmek istemediklerinde, karşısındakilerle, gerçekte olmadıkları halde, hemfikirmiş görünürler. Bu tür durumlar, aşağıdaki öyküde de gösterildiği gibi, toplumumuzda sık sık ortaya çıkar.

Çok Şükür

«Kadıköy'de, Bostancı'ya giden tramvayın ikincisine zor atladım. Hemen tramvay kalktı. Arka sahanlıkta sekiz kişiydik. Önce sekizimiz de sahanlığa yerleşmeye çalıştık. Aba terlik üzerine lastik giymiş, şapkası keçeleşmiş, ihtiyar, elindeki çıkını, tramvayın arka penceresinin önüne koydu. Kasketli, orta yaşlı biri de üstü samanla örtülü sepeti tramvayın demir sandığının üstüne yerleştirdi. Bezgin yüzlü yolcuya:

"Sakın dayanma birader, içinde yumurta var," dedi.

Yol boyunca sekiz kişi arasında süren konuşma hep bu yumurtadan çıktı. Ama yumurta olmasaydı, yine bir konuşma konusu bulunurdu. İster yumurta olsun, ister çivi, ister hava... Dileğimiz, içimizi boşaltmak değil mi?

Kendisine yumurta sepetine dayanmaması söylenilen:

"Kaça aldınız?" diye sordu.

Soran adamın yüz çizgileri, sanki yerçekimi etkisiyle aşağı doğru sarkmıştı. Öbürü:

"Sorma," dedi. "Ateş pahası..."

Şapkası keçeleşmiş ihtiyar:

"Şimdi ateş pahası olmayan ne kaldı?" dedi. "Her şey öyle..."

Bir ben ses çıkarmadım, bir de meşin ceketli, kara bıyıklı adam. Öbür altı kişi, "âmiiin" der gibi hep bir ağızdan:

"Doğruu..." dediler.

"Şimdi ne ucuz ki?"

"Ucuzluk rüya oldu beyim, rüya..."

"Bakalım, bu gidişin sonu nereye varır?"

"Allah sonumuzu hayreylesin."

"Ben bu gidişte hayır görmüyorum."

"Bir gün önce iki liraya aldığım mal, ertesi gün iki buçuk lira oluyor? Bu nasıl iştir? Sen evinde uyurken, onlar uyumuyor, gece sabaha kadar fiyatları yükseltiyorlar."

"Pahalılığa da eyvallâh... İlle velâkin piyasada mal da yok birader."

Altı yolcu ayrı ayrı dert yanıyor, her birinin yargısını öbürleri:

"Eveeet..."

"Doğru, çok doğru..."

"Haklısın..."

Diye onaylıyorlardı. Tramvay Altıyolda durdu. İnen olmadı. Bir yolcu daha bindi, aramıza sıkıştı. Yumurtaların sahibi:

"Geçim çok zorlaştı," dedi. "Eskiden ekmek aslanın ağzındaydı. Şimdi, affedersiniz, aslanın ta gerisinde, sok elini de çıkar bakalım."

Yeni gelen yolcu hemen söze karıştı:

"Her şey pahalı, ama ev kiraları tuz biber..."

Hep birden, yine "âmiiin!" der gibi:

"Doğruuu..." dediler.

Kimi pahalılıktan, kimi kiraların yüksekliğinden, kimi aranan şeyin bulunmamasından, kimi de istimlâklerle yıkılan yapılardan dert yanıyordu. Ben orada konuşulanları yazmaktan çekinirim doğrusu.

Öyle coşmuşlardı ki, sanki bu adamlar gecenin bir vakti işlerinden yorgun argın dönüp evlerine gitmiyorlar da şu geçim sıkıntısını protesto için mitinge gidiyorlardı. Konuşmaları perde perde yükseldi, nutuk oldu.

İçimden, "Etmeyin, eylemeyin arkadaşlar, yanıp yakılmakta az buçuk hakkınız var, ama büsbütün de sizin dediğiniz gibi değil. Hem böyle ileri geri konuşursanız eninde sonunda başınız bir gün belâya girer," demek geliyor, ama korkumdan sesimi çıkaramıyordum. Kızgın adamın önünde durmaya, üstüne varmaya gelmez. Döverler de, söğerler de... Onların düşüncesine katılmadım, en iyisi hiç sesimi çıkarmamak.

Tramvay Yoğurtçu durağından kalkınca, sahanlıktakilerin homurtusu bağırtısı da son perdeyi bulmuştu. O zamana kadar benim gibi hiç konuşmayan meşin ceketli, kara bıyıklı adam artık dayanamadı:

"Kim demiş aranan şey bulunmuyor diye?.. Her şey var çok şükür..." diye bağırdı.

Bu çıkışı yapan adamın yerine ben korktum. Bir kavga çıkabilir, sahanlıktaki yedi kişi meşin ceketlinin üstüne çullanabilirlerdi. Ayrı ayrı yedi kişiyi inceledim. Onlar da meşin ceketliye bakıyorlardı. Bir sessizlik geçti. Meşin ceketlinin ne dediğini, ne demek istediğini anlamamış gibiydiler. Adam şaka mı ediyor, yoksa dosdoğru mu söylüyor?

Meşin ceketli:

"Bir yok, yok diye tutturmuş gidiyoruz," dedi. "Ne yokmuş? Arayınca her bir şey bulunuyor çok şükür..."

Öbür yedi kişi sersemlemişlerdi. İlk kendine gelen, suratının çizgileri akmış gibi aşağı sarkık adam oldu:

"Çok şükür... Her bir şey bulunuyor."

Ötekiler, yine "âmiiin!" dercesine hep bir ağızdan:

"Pahalılık da yok çok şükür..." dediler.

Az önce pahalılık üzerine en keskin nutku çeken:

"Pahalılığı yaratan biz kendimiziz," dedi. "Pahalılık var, pahalılık var diyerekten zorla pahalılık yaratıyoruz."

"Evet... Yok, yok diye her bir şeyi kuruttuk. Üstümüze uğursuzluk çöktü. Her şey var çok şükür."

"Çok şükür..."

"Çok şükür..."

Meşin ceketli:

"Ben size hesap edeyim de görün," dedi. Ben şoförüm. On altı yıl önce ayda yüz yirmi beş liraya çalışırdım. O zaman şekerin kilosu otuz kuruştu. Şimdi şeker iki lira. Ama benim aylığım da altı yüz lira oldu. Ne olmuş? Şeker pahalanmış, ama kazançlar da artmış!"

Öbürleri:

"Arttı çok şükür..." dediler.

Pahalılıktan söz edenlerden biri:

"Doğru," dedi. "Şimdi para bol çok şükür, para bol."

"Çok şükür."

"Bir hamal bile günde on beş liraya para demiyor."

"Demiyor çok şükür."

Şapkası keçeleşmiş ihtiyar:

"Yokluğu yaratan, pahalılığı yaratan biz kendimiziz," dedi. "Biri çıkıyor, "Çay yok", diye ortaya bir laf atıyor. Ondan sonra herkes beşer, onar paket çay alıyor. Sonra neymiş, çay yokmuş. Yok olur tabii. Çok şükür her bir şey var."

"Çok şükür, bol bol var."

"Çok şükür."

Feneryolu durağında yolculardan biri:

"Çok şükür, çok şükür..." diyerek tramvaydan indi.

Meşin ceketli:

"Tabii, şimdi kalkınma var," dedi. "Kalkınma olduğu için de dışarıya mal satıyoruz, dışarıdan mal almıyoruz. İşte o yüzden de birkaç şey bulunmuyor."

"Çok şükür" demeye alışanlardan biri:

"Bulunmuyor çok şükür," dedi.

Hemen kırdığı potu düzeltti:

"Kalkınma," dedi. "Yalnız birkaç şey bulunmuyor. Zamanla onlar da bulunur çok şükür."

"Çok şükür."

Meşin ceketli:

"Çok şükür," dedi. "Şu İstanbul, İstanbul oldu olalı böyle bir kalkınma, böyle bir imar görmüş mü?"

"Görmemiş çok şükür. Yani, şimdi görüyor. Hazreti Sultan Fatih'ten beri kazma yüzü görmemiş sokaklar açılıyor."

"Açılıyor çok şükür."

"Ne var, ne yok yıkıyorlar."

"Yıkıyorlar çok... Yani yollar açılıyor."

Caddebostanı'na kadar "çok şükür" dualarıyla geldik. Sahanlıktaki yolcular teker teker inmişler, Caddebostan'dan sonra meşin ceketliyle sahanlıkta karşı karşıya kalmıştım. Birden:

"Siz ne düşüncedesiniz? Deminden beri hiç konuşmadınız," demesin mi?

Al başına belâyı, hem de püsküllü belâ. Omuzlarımı kaldırıp başımı içime çekip, iki elimi yana açtım. Yâni, "Bilmem ki, ne diyeyim!" demek istiyordum. Ben, ne ilk konuştukları kadar kötümser, ne sonradan "çok şükür" dedikleri gibi iyimserdim.

Meşin ceketli bir daha sordu:

"Siz ne dersiniz?"

Tramvay çok hızlı gitmese hemen atlayıvereceğim. Meşin ceketli zorba. Bir daha başımı omuzlarımın arasına çekip ellerimi yana açtım, dudaklarımı büzdüm.

Meşin ceketli:

"Bu alçaklar var ya," dedi.

"Hangileri?" diye sordum.

"Deminden beri "çok şükür" deyip duranlar."

"Evet..."

"Şimdi onların hepsi bana küfür ediyor. Burada çok şükür derken bile içlerinden geçenleri biliyordum. Bunlar nereye çekersen oraya gider. Yeter ki çeken kuvvetli olsun. Böyleleri ne İsa'ya yar olur, ne de Musâ'ya dost olur."

Tramvay Erenköy'e geliyordu.

"Ne dersiniz, pahalılık var mı?"

Meşin ceketlinin nasıl bir karşılık istediğini anlayamadığım için zor bir duruma düşmüştüm.

"Aranan şey bulunmuyor mu? Pahalılık var mı?"

"Çok şükür," dedim.

Tramvay durdu da hemen yere atladım. Elbette "çok şükür," meşin ceketliden kurtulmuştum.» (Nesin, 1967.)

aman Tanrım
ilk defa şimdi anladım
bu otobüsteki herkesin
elbiselerinin altında
çırılçıplak olduğunu

SİZİN MASKELERİNİZ

Toplum yaşamında insanın sürekli kendisi olması mümkün değildir kuşkusuz. Ancak bu, kişinin sürekli olarak maskeli gezmesi gerektiği anlamına gelmez.

Şimdi yine kendimize dönelim. Siz ne tür maskeler takıyor, nasıl bir görünüm vererek kendinizi başkalarına sunmak istiyorsunuz? Bu konuyu irdelemenize yardımcı olacak, yol gösterici birkaç soru ve yöntem sunalım size:

Önünüzdeki iki gün süresince, gerçekten kendinizi değil de, başkalarını memnun etmek için yaptığınız davranışların farkına varmaya çalışın... Günlük iletişiminizde ne denli sık maske takıyorsunuz? Bu kadar maske takmaktan hoşnut musunuz? Bunları hangi koşullarda kullanıyorsunuz? Bu davranışlarınızdan memnun musunuz? Maske takmak size (doyum, sıkıntı vb. gibi) ne tür duygular veriyor?

Yukardaki incelemeden sonra bulduğunuz sonuçtan hoşnut musunuz? Değilseniz acaba ne yapabilirsiniz? Vardığınız sonuçları ve gözlemlerinizi yakın bir dostunuzla tartışırsanız daha fazla bilgi edinebilirsiniz.

BENLİK BİLİNCİ TEHDİT EDİLDİĞİNDE ORTAYA ÇIKABİLECEK DAVRANIŞ TÜRLERİ

İnsan yaşamında öyle anlar vardır ki, kendisini mutlaka koruması gerektiğinden, savunucu bir iletişim içine girmesi zorunludur. Çünkü karşıda, benliğine saygı göstermeyen, kendisini korumazsa onu ezip geçecek olan kişiler vardır. Saldırganlığın bulunduğu böyle durumlarda kişi, bütün gücüyle kendini savunur. Bu durumda kalan sadece kişinin kendi olmayabilir; yakınlarının, sevdiği kimselerin zor durumda kaldıklarını gördüğü zaman da onları savunma gereğini duyar.

Saldırgan davranış, ister açık bir biçimde, isterse örtük bir biçimde olsun, iletişimde savunmayı doğurur. Konuşan kişi saldırgan davranışının farkında olmayabilir; ancak onun farkında olmayışı sonucu pek değiştirmez. Çünkü dinleyen, davranışlarını onun farkında oluş ya da olmayışına göre değil, kendi iç dünyası çerçevesinde değerlendirir.

Örneğin, bir kimseye, "Keşke bir saat önce gelebilseydin, o zaman işlerimiz çok kolaylaşmış olurdu!" dendiğinde, bu kişi kendini geç geldiğinden dolayı zaten suçlu hissediyorsa, birdenbire savunuculuğu artacak ve:

(A) "Kabahat sende. Ben nereden bileyim bu işin bu kadar önemli olduğunu. Bana daha önce söyleyemez miydin?" gibi bir cevap verecektir.

Ama söz konusu kişi, kendini suçlu hissetmiyorsa, o zaman daha rahat konuşabilir ve kendini savunma ihtiyacını o denli hissetmez, ve:

(B) "Yaa, keşke gelebilseydim. Neyse, şimdi biraz daha hızlı çalışır, geç gelmemi telafi ederim," şeklinde cevap verebilecektir.

Bir insan geç geldiğinden ötürü niçin kendini suçlu hisseder ya da hissetmez? Bu sorunun cevabı, o kişinin benlik anlayışında yatar. Daha önce de görüldüğü gibi, iki düzeyde benlik anlayışından söz edilebilir: 1. Görünen benlik; 2. İdeal (yani olması istenen) benlik. *Görünen benlik* düzeyinde kişi geç kalma davranışını göstermiştir. Fakat *ideal benlik* düzeyinde "geç kalmak" istenmeyen bir davranıştır. İstenmeyen bu davranışı, kişi benlik kavramının bir parçası olarak rahatlıkla kabul edemez... "Ben sözümü tutmayan, tembel ve güvenilmez bir adamım" tanımını benlik kavramının bir parçası olarak görmek, kişiye zor geleceğinden, bu davranışa başka nedenler arar. Bir başka deyişle, benlik kavramını savunacak, hatayı kendinde görecek yerde, kendisinin dışında arar.

Yukarıdaki örnekte, "Kabahat sende..." biçiminde konuşan kişinin, zamanında işinin başına gelme konusunda *görünen benliğiyle*, *ideal benliği* arasında bir boşluk, bir çelişki vardır. Ruhsal gerginliklerin birçoğu gerçek ve ideal benlik arasındaki bu çelişkiden kaynaklanır. Belirli bir konuda bireyin yaptığıyla, yapmak istediği aynı değilse, bu konuyla ilişkili olarak savunucu davranışı daha sık ortaya çıkar. Görünen benlikle, ideal benlik arasındaki çelişkilerden doğan bu boşluklara, *duyarlılık noktaları* adı verilir. Yukarıda verilen örnekte, (A) bireyi için geç kalma davranışı bir duyarlılık noktası oluşturduğu halde, (B) bireyi için böyle bir şey söz konusu değildir.

Duyarlılık noktaları söz konusu olunca, kişiler psikolojik savunmaya geçerler. *Psikolojik savunma, kendilik anlayışını olduğu gibi sürdürebilmek için, dış dünyayı biraz değiştirerek davranışı akla yakın gösterebilme çabasıdır.* Davranışını akla yatkın gösterebilme çabası içinde olan kişi, gerçekleri saptırır; böylece, "çarpıtılmış" dünyada görünen şeyler ile, kişinin ideal benliği tutarlı gözükür.

Psikolojik savunma mekanizmalarına geçmeden şu noktayı kısaca belirtmekte yarar var: Savunucu olmak her zaman zararlı ve kötü değildir. Savunma, ruhsal sağlık açısından bazen gerekli ve yararlı bir davranıştır. Fakat savunma, kendini sık gösteren bir davranış haline gelir ve aşırı derecelere ulaşırsa, sosyal ilişkileri gerçekçi bir zeminde sürdürmeyi engeller ve uyumsuz bir davranış kaynağı haline gelir.

PSİKOLOJİK SAVUNMA MEKANİZMALARI

Mantığa bürüme: Kişi, mantığa uygun, ama, gerçekte var olmayan nedenler bularak kendilik kavramını korur, gerçekler karşısında incinmesini önler.

Örneğin, kopya çeken bir öğrenci, kopya çekme davranışıyla ilgili bir sürü neden bulur: Sınavdaki sorular o kadar zordur ki, eğer kopya çekilmese kimse iyi not alamaz... Öğretmenler de öğrenciyken kopya çekmişlerdir, vb.

Telafi (Giderim): İnsanın kendi eksikliğini gidermek amacıyla kullandığı bir savunma mekanizmasıdır. Kişi yetersiz olduğu bir alanda bu eksikliğini gidermek için çalışacak yerde, bu eksikliğini saklamak amacıyla güçlü olduğu bir başka alana önem vermeye başlar.

Söz gelişi, aile yaşamında mutsuz olan kişi, aile içindeki uyumsuzluğu nasıl gidereceğini bilemez, bu konuda kendini yetersiz ve eksık hisseder ama buna karşılık kendini iş yaşamında yetenekli bulursa, aile mutluluğunu sağlamak için çaba gösterme yerine, kendini iş hayatına verir.

Yine aynı biçimde, doyumlu bir sosyal ilişkiye girememiş bir üniversiteli genç, kendinden ve yetiştiriliş biçiminden ileri gelen eksiklikleri gidermek için çaba harcayacak yerde, bütün enerjisini başarılı olduğu derslere verir, kendini sosyal yaşamdan tümüyle soyutlar. Eğer bu genç, derslerinde de pek başarılı değilse, enerjisini başka yollara yönlendirebilir. Örneğin, politik tutumuna uygun bir aşırı akıma girerek bütün enerjisini o yönde kullanabilir.

Tepki oluşturma: Birey, gerçek duygularının tam karşıtını gösterme yoluyla da benlik bilincini savunur. Örneğin, toplantılarda herkesten daha neşeli görünen, her şeye gülmeye hazır olan kişi, belki de gerçekte mutsuzdur; fakat bunun tam tersini yaparak gerçek duygusunu saklar.

Yeniden evlenmesine, küçük çocuğunun bir engel oluşturduğunu düşünen dul anne, içten içe çocuğuna duyduğu kin ve öfkesini, çocuğuna aşırı bir ilgi ve sevgi göstererek saklama çabasına girebilir.

Yansıtma: Yansıtma kendini iki biçimde gösterir. Kendi eksiklikleri ve beceriksizliğinden doğan aksaklıkları başkalarına yüklemek, birinci yansıtma türüdür. Örneğin, gol atamayan futbolcu, başarısızlığının nedeni olarak, takım arkadaşlarının iyi pas vermemelerini gösterir.

İkinci yansıtma türü, istenmeyen, kabul edilmeyecek türden arzu ve tutumları, başkalarına yakıştırma eğiliminden kaynaklanır. Bekârlığında çok çapkınlık yapmış erkekler, evlenince eşlerine güvenmezler. Eşlerinin normal arkadaşlık ilişkilerini bile kıskanan bu kimseler, kendi tutumlarını eşlerine yansıtıyor olabilirler.

Özdeşim: Kendisinden emin olmadığı ya da kendisini pek beğenmediği zamanlar, kişi, bir başka kimseyi taklit eder; kendi duygu, düşünce ve davranışlarına onu model alır. Bir konuda konuşurken ya da bir iş yaparken, bunu başaracağına güveni yoksa, kendisi için önemli, gözünde büyüttüğü birini taklit etmeye çalışır. Bu taklit sık sık tekrarlanırsa, kişi kendi düşünce ve duygularıyla ilişkisini kaybedebilir.

Sözgelişi, yeni evlenen bir çift, televizyondan gördükleri bir filmdeki karı koca ilişiklerine hayrandırlar ve öyle bir ilişkiyi kendi yaşamlarıyla özdeşleştirmişlerdir. Televizyondaki çift gayet romantiktir ve birbirleriyle hiç kavga etmez. Yeni çift de onlar gibi olmak ister: Kadın da, koca da birbirlerine sinirlendiği halde, "ideal evlilikte bu olmaz" diyerek kendi duygularını bastırır. Duygularını bastıran kişinin gerçek benliğiyle ilişkisi koptuğundan, bir savunma söz konusudur. Burada özdeşim türünden bir savunma ortaya çıkar.

Hayal kurma: Kişi, istekleri ve amaçları gerçekleşmediği zaman, çoğu kez hayal kurmaya başlar. Bu hayal dünyası sayesinde gerçek dünyasında onu sıkan düşüncelerden uzaklaşır, daha doyumlu görünen bir hayal dünyasına girer.

Düşük gelirli Kapıcı Ahmet Efendi, sık sık kendisini zengin bir işadamı olarak hayal eder. Türkiye'nin en zengin kişilerinden biri olacak, büyük kentlerde işyerleri açacaktır. Bu kadar ünlü olan Ahmet Bey, ara sıra ansızın işçi ailelerini ziyaret edecek ve onlarla birlikte oturup onların mütevazi sofrasında yemek yiyecektir. Bir gün bu işçi ailelerinden birinde güzel bir genç kızla tanışır...

Hayal kurmak bazen gerekli ve yararlıdır. Yaratıcı kimselerin düş gücünün zengin olduğu söylenir. Hayal kurmanın yaratıcı zekâyı kamçıladığı da ileri sürülmüştür. Ancak kişi gerçekle hayal arasındaki sınırı bildiği ve kurduğu hayaller gerçek dünyasıyla ilişkisini kesmediği sürece, hayal kurmanın bir sakıncası yok, tersine yararı vardır.

Bastırma: Hoş olmayan bir durumu göğüsleyip onunla mücadele etme yerine, bazen böyle bir durumu görmezlikten gelme ya da yadsıma daha kolay gelir insana. Bu yok sayma, çoğunlukla kişiye hoş gelmeyen durum "unutularak" yapılır.

Savaşta en yakın arkadaşını kazayla vuran ve onun ölümüne neden olan kişi, kendi dikkatsizliği sonucu ortaya çıkan bu olayı, bir süre sonra unutmuştur. Aynı şekilde, oğlunun aşırı politik akımlara kapılarak bir genci öldürdüğünü öğrenen baba, oğlu hapisten çıktıktan sonra böyle bir olayı hiç anımsayamaz.

Aslında beyindeki unutma mekanizması her insanda bir ölçüde otomatik olarak işler. Kişinin sürekli acı duymasını önlemesi açısından bastırmanın yararları vardır. Ancak bu yola bireyin gerçekle ilgisini kesecek derecede ve sıklıkta başvuruluyorsa, o zaman uyum zorluğu görülür ve sonuçta daha fazla sorunları olan bir kişilik ortaya çıkar.

Örneğin, birbirini seven bir çift, ellerine geçen parayı nasıl harcayacakları konusunda anlaşamıyorlar. Kadın, "para harcamak, daha rahat yaşamak içindir," diye düşünürken koca, "tasarruf etmek, gelecek için para biriktirmek gerekir," biçiminde düşünür. Birbirlerini sevdiklerinden, bu çift para harcamayla ilgili düşünce ayrılıklarını görmezliğe gelip, bu sorunu bastırabilir. Ama zamanla, göz yummuş oldukları bu uyuşmazlık, aralarındaki ilişkiyi sarsıp zedeler. Bu çiftin aralarındaki anlaşmazlık noktasını bir an önce saptayıp, bu konuda ikisinin de uzlaşabilecekleri bir anlaşmaya varmaları, daha uyumlu ve daha sağlıklı bir davranış olurdu.

Duygusal yalıtım ve soğukluk (Apati): Bir zamanlar önem verdiği ve kendini ortaya koyduğu bir ilişkide incinmiş, kırılmış bir kimse, bu tür ilişkilere karşı duygusal bir soğukluk geliştirebilir.

Sözgelişi, sevdiği ve duygusal olarak bağlandığı bir kimseden çok acı çekerek incinen bir genç kız, kendini tümüyle derslerine adayıp başka hiçbir erkeğe yüz vermemeye başlayabilir. Sevme, sevilme, ona göre gerçekte varolmayan duygulardır artık. Hele erkekler bu tür duygulardan hiç anlamazlar. Onun için bir erkeğe duygusal olarak bir daha yaklaşmamak gerekir. Önemli olan okulu bitirmek, bir meslek sahibi olmak, anne ve babanın uygun gördüğü biriyle evlenmek, yaşamdan duygusal doyum beklememektir.

Böyle bir genelleme kuşkusuz herkesi kapsamaz. Özel olarak kırıldığı ya da kızdığı kişiye dönük bir duygusal soğukluk geliştirebilir. "Zaten benim için o kadar önemli bir insan değil ki! Benim ona ihtiyacım yok," gibi bir tutum takınarak kendini uzak tutar.

İster genel, isterse özel olsun, duygusal soğukluk ve yalıtım bireyi gerçek sorunla ilgilenmekten ve soruna bir çözüm getirmekten alıkoyar. "Zaten benim için önemli değil," diyerek ilişkiyi kesmek, söz konusu kişiyle arada varolan sorunları çözmeyi, bu yolda herhangi bir girişimi ve ilerlemeyi olanaksız hale getirmek demektir. Böyle bir tavırla, ilişkinin niteliğinin değişerek sürmesi de söz konusu olamaz; boşanan eşlerin evlilik ilişkilerini dostluğa dönüştürememeleri gibi.

Yer değiştirme: Kızgınlık ve düşmanca duygular, bunlara yol açan kimselere değil de, daha az çekinilen kimselere yöneltilirse, *yer değiştirme* türünden bir savunucu davranış ortaya çıkar.

Örneğin, dışarıya oyuna çıkmadan önce odasını iyice derleyip toplaması söylenen çocuk, kızgınlığını küçük kardeşine bağırarak gösterir. Çünkü annesine bağıracak olursa dayakla ya da başka bir şekilde cezalandırılacaktır.

Kişi, bazen neye kızgın olduğunu pek bilmeden, sinirli ve kızgın bir hava içinde bulunabilir; böyle zamanlarda, karşısına kim çıkarsa, ona kızmaya, onun her yaptığında kusur bulmaya hazırdır. Bu tür durumlarda, duygularının farkına varabilen kimse, olgun bir kimsedir; böyle bir ruh hali içinde olduğunu anlayınca, karşılaştığı kimselere, özellikle o gün, biraz daha hoşgörülü davranmaya özen gösterir.

Karşı saldırı: Eleştirildiği zaman, insanların çoğu, eleştiri konusu olan şeylere cevap verecek yerde, çoğu kez eleştirene hücum ederek kendini korumaya yönelir. Beşinci Bölümde tartışılan kavramlar içinde söylenirse, iletişimi içerik odağından, ilişki odağına kaydırır. Kişinin davranışı ya da kişiliğiyle ilgili bir eleştiri karşısında, bunu yapana, "Sen kendini ne sanıyorsun?!" diye kızgın bir tonla saldırıldığı olur. Eleştirilen noktalarla ilgili olmayan konulara saparak, karşıdakinin eleştirilecek yönleri ortaya çıkarılmaya çalışılır. Oysa bu davranış, karşıdakini daha da savunucu yapar; böylece o kişiyle gerçekleştirilmeye çalışılan iletişimi, savunucu bir iletişim haline dönüştürür.

İletişimde savunuculuk arttıkça *ne* konuşulduğu önemini yitirir, *kimin* konuştuğu önem kazanmaya başlar. Böylece bir sorunu çözmek, bir konuyu aydınlığa kavuşturmak amaç olmaktan çıkar, karşıdaki kişiyi rahatsız etmek, kalbini kırabilmek temel amaç olur. Sonuç olarak da, konuşmaya başladıkları andakine oranla birbirine daha kızgın, daha düşmanca duygularla dolu iki insan ortaya çıkar; herhangi bir sorun çözülmüş ya da aydınlığa kavuşturulmuş olmaz.

Aşağıda savunucu iletişime ve bunun karşıtı olan açık iletişime iki örnek vermek istiyorum. İki iletişim üslubu arasındaki fark daha iyi belirsin diye aynı kişiler, aynı konuda konuşturulmuştur.

Örnek 1

Kadın : "Eve geldiğin zaman hemen gazeteyi eline alıp misafir odasına çekileceğine, "Merhaba karıcığım", deyip biraz güleryüz gösterebilir ve benimle konuşabilirdin!... Ben senin hizmetçin değilim. Bunun farkındasındır, umarım!..."

Koca : "Yorgun geldiğimi farketmedin mi? Birazcık ilgi duysaydın ne denli yorgun geldiğimi görürdün!.. Akşama kadar bankada müşteriyi memnun etmeye çalışıyorum. Eve gelince de hanımefendiyi mi memnun edeceğim?.. Bıktım senin bu tür konuşmalarından!.. Şımarık bir küçük kız gibisin... Hep ilgi bekliyorsun!.. Birazcık da sorumlu bir ev kadını gibi düşünüp davransana!.."

Kadın : "Sensin şımarık çocuk aslında!.. Neymiş efendim? Beyefendi bankada yoruluyormuş!.. Ben sanki yorulmuyorum. Bütün gün öğrenci denen o zibidilere laf anlatmaya kalk, sonra eve gel çocuklarla uğraş, ev işlerini yap, beyefendinin yemeğini hazırla... Ben senden üç kat fazla iş yapıyorum, biliyor musun sen?!.."

Koca : "Kes sesini be! Dır dır dır!.. Çeker gider lokantada yerim. Hiç olmazsa senin dırdırını dinlemem. Bıktım be!.."

Kadın : "Haydi git öyleyse. Defol git! Seni tutan yok. Kendini adam mı sanıyorsun sen?.."

Örnek 2

Kadın : "Eve geldiğin zaman hemen gazeteyi eline alıp misafir odasına çekileceğine, "Merhaba karıcığım", deyip biraz güleryüz gösterebilir ve benimle konuşabilirdin!... Ben senin hizmetçin değilim. Bunun farkındasındır, umarım!..."

Koca : "Merhaba karıcığım. Özür dilerim. Emin ol seninle her zaman konuşmaktan zevk alırım. Ayrıca seni özledim de... Fakat bugün gerçekten yorgunum. Ama sen yine de haklısın. Biraz oturup gazeteyi okuyacaktım. Neyse önemi yok bunun. Önce beş, on dakika mutfakta seninle sohbet edeyim. Anlat bakalım günün nasıl geçti?.."

Kadın : "Ben de senden özür dilerim. Okulda öğrenciler o kadar saygısız ve söz dinlemez hale geldiler ki, çok canım sıkılıyor. Hıncımı bilmeden senden çıkarıyorum, belki de... Kusura bakma... Böyle zamanlarda sana iyi davranamıyorum.. Daha yumuşak konuşabilirdim."

Koca : "Anlıyorum, hayatım. Gerçekten yorgun ve sinirlisin. Sana biraz yardım edeyim. Hem konuşalım, hem yemeği hazırlayalım. Sen bana kızsan da ben aldırmam, çünkü beni sevdiğini ve değer verdiğini biliyorum!"

SAVUNMA MEKANİZMALARI GÜNLÜĞÜ

Kişilerin davranışlarında gözlenebilen temel psikolojik savunma mekanizmalarını, ana hatlarıyla inceledikten sonra, şimdi, kendi davranışlarımıza dönelim ve aşağıdaki uygulama yoluyla, günlük yaşamımızda yer alan insan ilişkilerinde, ne tür savunma davranışları gösterdiğimizi gözlemleyelim.

1. İki, üç gün, günlük yaşamınızdaki iletişimleri gözleyerek ne zaman savunucu olduğunuzu bulmaya çalışın. Kişinin kendinin savunucu olduğu zamanların farkına varması zordur, ama daha önceki okuduklarınızı gözününde tutarak bu zor işi başarabilirsiniz. Bedeninizin belirtilerine duyarlık gösterirseniz, işiniz daha da kolaylaşır. Kendinizi aldattığınız ve savunucu mekanizmalardan birini kullandığınız zaman, vücudunuz büyük bir olasılıkla buna bir tepkide bulunur. Vücudunuzun bu tepkilerini saptayabilirseniz, nasıl ve nerede savunma yaptığınızın daha çabuk farkına varabilirsiniz.
2. Değişik kişilerle etkileşimde bulunduğunuz zaman savunuculuğunuzda farklılık oluyor mu?
3. Savunucu olduğunuzu düşündüğünüz her ilişkiyi tanımlamaya çalışın. Kişinin sizinle olan ilişkisini (arkadaş, eş, müdür, vb.) mümkün olduğu kadar ayrıntılı bir biçimde anlatın. Bu durumda hangi savunucu mekanizmayı kullandığınızı tanımaya ve adlandırmaya çalışın.

4. Savunucu bir iletişim olduğu anda, bunu hemen kısaca yazmaya çalışın. Birkaç gün bekledikten sonra yazarsanız, geçen zaman süresinde olayı algılayışınız değişmiş olabilir.
5. Tuttuğunuz bu günlüğü bir arkadaşınızla paylaşabilir ve sizin gözlemlerinizle ilgili olarak onun ne düşündüğünü sorabilirsiniz. Acaba arkadaşınız kendisinin savunma mekanizmalarıyla ilgili böyle bir günlük tutmak ister mi? Böyle bir günlük tutarsa bulduğu sonuçları birlikte tartışmayı gerçekleştirebilir misiniz?

SAVUNUCU İLETİŞİM NE ZAMAN ARTAR?

Bu konuda yapılan bir araştırmadan kısaca söz etmek yerinde olur. Landfield (1954), bireyin güvenliği ve kendi hakkındaki beğenisi tehdit edildiği zaman, savunucu davranışın arttığını gözlemlemiştir. Bu tür tehdit durumları, daha çok bireyin kendisi için önemli olan ve onun davranışlarını değerlendirebilecek mevkide bulunan kişiler (patronu, amiri, öğretmeni vb.) çevresinde olduğu zaman, ortaya çıkar. Landfield, insanların iki tür tanışığı olduğunu söyler: Tehdit edici olan ve olmayan tanışıklıklar. Tehdit edici olmayan tanışık, bireyin davranışını değiştirmek istemez, onun duygularını, düşüncelerini, tutumlarını olduğu gibi öğrenmek amacındadır; bunun ötesine geçip, "Şunu şöyle yapmalısın!" demez ve bu nedenle savunuculuğa yol açmaz. Tehdit edici tanışıklarla kurulan iletişimdeyse savunucu özellik kendisini daha sık gösterir.

Davitz (1959) ise, çevresindeki insanları tehdit edici olarak görmenin ya da görmemenin, büyük ölçüde iletişim kuran kişinin algılayış biçimine bağlı olduğunu gözlemlemiştir. Korku dolu ve endişeli kimselerin çevresindekileri çoğunlukla tehdit edici olarak gördükleri saptanmıştır. Bu tür insanlar, içinde bulundukları kişiler arası ilişkiler çevresini, cezalandırıcı bir çevre olarak algılarlar. Bu kişiler, büyük bir olasılıkla, cezalandırıcı bir ortamda yetişmişlerdir; cezalandırıcı gelişim ortamında, başkalarından korkmaya ve kendilerini sürekli koruma gereğine koşullanmışlardır. Çünkü, çocukken aldıkları mesajlar, genellikle olumsuz eleştiri, gülünç duruma sokulma, reddedilme, aldatılma, hakaret, küçük düşürülme ya da önemsenmeme gibi olumsuz içeriğe sahiptir. Böyle bir çevreden gelen çocuğun sık sık savunucu olması doğal değil midir?

Hangi tür çevreler ne gibi tipleri yetiştiriyor, sorusuna ilişkili olarak yaptığı çalışmada, Hacettepe Üniversitesi öğretim üyelerinden Yıldız Kuzgun, ana-babaların otoriter, demokratik ya da ilgisiz tutumlardan birine sahip olmasıyla, çocukların kendini gerçekleştirme dereceleri arasındaki ilişkiyi araştırmıştır (Kuzgun, 1973).

Varoluşçu-insancıl adı altında bilinen psikoloji okuluna göre, kendini gerçekleştirme güdüsü, insanların temel faaliyet kaynağını oluşturur. Kuzgun, kendini gerçekleştirmenin belirtileri olarak şu davranışlar üzerinde durmuştur:

- Zamanı iyi kullanma,
- Desteği dıştan değil, içten alma,
- Duygusal bakımdan açık olma,
- İçten geldiği gibi davranma,
- Kendine saygı duyma,
- Kendini kabul etme,
- İnsanın temelde iyi bir yaratık olduğuna inanma,
- Uzlaştırıcı bir yaklaşım içinde olma,
- Saldırganlık eğilimlerini gerçekçi bir tutumla kabullenme,
- Yakın ilişki kurabilme yeteneğine sahip olma.

Araştırmadan elde edilen bulgulara göre, demokratik tutuma sahip olan ailede yetişmiş bireyler, kendilerini daha çok gerçekleştirebiliyorlar. Soğuk ve sert disiplinli otoriter ortamda yetişen geçlerinse, kendilerini gerçekleştirme yönünden daha başarısız oldukları görülmüştür. İlgisiz tutum içinde yetişenler de, kendini gerçekleştirme yönünden geri kalmışlık gösterir, ancak otoriter ortamda yetişenler kadar başarısız olamaz.

Kuzgun'un araştırmasında kendini gerçekleştirme belirtileri olarak sayılan davranışlarla, açık iletişim belirtileri olarak sayılan davranışlar arasında büyük bir paralellik göze çarpar. Bu paralelliğe dayanarak, demokratik ortamda yetişenlerin, otoriter ortamda yetişenlere oranla, iletişim davranışlarında daha az savunucu olduğu söylenebilir.

Lichtenber (1955), "Bir kişinin duygusal olgunluk derecesiyle kurmuş olduğu iletişim türü arasında bir ilişki var mı?" sorusu üzerinde durmuş ve duygusal yönden henüz olgunlaşmamış kimselerin reddetme, karşı çıkma ve karşısındakinin söylediğinin tersini söyleme davranışlarını daha fazla gösterdiklerini saptamıştır. Olgun kimselerse, "daha önceden söylenenleri gözönünde tutma", "ne söyleyeceklerini planlı bir biçimde önceden özet olarak karşıdakilere belirtme" gibi davranışları daha sık gösterirler. Duygusal yönden olgun olan kimselerde gözlenen bu tür davranışların, iletişimde bulunan kişilerin aralarındaki fikir ayrılıklarını daha açık bir biçimde görmelerine yardım ettiği saptanmıştır.

SAVUNUCULUK İLETİŞİMİ MAHVEDER

İlişki içinde bulunan iki kişiden biri savunucu olmaya başlayınca, iletişim hızlı bir biçimde bozulmaya başlar. Öyle anlar olur ki, bütün bir yaşam boyu önemle koruduğumuz bazı ilişkiler, savunucu bir iletişimin sonunda, bir anda mahvolup gidebilir. "Hangi tür iletişim savunucudur, savunucu iletişim nasıl ortaya çıkar?" konularında bilinçlenmiş kişi, insan ilişkilerinde bu tür kayıplara uğramama yönünden daha şanslıdır. Bu nedenle *savunucu iletişimle* onun karşıtı olan *açık iletişim* üzerinde biraz daha durmakta yarar vardır.

SAVUNUCU YA DA AÇIK İLETİŞİMİ NASIL TANIRIZ?

İletişim sürecinde savunucu tutumun nasıl belireceğini Gibb (1961) sık sık kaynak olarak kullanılan bir makalesinde ele almıştır.

Gibb, şu temel varsayımdan hareket eder: İletişim bir dil işlemi değil, bir insan sürecidir. İletişimde ilerleme sağlayabilmek için, insanlar arasındaki ilişkilerde bir gelişim, bir ilerleme gerçekleştirmek gerekir. Kişiler arasındaki ilişkiler bozuk bir temele oturmuşsa, iletişimde kullanılan dil ne kadar kaliteli olursa olsun, iletişimde bir ilerleme görülmez.

İletişimde en başta gelen bozuk temellerden biri, savunuculuktur. Savunuculuk, bireyin *benlik bilinci*'ni koruma gereksinmesinden kaynaklanır. Savunucu durumda olan kişi, zihin gücünü söz konusu edilen konudan çok, kendisini savunmaya harcar. Konudan söz etmek yerine, karşısındakine nasıl göründüğünü düşünür. Karşıdakini nasıl alt edeceğine, tartışmayı nasıl kazanacağına, nasıl baskın çıkacağına, karşısındaki sözlü saldırıda bulunursa nasıl karşı koyacağına zihnini yorar.

Bir kimse savunucu bir biçimde konuşursa, dinleyicide de kendiliğinden savunucu bir tutum uyanır. İletişimdeki savunuculuk kendini sadece sözlü iletişimde değil, beden hareketlerinde, yüz ifadelerinde ve sesin tonunda da gösterir. Bu ipuçları, söylenen sözlerle beraber, dinleyiciyi daha da savunucu hale getirir ve savunuculuğu gittikçe artan kişi karşısındakinin niyeti, değerleri ve duygularını algılayamaz hale gelir.

Yapılan araştırmalar, savunma özelliği arttıkça, iletişimdeki verimin düştüğünü, savunma azaldıkça, mesajın anlamına ve yapısına daha da dikkat edilebildiğini göstermiştir. Savunuculuk azaldıkça Kaynak (konuşan) ve Hedef (dinleyen) Birimler'in iletişimi bozacak türden yanlış algılamalardan uzaklaştıkları görülmüştür. Savunuculuğun az olduğu açık iletişim ortamında, iletişimde bulunanlar mesajın yapısı ve içeriğine daha çok dikkat ederler.

SAVUNUCU VE AÇIK İLETİŞİMİN TEMELİNDE YATAN TUTUMLAR

Savunucu ve açık iletişimin temelinde aşağıdaki tutumlar yatar:

Savunucu iletişim	**Açık iletişim**
Yargılayıcı tutum	Tanıtıcı tutum
Denetlemeye yönelik tutum	Soruna yönelik tutum
Belli bir strateji izleyen planlı tutum	Plansız, kendiliğinden oluşan tutum
Aldırmaz, umursamaz tutum	Anlayış, duygusal yakınlık gösteren tutum
Üstünlük belirten tutum	Eşitlik belirten tutum
Kesin tutum	Denemeci tutum

İletişim sürecinin tümü içinde bu tutumlar çeşitli derecelerde kendini gösterir. Bir kimsenin iletişimi, tek bir tutumu yansıtmaz; farklı tutumlar birbiri içine kaynaşmış olarak ortaya çıkarlar.

Örneğin, bir yerde yargılayıcı bir tutum gösteren biri, bunun ardından anlayış ve yakınlık tutumlarını da belirtebilir. Böyle durumlarda, dinleyici ne yapacağını bilemez; karşısındakine kızsın mı, yoksa onu sevsin mi bir türlü karar vermez. Günlük yaşamda gözlemlenen iletişimlerde, savunucu ve açık iletişim tutumları birbirleriyle değişik türlerde ve çeşitli derecelerde birleşim gösterebilirler. Anlatımı kolaylaştırmak amacıyla, birbirine karşıt olan iki tutumu diğerlerinden ayrı olarak ele alıp inceleyeceğiz.

Yargılayıcı tutum: Yargılayıcı tutum savunuculuğu arttırır. Eğer dinleyici, konuşanın ses tonundan, davranışından yargılandığı, değerlendirildiği izlenimi alıyorsa, savunucu bir tutum içine girer. Konuşan kişinin mevkii, yaşı, dinleyenle geçmiş ilişkilerinin türü, savunucu tutumun ne zaman ve ne ölçüde ortaya çıkacağını etkiler.

Çocukları yetiştirirken anne ve babalar sürekli olarak, çocuğun davranışlarını "iyi", "kötü", "ayıp" biçiminde değerlendirdiğinden, küçük yaşta yargılama tutumu bireyin içine yerleşir ve çoğu kere birey, gelen mesajları bu eğilim içinde değerlendirir.

İki örnekle açıklamamızı daha somutlaştıralım:

Deprem bölgesinde bulunan bir evde, orta şiddette bir zelzele sonucu ev sallanmaya başlayınca, çocuğunu merak eden anne, "Can neredesin!" diye seslenince, çocuk içerden korkak bir sesle, "Ben yapmadım anneciğim!" diye cevap verir.

Çocuk eski beklentileri çerçevesinde bu sorunun altında bir suçlama, bir yargılama algılamıştır.

Beni ziyarete gelmiş bir öğrencim, sigara içmekteydi; konuşmaya başladık. Bir süre sonra yakınımda duran sigara tablasını onun yanına koydum. Öğrencim biraz mahçup bir sesle, "Külü yere atmıyordum, çöp sepetine atıyordum, hocam!" dedi.

Yukarıdaki örneklerden de anlaşılacağı gibi, sürekli yargılanarak büyütülmüş olan birey, otorite karşısında anında savunma davranışına başvurur.

Tanıtıcı tutum: Tanıtıcı tutum içinde olan kimse, karşısındakinin kuşku ve korkularını uyandırmadan iletişimde bulunur. Bu tutumun öteki kişi ya da kişileri tehdit edici, yargılayıcı bir özelliği yoktur; olduğu gibi kabul edilir; örtük veya dolaylı da olsa "iyi ya da kötü" biçiminde bir değerlendirme getirmez.

Tanıtıcı tutumla dile getirilen masajlar ne kadar belirgin olursa, o denli az yanlış algılama olur. Örneğin, ben sigara tablasını öğrencinin yakınına koyarken, "Sana daha yakın olur," deseydim, onun savunucu tutumu belki de harekete geçmeyecekti. Kişiler birbirinden çekiniyor ve kendileri hakkında herhangi bir değerlendirmenin söz konusu olabileceği kuşkusu içinde bulunuyorlarsa (ki bu kuşku bilinçüstü ya da bilinçaltı olabilir), tanıtımcı mesajın daha açık seçik olarak verilmesi gerekir. Karşılıklı güven bir kez kurulduktan sonra, bireyler mesajlarını oluştururken pek özen göstermeseler de, yanlış anlaşılma ve yorumlanma ender olarak ortaya çıkar.

Denetlemeye yönelik tutum: Denetlemeye yönelik tutum, konuşanın dinleyiciyi denetleme, belirli bir yöne çekme ya da fikrini değiştirme gibi amaçlar taşımasını içerdiğinden, bunu sezen dinleyicinin savunuculuğu artar. Bu tutumun temelinde yatan varsayım, dinleyenin konuşandan daha yetersiz, daha aciz olduğudur. Konuşan kimse, denetleme tutumuyla örtük ya da açık bir biçimde, dinleyeni "bilgisiz", "kendi başına karar vermekten aciz", "henüz olgunlaşmamış", "akılsız", "yanlış yolda olan biri" olarak gördüğünü ifade eder. İletişimde örtük bir biçimde yer alan bu mesaj, dinleyicide savunucu tutumun doğmasına yol açar.

Denetleme tutumu, kendini çeşitli biçimlerde gösterebilir: Dinleyicinin belirli bir konudaki tutumunu değiştirmeyi isteyebilir ya da davranışını belirli bir biçimde yönlendirmeyi düşünebilirsiniz. Bireyin belirli bir faaliyetini sınırlandırmak için de iletişimde bulunabilirsiniz. Dinleyicinin savunuculuk davranışının derecesi, sizin denetlemeye çalıştığınız konuyla kendini ne kadar özdeşleştirdiğine, başka bir ifadeyle, bu konunun dinleyicinin benlik kavramıyla ne ölçüde ilişkili olduğuna bağlıdır. Bireyin bağlı bulunduğu, duygusal ve düşünsel açıdan kendinin bir parçası olarak gördüğü konularda, savunuculuğu yüksek olur; benliğiyle pek ilgisi olmayan konularda ise, denetlemeye aynı ölçüde tepkide bulunmaz.

Soruna yönelik tutum: Soruna yönelik tutum içinde olan kişiler, kendilerini belirli bir işi yapmakla sorumlu görerek konuşmayı sürdürürler. Bu tutum içinde karşıdaki kişiden katkı beklenir, çünkü sorunun tartışılarak çözüleceği, her iki tarafça kubul edilmiştir. "Önceden doğruluğuna karar verilmiş" belirli bir çözüm yolunu zorunlu kabullenme değil, sorunu beraberce tanıma ve çözüm yollarını arama bu tutumun gereğidir.

Aşağıdaki örnekte, bir baba, lise son sınıftaki oğluyla denetleyici bir biçimde konuşmaktadır.

Baba : "Oğlum, biliyorsun ben bir memurum. Sizleri okutmak için annen ve ben birçok fedakârlıkta bulunduk. Allaha şükür, sizler de çalıştınız ve hiç takıntısız bu aşamaya ulaştınız. Şimdi bir meslek seçme sırası geldi. Ben senin doktor olmanı istiyorum. Bugün doktorlukta çok para var. Uzman bir doktor, hergün iyi para kazanır. Ben çok sıkıntı çektim, doktor olursan sen sıkıntı çekmezsin. Maşallah zekisin, hangi fakülteyi istesen girebilirsin."

Oğlu : "Baba ben doktorluğu sevmiyorum, çünkü bütün gün hasta insanlarla uğraşmak istemiyorum. Ne kadar kazançlı meslek olursa olsun, sürekli hastalıkla uğraştığım zaman hayatımdan memnun kalamam. Benim ilgi alanım daha çok iş hayatında... Onun için ben işletme fakültesine gitmek istiyorum. Orada okurken bir yandan da yabancı dilimi güçlendireceğim. Bu fakülteyi bitirdikten sonra, iki yıl içinde yurt dışına gidip, işletmede uzmanlık derecesini alacağım."

Baba : "Senin yurt dışında falan işin yok. Oraya gidip belki de dönmezsin. Haluk Bey'in oğlu Vural gitmişti, ne oldu?.. Orada bir yabancı kızla evlendi... Şimdi hem annesi hem de babası, "Keşke okutmasaydık da, burada bizimle kalaydı oğlumuz" diyorlar!"

Oğlu : "Ama baba, Vural'ı örnek göstererek bana engel olmanız aklıma yatmıyor. Ayrıca, Türkiye'de iş hayatının gelişmesini istiyorum. Türkiye iyi iş adamı çıkaramadığı için, yabancılar iş alanlarını kapıyor. Ayrıca iş hayatından zevk alıyorum. Geçen yaz Abidin Amca'nın yanında çalışırken bunu ne kadar sevdiğimi anladım."

Baba : "Abidin Bey'in babası zenginmiş, sermaye vermiş oğluna. Benim sana verecek bir şeyim yok. Ben sana ancak öğüt verebilirim, yol gösterebilirim. Sen gel benim sözümü dinle. Sonraki pişmanlık fayda etmez. Sen tıp fakültesine gir ve doktor ol, yavrum. Babanın sözünü dinle. Biliyorsun, ben her zaman senin iyiliğini isterim."

Oğlu : "Babacığım, ben senden para istemiyorum ki!.. Ben iyi bir iş yöneticisi olduktan sonra zamanla kendi işimi kurarım. Kusura bakmayın ama, ben tıp fakültesine gitmeyeceğim. Bu meslekte yaşayacak olan benim, siz değilsiniz... Bana öyle geliyor ki, "Oğlum doktor" demek için, beni istemediğim bir mesleğe itmeye çalışıyorsunuz."

Baba : "Sana tatlı söz yaramıyor galiba!.. Kalın kafalı!.. Eşşek herif!.. Yazıklar olsun sana verdiğim emeklere. Ben senin iyiliğini düşünüyorum. Sen kalkmış burada bir de bana karşı geliyorsun. Git, defol karşımdan. Ne halt edersen et. Bir daha bana gelip hiçbir konuda akıl danışma... Anlaşıldı mı? Git, gözüm görmesin seni!"

Delikanlı dışarıya çıkarken, kapıyı sert bir şekilde kapatır.

Aynı kişiler soruna yönelik bir tutum içinde konuştuklarında ortaya farklı bir iletişim çıkar:

Baba : "Oğlum, biliyorsun ben bir memurum. Sizleri okutmak için annen ve ben birçok fedakârlıklarda bulunduk. Allaha şükür, sizler de çalıştınız ve hiçbir takıntısız bu aşamaya geldiniz. Seçeceğin meslekle ilgili olarak bugün seninle konuşmak istiyorum. Ne düşünüyorsun oğlum, hangi meslekleri aklından geçiriyorsun? Benimle bu konuda konuşmak ister ve hangi fakülteye gideceğine dair düşündüklerini paylaşırsan memnun olurum."

Oğlu : "Babacığım ben de aynı şeyi düşünüyordum. Benim sizin düşüncelerinize ne kadar önem verdiğimi bilirsiniz. İşletme fakültesine gitmek istiyorum. Geçen yıl Abidin Amca'nın yanında çalışırken iş hayatını sevdiğimi farkettim. İşletme fakültesini bitirdikten sonra da iki yıl kadar dışarıya gidip aynı konuda uzmanlık derecesi almak istiyorum."

Baba : "Oğlum, Abidin Bey'in babası zengindi. İşadamı olmak herhalde hoşuna gitti. Ama sen kendi işinde mi çalışacaksın? Yoksa zengin bir işadamının yanında yönetici olarak mı çalışacaksın?.. Bu ikisi arasında bir fark görüyor musun?.."

Oğlu : "Görmez olur muyum baba!... Haklısın! Ben işadamı olmak istiyorum. Başka birinin yanında maaşlı olarak çalışmak istemiyorum."

Baba : "Bu noktada bir şey söylemek istiyorum, oğlum. Biliyorsun, ben varlıklı bir kimse değilim. Hem annen, hem ben varlıklı ailelerden gelmedik. En büyük zenginliğimiz sizlersiniz, sizlerle iftihar ediyoruz. Servetim olsa sana büyük güvenim olduğu için hiç tereddütsüz veririm. Fakat yok. İşadamı olmak istiyorsan, işini kurman için gereken sermayeyi nereden bulacağın konusunu da rastlantıya bırakmaman gerekir. Yoksa ilerde bunalım geçirirsin. Şimdi sana sorum şu: İşini başlatabilmen için gereken sermayeyi nereden bulmayı düşünüyorsun?"

Oğlu : "Bu konuyu tüm ayrıntılarıyla düşünmedim. İçimde bir güven var, sanki bir insan bir şeyi yapmayı gerçekten isterse mutlaka varmak istediği herefe ulaşır..."

Baba : "Evet oğlum, azmin elinden kurtulan pek bir şey yoktur. Fakat sermaye edinmek uzun süre alabilir. Para herkesin önem verdiği bir konudur. Bu konuda hayallerle gerçekleri karıştırmak acı sonuçlar doğurabilir. Onun için sermaye bulup iş başlatma konusunda senin mümkün olduğu kadar gerçekçi davranmanı istiyorum."

Oğlu : "Evet, anlıyorum baba... Bu konuda düşünmem gerekiyor. Belki de karar vermeden önce gidip bir de Abidin Amca'nın fikrini alayım. Belki senin, benim aklıma gelmeyen bir yönü gösterebilir."

Baba : "Güzel! Fikir almaya açık olman hoşuma gitti. Sırf kendi kafan içine kapalı kalma. Dinle, düşün, dene, sonunda yine sen karar ver. Fakat önce fikir al, ondan sonra kendin karar ver. Şimdi benim sana bir önerim var, madem ki fikir almaya bu kadar açıksın, bunu sana rahatlıkla söyleyebilirim. Doktor olmayı hiç düşündün mü? Yararlı ve iyi kazancı olan bir meslek!.."

Oğlu : "Hasta kimselerle sürekli ilişki içinde olmak, sanki beni öldürürmüş gibi bir duygu var içimde. Ama yine de bir meslek olarak üzerinde düşünmem gerekir."

Baba : "Bu konuda düşünmek istemene memnun oldum. Fakat şunu bilmeni isterim; sen hangi mesleği seçersen seç, senin verdiğin karara saygı duyacağım ve şimdiye kadar olduğu gibi sana hep yardımcı olmaya çalışacağım."

Oğlu : "Sağ ol baba. Başkalarının babası çocuklarının her dediklerini yapmalarını beklerken, sen bana hep karar verme özgürlüğü tanıdın."

Belli bir stratejiyi izleyen planlı tutum: Belli bir stratejiyi izleyen planlı tutum, konuşanın amaçları konusunda dinleyiciyi kuşkuya düşürebileceğinden, savunucu tutum yaratır. "Bakalım bunun altından ne çıkacak?" gibi bir düşünce, dinleyicinin kendini savunmaya hazırlamasına yol açabilir. Sözgelişi, sizi telefonla arayan bir tanıdığınızın şöyle dediğini düşünün: "Sizi ne kadar sevdiğimi bilirsiniz. Hep aklımdasınız, bir türlü ziyaretinize gelmek mümkün olamadı... Nasılsınız abi? Afiyettesiniz inşallah... Yengem de iyi mi? Çocuklar nasıl? Güzel, güzel... Allah iyilik versin. Bir hatırınızı sorayım dedim. Ha, abi, bir sorayım unutmadan, bana bir milyon lira borç verebilir misiniz?"

Plansız, kendiliğinden oluşan tutum: Plansız, kendiliğinden oluşan tutum, insana daha "doğal" geldiğinden "sinsilik" kuşkusu uyandırmadığından, savunuculuğa yol açmaz. Telefondaki aynı kişinin size, "Nasılsın abi? Sizi uzun süredir arayamadım, kusura bakmayın. Bir milyon liraya ihtiyacım oldu da, siz aklıma geldiniz... Acaba verebilir misiniz?" dediğini düşünün.

Bu kişilerden hangisine karşı daha savunucu olursunuz?

Aldırmaz, umursamaz tutum: İki kişi konuşurken, biri umursamaz bir tavır içinde, söylenen söze aldırmama davranışı gösteriyorsa, karşısındaki kişide de doğal olarak savunucu bir tepki oluşabilir. Üçüncü Bölüm, iletişimin ilişkiler düzeyini tartışırken, ilişki içinde bulunan kişilerin, sürekli birbirlerini tanımladıklarını, bu tanımlanan kişinin o ilişki içindeki benliğini kabul, red veya umursamama seçeneklerinden birini ortaya çıkardığını söylemiştik. Hatırlarsınız, en olumsuz etki, umursamama tavrından kaynaklanır. Burada, aynı konuya, tutumlar açısından değiniyoruz; görüldüğü gibi umursamaz tutum, karşıdakini savunucu bir tavır içine iter.

Anlayış, yakınlık belirten tutum: Umursamaz tutumun karşıtı "duygudaşlık"tır. İletişimde, kişinin karşısındakinin duygu ve düşüncelerine ilgi ve anlayış göstermesi, bunları önemsemesi, başka bir deyişle, karşısındakinin duygularını, düşüncelerini ve içinde bulunduğu durumu sanki kendi sorunları gibi görmesi "duygudaşlık" olarak adlandırılır. İletişimde bu tür bir tutum ağır bastıkça, savunuculuk azalır, açık iletişim kendini gösterir.

Ancak, duygudaşlıktan başkalarının işine burnunu sokma anlaşılmamalıdır. Özel yaşamınıza burnunu sokmaktan öte sizinle ilgilenmeyen bir kimse sorununuzu öğrendikten sonra, ya sürekli öğüt vererek sizi belirli biçimde davranmaya zorlar ya da dedikodu yaparak sorununuzu başkalarına duyurur. Bunun dışında sizle paylaşmak istediği başka bir şey yoktur. Bu tür kimseler çoğu kez karşılarındaki kişiyi denetlemeye kalkarlar; anlayıştan ve gerçekten yakın olma duygusundan yoksundurlar. Duygudaşlıkta kişinin durumunu anlama ve bu anlayışa ulaştıktan sonra onu kabul etme, yalnız bırakmama eğilimi vardır.

Üstünlük belirten tutum: Konuştuğu kimseden daha üstün olduğunu ima eden kimse, sorunun çözümüne ortaklaşa eğilmeyi sağlayamaz. Gönderdiği mesajların üstünlük ifade eden yanları öyle bir duygusal ağırlık kazanır ki, mesajın içeriği algılanmamaya başlar.

Başka bir deyişle dinleyici, konuşanın söylediklerini dinleme yerine, bütün enerjisini kendini savunmaya yöneltir.

Konuşan, iletişim süreci içinde mevki, kudret, zenginlik, zihni yetenekler ve görünüş gibi türlü açılardan kendisini dinleyenden daha üstün olduğunu hissettirirse, dinleyende savunuculuk davranışını uyandırır. Savunuculuğu artan dinleyici, zihinsel enerjisini konuşanın ne söylediğinden çok, "Şuna o kadar üstün bir kişi olmadığını nasıl göstereyim?", "Ondan aşağı olmadığımı nasıl göstereyim?", "Ne yapayım da şuna güzel bir ders vereyim?" konusuna yöneltir.

Kendisini üstün göstermeye çalışan kişi, "sorunu birlikte çözmeye girişmeyen, herhangi bir cevap beklemeyen, yardıma gerek duymayan, karşısındakini küçük düşürmek amacıyla konuşan bir kişi" olarak algılanır.

Eşitlik belirten tutum: Dinleyici, konuşanın kendini üstün görmediğini anlarsa, işbirliğine açık bir tutum içine daha kolaylıkla girebilir. Eşit kişiler olarak iletişimde bulunan kimseler arasında karşılıklı güven ve saygı söz konusudur. Gerçek yaşamda mevki, zihinsel yetenek farkları olsa bile, "eşit iletişim tutumu" insan insana düzeyde bu farkları önemsiz yapar.

Kesin tutum: Hangi konuda konuşulursa konuşulsun, kimi insanlar kesin bir ifade kullanmayı yeğlerler. Sanki kendileri o konuda bilinebilecek her şeyi öğrenmiş ve bildikleri arasında bir karşılaştırma yaparak kendileriyle karşılarındakiler için neyin iyi olduğunu bulmuşlardır. Bu kimseler genellikle bir sorunu çözmek değil, her ne pahasına olursa olsun tartışmayı kazanmak amacındadırlar. Mutlaka haklı olmak gereksinimini duyarlar. Onlarca her şeyin kesin sonuçlara bağlı olma ihtiyacı vardır.

Kesin tutumlu kimse, dinleyende "kendi düşündüğünün dışında bir gerçek kabul etmeyen, başkalarının düşüncelerini kendisininkine benzetmek için baskı yapan kişi" izlenimi uyandırabilir. Bu izlenim de dinleyicide savunuculuğu körükler. Kesin tutumlu kimselerde hoşgörü düzeyi düşük olduğundan, bu kişilerin iletişiminde savunuculuk birdenbire şiddet kazanabilir.

Denemeci tutum: Kesin tutumun karşıtı tavır "denemecilik"tir. Denemeci kişiler kendi inanç, bilgi ve tutumlarına eleştirici bir gözle bakıp, bunlarla deneyler yapabilirler. Bu kişiler, karşısındakinin söylediklerini, kendi düşünce ve tutumları kadar değerli bulma eğilimi içindedirler ve sürekli olarak öğrenmek ve "gerçeği bulmak" için çaba gösterirler.

Kişinin bilinçaltı ya da bilinçüstü düzeyinde yer alan bazı temel varsayımlar, kesin ya da denemeci tutumu ortaya çıkarırlar. Kişi çoğu kere bu inançlarının, varsayımlarının bilincinde değildir. Ne var ki, davranışlarını gözlediğinizde onun bu varsayımları temel aldığını görürsünüz. Aşağıda, bu temel varsayımları ana hatlarıyla tanıttık.

İletişimde belirginlik, kesinlik gösteren kişinin temel varsayımları:

1. Bir konuyla ilgili olarak her şeyi bilmek ve bunları normal bir iletişim sürecinde açık seçik ifade edebilmek mümkündür.
2. Bir konuya ilişkili değişik görüş açıları vardır. Ancak bunlardan bir tanesi doğrudur. Yani bir tek doğru bakış açısı vardır.
3. Benim bakış açım en doğru bakış tarzıdır; benim bilgim en doğru bilgidir.

İletişimde denemeci bir yaklaşım gösteren kişinin temel varsayımları:

1. Bir konuyla ilgili olarak her şeyi bilebilmek zordur. Her şeyi bilsek bile bunları normal günlük iletişim içinde açık seçik ifade etmek olanağı pek yoktur.
2. Bir konuyla ilgili birçok doğru bilgi, doğru bakış açısı olabilir. Yani herkesin kendine göre "gerçek"leri vardır.
3. Benim bakış tarzım doğru olmayabilir. Benim bilgimden daha doğru olanı bulunabilir.

Basit konularda bile, bu iki tutum arasındaki farkı görmek mümkündür. Okullarda kullanılan tebeşirin ne olduğu ve neye yaradığı konuşulurken bile, bu iki tutum arasındaki fark kendini gösterir.

Örneğin, kesin tutum içinde bulunan kişi tebeşirin yazı yazmaya yaradığını, kireçten yapıldığını söyleyip bunun ötesinde başka bir şeyle ilgilenmeyebilir. Denemeci tutum içindeki kimseyse, tebeşire yaklaşım biçimlerinin her birine kendini açık tutar.

"Tebeşir beyaz bir nesnedir. Küçük, hafif, silindir biçimindedir. Yenmez, ucuzdur, yazı yazmaya yarar... Tadı yoktur. Serttir. Düzgün bir yüzeyi vardır. Suya koyunca erir. Uzunluğu 10 santim kadardır. Ülkemizde, ufak da olsa, belirli bir sanayi oluşturur."

Tebeşirle ilgili söylenecekler burada da bitmez: "Kalsiyum karbonattan oluşmuş bir mineraldir. Kara tahtada arasıra gıcırtılı ses çıkarır. Kolayca ufalanabilir. Okulların temel gereksinimlerinden birini oluşturur. Çocukların oyunlarında da kullanılır. Yerli malıdır. Parçalandığı zaman toz haline dönüşür. Taşımacılığı talaş içinde ya da koruyucu kutular içinde yapılır. İnorganik bir maddedir, vb..."

Bu örnekte gösterilmeye çalışılan, basit bir maddeye bile kimyasal, fiziksel, ekonomik gibi birbirinden farklı birçok bakış açısının bulunabileceğidir. Bu görüşlerin, bu bakış açılarının her biri, kendi içinde doğrudur ve geçerlidir.

Tebeşirle ilgili açıklanabilecek her şeyi söylemiş olduk mu acaba? Eminim, hayır!.. Tebeşirle ilgili, yukarıdaki listeye benzeyen, belki de ondan üç kez daha uzun, özellikler bulmak olanağına sahibiz.

Üstelik, konuşulan konular her zaman bu tür basit konular olmaz, çoğu kez karmaşık, psikolojik ya da toplumsal olguların tartışılmasını da kapsar. Tartışılan konunun "Türkiye'nin kalkınması" gibi çok boyutlu bir sorun olduğu düşünülürse, kesin tutumların yaratabileceği savunuculuk tahmin edilebilir.

ENGELİ AŞMAYI BİLELİM

Kişiler arası doyurucu ilişkilerin ortaya çıkmasını engelleyen en önemli etken savunuculuktur. Karşınızda nasıl konuşulduğu ve nasıl davranıldığı zaman savunucu olduğunuz konusunda bilinçlenme kazanabilirseniz, bu tür davranışların karşınızdakini de savunucu yapacağını kolayca anlamış olursunuz.

Kuşkusuz her zaman açık iletişim yapılamaz. Doğal olarak bir kimse sürekli riske giremez, yoksa yaralanıp acı duyabilir ya da zaman yitirebilir. Ama bir insan sürekli olarak bir kafes içinde de yaşayamaz; yaşarsa bile gelişemez, büyük bir yalnızlığa düşer ve "varolmayan" bir birey olarak, "otuzunda ölür, altmışında gömülür".

Açık iletişim, her zaman, önce karşıdakinden beklenirse, başkalarına bağımlı davranış vardır. Açık iletişimde bulunma, karşıdaki insanların açık iletişimde bulunmasına bağlı olmamalıdır. Önce, bilinçli olarak riske girme öğrenilmelidir. Çünkü yaşamdaki tüm kazançlar, az çok riskli davranışlara dayanır. Bilinçlenme, gelişme, kendini gerçekleştirme yönünde atılan adımlar, açık iletişim kurma riskini kabullenmeye bağlıdır. Açık olur ve karşınızdakine güvenip, değer verirseniz, karşınızdaki de size açık olur, güven duyar ve değer verir.

SÖZÜN KISASI

Günlük yaşamı dolduran birçok ilişki vardır; kimiyle ticari ilişkiler kurulur, kimiyle yüzeysel konularda "laflanır", bazı kimselerle de dertler, sevinç, kaygı ve özlemler paylaşılır. İç dünyamızı açabileceğimiz "dost" kimseler azdır. Görüşülen, konuşulan birçok insana olduğu gibi değil, onların bizi görmek istediği biçimde görünmek isteriz. Başka bir deyişle sosyal maskeler takarız, çünkü onlar tarafından kabul edilmek, beğenilmek isteriz. Kendi benliğini değerli gören, kendine güveni yüksek olan kimselerin, başkaları tarafından beğenilmeye gereksinimi daha az, kendi benliğini değersiz gören, kendine güveni olmayan kişilerin ise, daha çoktur. Bizi değerlendirme durumunda olan öğretmen, patron, müfettiş gibi kimselerle konuşurken, onların beğenisini kazanmaya daha bir özen gösterir, meskelerimizi daha sık kullanırız.

Kişi, yalnız başkalarınca mı beğenilmek ister? Hayır, kişi kendi tarafından da beğenilmek, onaylanmak ister. Bu nedenle de hoş olmayan, can sıkıcı, akılsızca bazı davranışlarını, kendine ve başkalarına "akla yatkın" gösterebilmek için *giderim, tepki oluşturma, yansıtma* ve *özdeşim* gibi birçok psikolojik savunma mekanizmaları kullanır. Bu tür psikolojik savunma mekanizmaları sayesinde öyle bir algılama çerçevesi oluşturur ki, bu çerçeve içinde davranışları aptalca olmaktan çıkar, akla yatkın, anlamlı davranışlar görünümüne bürünür.

İletişim kurulan kişinin konuşma biçimi de savunuculuk davranışını etkiler. Yargılayıcı, denetleyici, üstünlük belirten bir tutum içinde, kesin bir tavırla konuşan kişilere karşı daha savunucu olunur. Bu kişilere iç dünya kapatılır, onlardan uzak durulur. Öte yandan karşıdaki, eşit gören bir tutum içinde, soruna yönelik, denemeci yaklaşımla, anlayış göstererek konuşursa, bu kişiye daha rahat açılır, daha az savunucu oluruz. Bu tür ilişki kurabilen kişileri kendimize "dost" ediniriz.

ALIŞTIRMA

İki Benliğimi Tanımlıyorum

1. Bir kâğıt ve kalem alın.
2. Kâğıda ikiye ayıracak şekilde yukarıdan aşağı dikey bir çizgi çizin. Bu bölümlerden solda kalanın üstüne İÇ BENLİĞİM, diğerine SOSYAL BENLİĞİM başlıklarını yazın.
3. Sizi iç benliğinizle en iyi tanıyan yine kendinizsiniz. İç benliğinizi en iyi temsil edecek sekiz sıfat yazınız. Bu sıfatların sizce önemli olması gerekir; doğrusu yanlışı yoktur. Örneğin *utangaç, korkak, pasif, delidolu, verdiği sözü mutlaka tutan* ve buna benzer nitelendirmeler seçebilirsiniz. İç benliğinizi yansıtacak sıfatları verdikten sonra bu kez sosyal benliğinizi yansıtacak sizce önemli sekiz sıfat yazın.
4. Sizi yakından tanıyan bir dostunuzdan sizin için aynısını yapmasını isteyin: Bir başka deyişle, dostunuz sizin iç benliğinizi, sosyal benliğinizi nasıl görüyor, her biri için sekiz sıfat yazarak belirtsin.
5. Sizin yazdıklarınızla, yakın arkadaşınızın yazdıkları arasında bir benzerlik var mı? Farkları ve benzerlikleri aranızda tartışın. Bu tartışmanın sonunda, "Kendim hakkımda yeni bir şeyler öğrendim mi?" sorusuna cevap vermeye çalışın.

7

İşitmek ve Dinlemek

Türlü nedenlerle iletişimde meydana gelen kopukluklar, insan ilişkilerini olumsuz yönde etkiler. İletişimde kopukluklara yol açan nedenlerin bazısı, farkında olarak, bazısı da farkında olmadan yapılan davranışların sonucudur.

Sık sık gözlemlemişimdir: Benim için önemli bir konuyu anlatırken karşımdaki, yüzünde boş bir ifadeyle bana bakar; beni işitir ama dinlemez. Bu boş ifadeyi görünce, içimden, karşımdakini sarsmak, onun ilgisini çekmek gelir. Ne var ki, aynı şeyi ben yapmıyorum! diyebilir miyim acaba?

Bir süre önce işlerimin üst üste ters gittiği bir zamanda kafam borçlarımı nasıl ödeyeceğimle meşgulken, kedisini kaybetmiş olan komşumla karşılaştım. Onu bir daha bulamayacağını sanıyordu. Ayrılırken benden bir şey istemişti, ama neydi o, bir türlü anımsayamadım. Ertesi gün yanına gittiğimde sevinçliydi. Kediyi bizim çocuklar bulmuşlar ve eve getirmişler... Çocuklara benim söylediğimi, kedisini arattığımı sanıyordu... Bense benden böyle bir şey istediğini unutup gitmiştim. Besbelli ben ve komşum o gün karşılaştığımızda, sorunları iyice yoğunlaşmış olan kendi iç alemimizden bazı sesler yansıtmış, ne var ki, kendi dünyalarımızın içinden çıkıp birbirimizle iletişim kuramamıştık.

Konuşma konusunda beceri geliştirmek için bazı okullar ve programlar kurslar verirler; ancak bunun bir parçası olan dinleme konusunda daha becerili olabilme alanında hiçbir yerde kurs verilmez. Başarılı bir iletişim açısından gerekli olan "anlayabilmek için dinleme", kişinin rastlantılara bağlı olarak kendi kendisini eğitmesine bırakılır. Bazı kişiler doğuştan iyi dinleyici doğabilir; ne var ki, bu kişilerin sayısı azdır. İyi bir dinleyici olabilmek için, çoğu insanın bilinçli bir çaba harcaması ve yeni beceriler geliştirmesi gerekir.

Kitabın bu bölümünde, karşıdaki kişinin söylediğini sadece işitmek değil, gerçekten duyabilmek için neler yapılabileceği üzerinde duracağız. İşe, "dinleme" konusunu yakından inceleyerek başlayalım.

NASIL DİNLİYORUZ?

Dinlemenin değişik türleri vardır. Bunlardan en yaygın olanı *görünüşte dinleme*'dir. Bazen karşınızdaki kişi dış görünüşüyle dinliyormuş gibidir, fakat iç dünyası bambaşka yerlerdedir ya da kafasında sizin söylediklerinizden daha önemli bir konu vardır.

Bazı kişiler de kendi söyledikleri ve söyleyeceklerinin dışında başka bir şeyle ilgilenmezler. Bu kimseleri karşılarındakiyle konuşuyor sanırsınız. Oysa bunlar aslında konuşmuyor, konuşuyor gibidirler. Söz konusu olan bir diyalog değil, o kişinin kendi kendine konuşması, bir tür söylev vermesidir. Buna halk "nutuk atma" der.

Kimileri de konuşanın söylediklerinden sadece kendi ilgilendikleri bölümü duyar, diğer söylenenleri dinlemez. Bu tür dinleyiciler *seçerek dinleyen* kategorisine konabilir. Bunlar, dikkatlerini çekecek bir sözcük ya da ifade ortaya çıkıncaya kadar, "görünürde dinleyici" olarak kalırlar, daha sonra ilgilendikleri bölümü dinlemeye başlarlar. İlgilerini çeken para, bir meslek, belirli bir kimse ya da cinsiyet gibi farklı konular olabilir. Eğer onların ilgilendiği bir konuda konuşmuyorsanız, bir duvarın karşısına geçip konuşmanızdan pek farklı olmaz.

Duygusal yönden saplanmış dinleyiciler vardır. Sürekli olarak belirli bir duygusal tonu taşımak isterler; ne söylerseniz söyleyin ondan bir hüzün çıkarmak isteyenler olabileceği gibi, her söylenenden bir espri, gülünecek bir şey çıkarmaya çalışanlar da vardır. Böyle belirli bir duyguya *saplanmış dinleyiciler,* kendi ilgilendikleri duygunun dışında işittiklerini, hemen o anda unuturlar, bir daha da hatırlamazlar.

Bir başka dinleyici türü *savunucu dinleyici*'dir. Ne duyarsa duysun her söyleneni kendine yönelmiş bir saldırı sayar ve hemen karşı savunmaya geçer. Siz tüm iyi niyetinizle, bir gün önce gittiğiniz yerde yediğiniz nefis pastadan söz ederken, karşınızdakinin size tuhaf tuhaf baktığını görürsünüz. Bir süre sonra arkadaşınızın, "kendi yaptığı pastayı beğenmediğinizi dolambaçlı yollardan değil de, doğrudan doğruya yüzüne söylemediğiniz için" kırıldığını öğrenebilirsiniz.

Bir başka tür dinleyici de, *tuzak kurucu* olarak tanımlanabilir. Bu

tür dinleyiciler hiç seslerini çıkarmadan dinlerler, çünkü bunlar dinledikleri bilgilerden yararlanarak karşısındakini zor duruma sokacak fırsatlar yakalamaya çalışırlar. Siz bir konuda başınızdan geçeni anlatırken, bir anda karşınızdakinin, "Geçen gün bana tatlıyı sevmediğini söylemiştin, şimdi de arkadaşlarınla grup halinde baklavacıya gittiğini söylüyorsun!" gibi sözleriyle karşılaşabilirsiniz. Oysa konu, askere giden bir öğretmenin uğurlanışı sırasında yapılan bir sohbetle ilgilidir; sizin tatlı yeme alışkanlığınızla değil.

Bazı dinleyiciler de, *yüzeysel dinleyen* olarak adlandırılabilir. Bu tür dinleme özelliğine sahip kişiler, konuşanın kullandığı kelimelerin yüzeyinde kalır ve asıl altta yatan anlama ulaşamazlar. Örneğin, bir üniversite öğrencisi, yeni geldiği büyük kentte uzaktan akrabaları olan kimseleri ziyarete gider. Ayrılırken ev sahipleri, "Sık sık bekleriz," der. Öte yandan, sık sık gitmeye başladığında, öğrenci bir tuhaflık sezer. Ne zaman gitse ev sahibi kimseler başlarının ağrıdığından, rahatsız olduklarından ya da bir yere gitmek için söz verdiklerinden dem vururlar. Daha önce kendisine, "sık sık bekleriz," dedikleri halde, sonraki gelişinde hiç de memnun olmuşa benzemezler.

Toplumun geleneksel kesimlerinde, açık seçik doğrudan iletişim kurmak genellikle "ayıp" sayıldığından, kelimelerin altında yatan anlamların anlaşılması beklenir; söylenenleri yüzeysel düzeyde anlayan kişi, "saf" biri olarak algılanır.

Nasıl bir dinleyiciyim?

Kimse mükemmel değildir. Fakat insanın hatalarını bilmesi onun en güçlü yanlarından birini oluşturur. Aşağıdaki alıştırmayı yaparsanız ne kadar gerçekten dinliyorsunuz, ne kadar dinlermiş gibi yapıyorsunuz konusunda kendi davranışınız hakkında daha doğru bir fikir elde edebilirsiniz.

1. Beş gün süreyle dinleme davranışına dikkat edin. Davranışınızı değiştirmeye kalkmayın, sadece kendizi gözleyin: Dinlediğiniz zaman kaç kez gerçekten dinliyorsunuz ya da daha önce söz konusu ettiğimiz dinlememe davranışlarından hangisini gösteriyorsunuz? Bunların farkına varmaya çalışın. "Gerçekten dinliyor muyum?", diye kendi kendinize sorun. Bu soruyu, değişik durumlarda ve değişik kimselerle birlikteyken, kendinize sorun. Bu şekilde, ne zaman ve kiminle konuşurken gerçekten dinlediğinizi, anlayabilirsiniz.
2. Özet halinde bir günlük tutarak gözlemlerinizi kaydedebilirsiniz. Aşağıda bir örnek verilmiştir:

Gün ve zaman : 12 Ocak, akşam üzeri.
Kişi(ler) : Kardeşim.
Konuşma konusu : Liseyi bitirince hangi fakülteye girecek.
Nasıl dinledim : Daha önce birkaç kez aynı konuyu dinledim. Önce gerçekten dinlemek istedim. Baktım ki aynı eski hikâye, aklıma kendi derslerim geldi, yarınki yapacağım işleri düşünmeye başladım.

Gün ve zaman : 13 Ocak, sabah ilk derse girmeden önce.
Kişi(ler) : Sınıf arkadaşım.
Konuşma konusu : Önümüzdeki hafta gireceğimiz biyoloji ara sınavı.
Nasıl dinledim : Aynı hocanın dersini daha önce almış bir sınıf arkadaşı varmış, sınavda ne gibi sorular sorabileceğini konuşmuşlar. Sınavda ne gibi sorular gelebileceğini ilgiyle dinledim. Arkadaşımın bana bunu söylemesinden an-

ladığım bir şey de, onun beni kendine yakın bulduğu. O konuşurken hiç sıkılmadım.

3. Beş günlük gözlem devresinden sonra aşağıdaki sorulara cevap vermeye çalışın:
   - Dinlediğiniz zamanın ne kadarını tam dinlemeyle geçiriyorsunuz?
   - Hangi durumlarda dinlememe sık sık kendini gösteriyor?
   - Dinleme davranışından memnun musunuz?

Yukarıdaki alıştırmayı yaptıktan sonra, ne kadar az dinlediğinizi gözleyerek, hayrete düşebilirsiniz. İnsanın zamanının çoğunu dinlermiş gibi görünüp de dinlemeden geçirmesi, ilk bakışta üzücü gelir. Demek ki, dinler gibi görünen kişilerin çoğu, bizi dinlememektedir... Ne kadar üzücü olursa olsun, gerçek bu; kulağa ulaşan her söz dinlenmiyor.

NİÇİN DİNLEMİYORUZ?

Her şeyden önce, günün büyük bir zamanı dinlemekle geçer; sınıfta, evde, toplantıda, işyerinde, yolda, televizyonda, radyoda o kadar konuşma var ki, bütün bunlara dikkat verilecek olsa, sinir sistemi yorulur. Sinir sistemi kendini korumak için dikkati her zaman yoğun bir odak noktasında tutmaz, ancak "ilginç" bulduğu, başka bir deyişle, o anda içinde bulunduğu fizyolojik ve psikolojik gereksinmeler çerçevesinde anlamlı olan noktalara dikkati toplar. Karnımız açsa, yiyecek konusu, sınavlarla ilgiliysek, sınav konusu dikkatimizi çeker. Belirli bir kimseye karşı özel bir ilgimiz varsa, onun adı geçtiği zaman "kulak kesiliriz!"

Bir başka neden de, dakikada 600 kelimelik bir konuşma hızını rahatlıkla anlayabilecek bir sinir sistemine sahip olduğumuz halde, normal konuşma hızının dakikada ancak 100 ile 140 kelime arasında olmasıdır. "Bunun dinlemeyle ilgisi ne?" diye sorabilirsiniz. Bu demektir ki, her dakika en azından 460 kelimelik bir zaman süresinde zihin boş kalıyor. Konuşma 15 dakika sürerse, kaç kelimelik zaman boş kalır, varın siz hesaplayın.

Bu zamanı, insan kafası kendinde varolan malzemeyle doldurur; bir başka deyişle, kendisi için önemli sorunlara döner ve onlarla ilgilenir. İşte, kendini *iyi dinleyici* olarak eğiten kimseler, bu *boş zamanı konuşanın* neyi *ve* niçin *demek istediğini düşünerek kullanırlar,* kendi sorunlarına dönmezler. Kuşkusuz bunu yapabilmek o kadar kolay değildir, bir eğitimden geçmeyi gerektirir.

DİNLEME VE ANLAMA

Dinleme davranışının mükemmel olmadığını gördük. Ayrıca kulağa gelen her sözü tam dikkatle, kendimizi vererek dinlememizin olanaksız olduğunu da açıklamış bulunuyoruz. Şimdi siz bu noktada şöyle bir soru sorabilirsiniz: "Eğer bir kimsenin söylediğini anlamayı gerçekten istersem, dikkatimi tam anlamıyla onun söylediklerine toplarsam, konuşanın ne demek istediğini bütünüyle anlayamaz mıyım?"

Dinlemek insanı mutlaka anlamaya götürmüyor. Söyleneni söyleyenin tarzında, onun anlamında anlayabilmek sanıldığı kadar kolay değildir. Anlamak isteyip, bütün dikkatinizi vererek dinlediğiniz halde, yakın bir arkadaşınızın ya da nişanlınızın söylediğini anlamamış olduğunuzu, bir süre sonra farkedebilirsiniz. Dinlediğini anlayabilmek için, iki kişi arasında geçen konuşma sürecinin en önemli yönlerinden biri de *geri-iletim*'dir. Aşağıdaki alıştırmayı yaparak, geri-iletim konusunda biraz aydınlanalım.

TEK VE ÇİFT YÖNLÜ İLETİŞİM

Bu uygulamayı yapmak için bir arkadaşınıza gereksinmeniz olacak.

1. Arkadaşınızın görmediği ve aşina olmadığı basit üç ya da dört şekil çizin.
2. Arkadaşınız arkasını dönsün ve sizin elinizdeki şekilleri göremeyecek biçimde otursun.
3. Arkadaşınıza bir kalem ve üç kâğıt verin.
4. Aşağıdaki açıklamayı arkadaşınıza okuyun: "Şimdi sana üç ayrı şekil anlatacağım ve sen benim anlattıklarıma dayanarak bu şekillerin her birini önündeki bir kâğıt üzerine çizeceksin. Bana hiç soru sormamalısın. Söylediklerimden ne anladıysan onu olduğu gibi çizmeye çalışacaksın."
5. Elinizdeki her bir şekli tekrar etmeden, hızlı fakat doğru biçimde yüksek sesle teker teker tarif edin.

6. Sizin elinizdeki şekillerle, arkadaşınızın çizdiği şekilleri karşılaştırın; nerelerde, ne gibi hatalar yapılmış görün ve bunların bir listesini yapın. Örneğin, şekil kâğıdın neresinden başlıyor, büyüklük, yön ve biçim bakımından sizinkine ne ölçüde benziyor?
7. Arkadaşınızı yine eski yerine arkası dönük olarak oturtun, bu kez çizdiğiniz şekilleri arkadaşınıza tarif ederken, arkadaşınız size soru sorabilme olanağına sahip olacak. Arkadaşınıza aşağıdaki açıklamayı okuyun: "Şimdi sana yine üç ayrı şekil anlatacağım. Benim anlatmama dayanarak bu şekillerin her birini önündeki bir kâğıdın üzerine çizeceksin. Yalnız bu kez soru sormak serbest. Anlayamadığın, belirsiz kalan noktalarda, istediğiniz kadar soru sorabilirsin."
8. Elinizdeki her bir şekli daha önce yaptığınız gibi tarif edin, fakat soru sorulduğu zaman soruyu tam cevaplayın.
9. Arkadaşınız çizimi bitirdiği zaman, 6. adımdaki işlemi tekrar edin.
10. Adım 6 ve 9'da elde ettiğiniz sonuçları karşılaştırın.
11. Arkadaşınız kendini soru sorma olanağı yokken mi, yoksa soru sormak özgürlüğüne sahipken mi daha gergin ve rahatsız hissetti?
12. Siz kendinizi hangi durumda rahat hissettiniz?
13. Bu alıştırmadan ne gibi şeyler öğrendiğinizi, sizin ve arkadaşınızın fikirlerini karşılaştırarak tartışın.

NEDEN YANLIŞ ANLAŞILIRIM?

Tek ve çift yönlü iletişim alıştırmasıyla, dinlediğini anlayabilme arasında ne gibi bir ilişki var? Bu ilişkiyi daha iyi kavrayabilmek için, son günlerde başımdan geçen şöyle bir olayı örnek vermek istiyorum: Yoğun bir çalışma içinde bulunan yeğenime, kendisiyle bir iş konusunda konuşmak istediğimi söyledim. İkimize de Cumartesi günü uygun göründü. Yeğenim Cumartesi saat 9'da bana uğrayacağını söyledi. Daha önce onunla konuşurken sabahları saat 6'da kalktığından söz etmişti. Ben onun bana sabah 9'da geleceğini düşünmüştüm; çünkü sabah 6'da kalkan biri için, 9'da bir araya gelmeyi planlamak uygun bir zaman olarak görünmüştü. Bu benim varsayımımdı. Cumartesi sabahı bana gelmeyen yeğenime saat 10'da merak içinde telefon ettiğimde, onun akşam 9'da gelmeyi planladığını öğrendim.

Ortada bir yanlış anlama söz konusuydu. Nasıl oldu da, yeğenimin bana sabah 9'da geleceğini sanmıştım? Bu yanlış anlamanın altında bazı varsayımlar yatmaktaydı. Bunlar:

- Yeğenim, Cumartesi günleri de erken kalkar.
- Yoğun bir çalışma temposu içinde olduğundan, günün kalan bölümünde kendi işleriyle ilgilenecek; Cumartesi gecesi hafta sonu olduğu için, o saatleri kendi özel eğlencesine ayıracaktır.

YANLIŞ ANLAMA NASIL ÖNLENİR?

Yanlış anlama ve anlaşılmayı önlemek için, herhangi bir sonuca varırken ne gibi varsayımlara dayanıldığının farkında olmak gerekir. Ancak bu varsayımların konuşma anında farkına varılması hemen hemen olanaksızdır. Buna karşılık, karşıdakinin söylediklerinin doğru anlaşılıp anlaşılmadığı denetlenebilir.

Yine yukarıdaki örneğe dönelim: "Yeğenim bana Cumartesi sabahı gelecek" sonucuna ulaşırken, bu sonucun dayandığı varsayımlarımın o anda farkında değildim, ancak daha sonra neden "o şekilde anladım?" diye düşündüğümde farkına varabildim. Bunları o anda farketmediğim için de yeğenime, "Benim şu varsayımlarım var, bunlar doğru mu?" diye soramazdım. Ancak nasıl bir sonuca ulaşacağımın farkında olsaydım, "Bana Cumartesi sabahı saat 9'da geliyorsun, değil mi?" diye sorabilirdim. Böylece benim zihnimde oluşan anlamla, onun zihninde tasarladığı anlamı karşılaştırabilirdik. Tabii aynı şeyi yeğenim de yapabilirdi. Başka bir deyişle, ikimizden biri, anladığının doğru olup olmadığını karşısındakine sorarak, iletişimi tek yönlü olmaktan çıkarıp çift yönlü yapabilseydi, bu yanlış anlamayı düzeltme olanağı bulabilecektik.

Bir kimseyle konuşurken, onun demek istediğiyle bizim anladığımızın aynı olup olmadığını denetlemeye *geri-iletim* adı verilir. Aslında geri-iletim, Yedinci Bölümde iletişim modelini tartışırken görüldüğü gibi, geniş kapsamlı bir kavramdır. Yüz ifadeleri, bedenin duruşu ve sesin tonu gibi, karşıdakine verilen tepkilerin tümünü kapsar. Yüz yüze yapılan görüşmelerde, geri-iletim her zaman vardır;

aksi halde konuşan, gerçekten anlaşılıp anlaşılmadığından, hiçbir zaman emin olamaz. Anladığını geri-iletim yoluyla belirten kişi, iyi bir dinleyicidir.

Daha önce yapılan tek ve çift yönlü iletişim alıştırmasında, hangi alıştırmada daha çok hata yapıldığını gördük. Basit bir çizim işleminde tek yönlü ve çift yönlü iletişim bu kadar farklı sonuçlar ortaya çıkarırsa, karmaşık duygu ve düşünceleri kapsayan bir iletişim söz konusu olduğunda, ne denli hata yapılabileceğini siz düşünün. Buna karşılık çift yönlü iletişimi kullanarak, bir başka ifadeyle, geri-iletime sık sık başvurarak, yapacağınız hataları en düşük düzeye indirmeniz mümkündür. İletişimde meydana gelen farklı anlayışlar eninde sonunda mutlaka kendini gösterir. Örneğin, yeğenimle aramdaki farklı anlayış, sonunda ortaya çıktı, ne var ki, bana gerek zaman, gerekse enerji yönünden daha pahalıya mal oldu. Önemli olan, eğer varsa bu farkları anında ortaya çıkartabilme alışkanlığını, başka bir deyişle, geri-iletimi sık sık kullanma davranışını geliştirmektir.

Askerlik yapanlar bilirler, erler komutanın emrini tekrar etmek zorundadırlar. Hele ilk acemilik devresinde, emir tekrarına çok önem verilir, böylece sağlıklı bir alışkanlığın yerleşmesine çalışılır. Emir tekrarı sayesinde, geri-iletim mekanizması işletilir ve yanlış anlamalar varsa anında düzeltilir.

Burada askerlikle ilgili bir anıyı anlatmadan geçemeyeceğim. Anlatacağım olay bir teğmenin başından geçmiştir.

Kırklareli'nde görevliyken, bir arkadaşı Edirne'den teğmeni ziyarete gelmiş. Teğmen postayı (görevli er) çağırarak, "iki Fruko" getirmesini söylemiş.

Asker, "Başüstüne komutanım," diyerek oradan ayrılmış.

Beş dakikada gelmesi beklenen posta, aradan 10 dakika geçmiş gelmemiş, 15 dakika geçmiş gelmemiş. Teğmen merak etmeye başlamış. Ne olduğunu öğrenmek için kantine telefon etmiş ve postanın kantine gelmediğini söylemişler. Anısının geri kalanını teğmenin ağzından dinleyelim:

«Hem şaşırmış hem de biraz kızmıştım. Beni ziyarete gelen sınıf arkadaşımdı ve iyi bir askerdi. Benim postanın en basit bir görevi bile yerine getiremeyişi beni mahçup duruma düşürmüştü. Aklıma türlü olasılıklar geliyordu: Asker ya firar etti, ya da yolda başına bir kaza geldi. Biraz daha bekledikten sonra başka bir eri, postayı aramakla görevlendirdim. Merakım gittikçe artmıştı, çünkü posta son derece güvenilecek, temiz ve dürüst bir köy delikanlısıydı. Bir süre sonra yorgun, bitkin, ter içinde posta geldi. Kucağında ağır bir yük taşıyordu. Güçlükle soluk alıp veriyordu; esas durumda tekmil verip, durumu anlattı:

"Komutanım, ikisini birden getiremedim. Garajdan vermiyorlardı, garaj çavuşuna çıktım, güçlükle nihayet razı oldular. Onun için geciktim."

Kendisine sordum: Sen ne istedin, garajdan?

"İki kriko komutanım. Küçükleri yokmuş, onun için cemse (GMC) krikosu verdiler!"»

Geri-iletim kullanarak dinlemenin, anlamaya o denli büyük katkısı vardır ki, bu tür davranışa, iletişim uzmanları bir terim bulmuşlardır: *aktif dinleme*. Aktif dinlemenin en belirgin özelliği, bilinçli bir biçimde ve sürekli olarak geri-iletim kullanılmasıdır.

Aktif dinlemede, dinleyen, konuşanın söylediklerini açarak geri verir ve böylece konuşan, dinleyenin ne anladığını öğrenir. Ve bireyler iç dünyalarına kapanıp kendi anlamları içine gömülerek bir monolog geliştirme yerine, karşılarındaki kişiyle bir diyalog kurarak, anlamlı bir ilişkiye girme olanağı bulmuş olurlar.

Aktif dinlemeyi kullanarak, iyi bir dinleyici olabilmenizi sağlayacak, bundan böyle de iyi bir dinleyici olmanın olumlu yönlerinden yararlanmaya başlayacaksınız. Bu yararlardan en büyüğü, kişinin yüzeysel ilişkiler yerine, daha derin ve doyurucu ilişkiler kurabilme olasılığının artmış olmasıdır. Böyle bir dinleme yeteneğiyle, hem kendinize, hem de başkalarına birçok yönden yararlı olabilirsiniz.

YARDIMCI OLMAK İÇİN DİNLEMEK

Bir kişi diğerine değer verdiği, hoşlandığı ya da sevdiği zaman, onun sorunlarını çözmede yardımcı olmak ister. Onun için çoğu kişinin bir "dert ortağı", "yakın dostu" vardır. Annemiz, babamız, kardeşlerimiz, akrabalarımız da bize yardımcı olmaya çalışırlar. Kısacası insanlar birbirlerine yardım etmede pek o kadar pinti değildirler.

Acaba yardım etmek isteyen bu denli çok kişi olmasına rağmen, söz konusu kimselerin sorunu çözmeye katkıları ne ölçüde olur? Ya da bu katkı sorunu gerçekten çözmeye yeterli mi? Kişisel olarak şimdiye kadar yaptığım gözlemlerde bir kimsenin ne kadar iyi niyetli olursa olsun, söz konusu kişinin sorununu onun adına gerçekten çözebildiğine tanık olmadım. Bir kimseye yararlı olabilmenin tek yolu vardır, o da karşınızdakini dikkatle dinlemek ve onunla kalben ve kafaca beraber olmaktır. Bir başka deyişle, karşınızdakini duyarak dinlemektir.

Dinlemenin bir kimsenin sorununu çözmede nasıl yararlı olacağını anlayabilmek için, önce bir kimsenin sorununu onun kendisinden başka hiç kimsenin çözemeyeceğinin kabul edilmesi gerekir. Biz o kişiye, ancak kendi sorununu kendisinin çözebilmesi için yardımcı olabiliriz. Çünkü, bir kişinin sorununu onun yerine çözdüğümüzü varsaysak bile, bu kısa vadeli bir çözüm olur ve o kişi uzun dönemde benzer sorunlarla yine karşılaşır. O kişiye, köklü çözümleri kendinin bulması yönünde yardım edilirse, gerçek bir katkı yapılmış olur.

Ne var ki, önerilmesi kolay, uygulanması zor bir davranıştır bu. Çünkü önem verdiğimiz, sevdiğimiz bir kimsenin güç bir durumda olduğunu bildiğimiz zaman, içimizden ilk geçen, hemen koşup ona yardım etmektir; onun sorularına bir cevap bulmaya kalkarız, "şöyle yap, buraya git, şununla konuş," gibi, tümüyle iyi niyetimizin etkisi altında bir sürü yollar öneririz.

Bu öneriler gerçekten doğru da olsa, deneyler göstermiştir ki, bu çözüm yollarını kişinin kendisi bulup çıkarmadıkça, önerilerin uzun zaman içinde pek yararı dokunmamakta, hatta tersine, kişiyi kendi sorunlarını çözemez, aciz bir birey durumuna sokarak zararlı bile olmaktadır. Onun için yapacağınız önerilerin gerçekten en doğrusu olduğuna inansanız bile, sonuçta çözüm yolunu *kişinin kendisine* bırakmak gerekiyor.

"Peki, nasıl yardım edelim öyleyse?" diye bir soru belirebilir kafanızda. Burada, değer verdiğiniz, yakın hissettiğiniz bir kimse bir sorunun çözümü içinde kıvranırken, "kendisi bulsun çözümü," diye ondan uzak durmanızı salık vermiyorum. Arkadaşınızın sorununu çözümünü kendisinin bulmasına, onun için iyi bir dinleyici olarak yardım edebileceğinizi göstermek amacındayım.

"Nasıl bir dinleme davranışıyla yardımcı olunabilir?" konusunun ayrıntılarına geçmeden önce, ilk aşamada, şu andaki yardım davranışlarınızın farkına varmanıza yardımcı olacak bir alıştırmayla başlayalım işe.

Acaba Ne Söylerdiniz?

1. Aşağıda bazı sorunlar verilmiş ve bir dostunuzun bu sorunlara çözüm aramak için size başvurduğu varsayılmıştır. Sorunuyla size gelen bu kimseye nasıl tepkide bulunurdunuz? Her bir sorun için önerdiğiniz cevapları mümkün olduğu kadar ayrıntılı yazmaya çalışın.

2. Sorunlar:

- Annem ve babamla ilişkimi nasıl düzenleyeceğimi bilemiyorum. Beni hiç anlamıyorlar. Benim hoşlandığım hiçbir şeyi onaylamıyorlar. Onların değerine, yaşam biçimine uymuyor bunlar. Benim duygularım ve düşüncelerimin benim için doğru olacağını kabul edemiyorlar. Beni sevmediklerini söylemek istemiyorum. Beni seviyorlar, fakat benim onlardan farklı bir insan olduğumu göremiyorlar.
- Son zamanlarda cesaretim iyice kırıldı. Hiçbir kız arkadaşım olmayacak galiba benim... Yani içtenlikle sevdiğim bir kız demek istiyorum. Konuştuğum birçok kız var, ama hiçbiriyle duygusal bir ilişkim yok. Gelirler bana dertlerini açarlar, beni arkadaş olarak görüp yakın davranırlar, ama hepsi bu kadar. Beni bir erkek olarak görüp bir duygusal ilişki içine girmiyorlar. Sadece bir arkadaş olmanın ötesinde ilişkiler istiyorum.

- Ne yapacağımı bilmez bir haldeyim. Okula gitmek istemiyor canım, fakat çevrede yapacak pek iş yok, ayrıca henüz askere gitmek de istemiyorum. Belki bir yıl falan okula gitmesem iyi olur, ama ondan sonra ne yapacağımı bilemiyorum.
- Son günlerde evliliğimden memnun değilim. Kavga ettiğimiz falan yok. Fakat ölü bir ilişki içindeyiz, bir canlılık yok. Sanki can sıkıcı bir hapishaneye beraberce kapandık ve her gün hapishanenin pencerelerinden biri daha duvarla kapanıyor.
- Müdür bey galiba bana kızgın! Eskiden şakalar yapardı, şimdi son derece ciddi. Son üç haftadır yaptığım iş hakkında bana hiçbir şey söylemedi.

3. Verdiğiniz cevapları saklayın. İki yakın arkadaşınızdan, yukarıdaki sorunlara verdikleri cevapları yazmalarını isteyin ve onları da sizin cevaplarınızla birlikte saklayın.

4. Bu aşamada , her biriniz her sorun için verdiğiniz cevabı okuyup hangisinin daha yararlı olacağını aranızda tartışabilirsiniz. Bu tartışmayı yaparken, biriniz sorun sahibi olsun ve diğerlerinin verdikleri cevapların, sorunun çözümünde kendisine ne denli yararlı olduğunu söylesin.

5. Hangi cevabın daha yararlı olacağına karar verdikten sonra cevaplarınızı bir kenara koyup saklayın, çünkü biraz sonra onlara yeniden başvuracağız.

6. Bu bölümün geri kalan kısmını okuyun. Sonra cevaplarınızı bu yeni bilgilerin ışığında sınıflandırmaya çalışın. Bunlar yargılama; çözümleme; rahatlatma; soru sorma ya da diğer sınıflardan hangisine girmektedir? Yine her zaman yaptığınız gibi konuya değişik boyutlar kazandırma için aranızda tartışabilirsiniz.

SORUNLARA VERDİĞİNİZ YAYGIN CEVAP TÜRLERİ

Sorunları çözmek için verdiğiniz cevaplar, sizin nasıl bir dinleme davranışı gösterdiğinizi ve soruna ne tür bir yaklaşım gösterdiğinizi belirtir. Bu cevapların çoğu da büyük bir olasılıkla aşağıdaki dört kategoriden birine girer. Tek başlarına ele alındıklarında, bu dinleme davranışlarınızın hiçbiri, kendi içinde "iyi" ya da "kötü" değildir; ancak bunlar genellikle uygun olmayan durumlarda kullanılır. Daha doğrusu, bir kişi belirli bir cevap tarzını ya da yaklaşım biçimini bütün durumlarda kullanma eğilimi gösterir. Her dinleme davranışının gerektiği belirli, uygun bir zaman ve yer vardır. Önemli olan da, bu zamanı ve durumu kavrayıp bu bilinç içinde cevap verebilmektir.

Aşağıdaki cevap kategorilerini okurken, bu yaklaşım biçimlerinden en çok hangisini kullandığınızı, soruna bu tür bir yaklaşımla karşınızdaki kişide nasıl bir etki uyandırdığınızı bulmaya çalışın.

Yargılama

Yargılayıcı yaklaşım, konuşanın davranışını ya da düşüncesini belirli bir yönde değerlendirir. Yargı olumlu olabilir: "iyi bir fikir," "şimdi doğru iz üzerindesin" gibi; veya olumsuz olabilir: "böyle bir tutumla sen hiçbir sonuca ulaşamazsın" gibi. Değerlendirme ister olumlu, isterse olumsuz olsun, şöyle bir kanı oluşur: "Yargılayan kişi, yargılanandan belirli yönlerden daha üstün olduğu için, konuşanın davranışını olumlu ya da olumsuz yönde değerlendirebilmektedir."

Yargılayıcı davranışın dinleyeni nasıl savunucu bir tutum içine soktuğuna savunma konusunu tartışırken değinmiştik. Yargılayıcı birinin karşısında olduğunu anlayan konuşmacı, birkaç dakika içinde savunucu duruma geçer ve kendini kapar. Gerçek sorununu gizleyerek, olumlu bir değerlendirme alabilmek için dinleyicinin onaylayabileceği biçimde konuşmaya başlar. Bu tür konuşma, kişinin gerçek sorununa bir çözüm bulmasını önler.

Çözümleme (Analiz etme)

Karşısında konuşan kimseyi çözümleyen kimse, konuşanı konuşandan daha iyi bir biçimde kendisinin anladığını ima eder. "Bence seni rahatsız eden şey..." ya da "Söylediğin bu ama, gerçekte düşündüğün..." gibi cümlelerle başlayan çözümlemelerde, dinleyici sanki konuşanın kafasını okur ve ona bir tür psikoloji dersi vermeye kalkar.

Karşınızdaki kişiyi çözümlediğinizde iki sorun ortaya çıkarmış olursunuz: Her şeyden önce, yapılan çözümlemenin doğru olduğuna ilişkin elinizde geçerli kanıt yoktur; yaptığınız yorum, karşınızdakinin kafasını daha da karıştırır. İkinci olarak, yapılan çözümleme doğru bile olsa, bunu söz konusu kişiye söylemenin bir yararı olmaz. Çünkü sizin yorumunuzu dinleyen kişi, büyük bir olasılıkla savunucu bir duruma geçer. Bu tutum, "ben senden daha iyi bilirim" anlamı ima edeceğinden, karşınızdaki farkında olmadan savunucu bir tutum içine girer. Böyle bir tutum içine girince de, birçok başka etken, kişinin kendi sorununa yaklaşımını bulandırır. Dolayısıyla, o kişinin kendi sorununa kendisinin eğilmesini önlemiş ve onu kendi sorunlarını görebilme olanağından daha da uzaklaştırmış olursunuz.

Soru Sorma

İstanbul'da yönetmiş olduğum iletişim gruplarından birinde, iki hanım üye arasında geçen konuşma soru sormaya iyi bir örnek oluşturur:

M : "Senin hakkında ne düşündüğümü ve ne hissettiğimi zannediyorsun?"

Z : (Soruyu kendi kendine yineler.) "Benim hakkımda ne düşünüyorsun? Ne hissediyorsun? Fakat, benim hakkımdaki hislerini sen bana zaten söyledin!"

M : "Olsun, sen yine de söyle."

Z : "Peki. Bir gün bana, bana yakın hissettiğini, benimle konuşmak istediğini, beni beğendiğini söyledin. Söylediğin buydu. Ben de senin söylediklerine inandım."

M : "Peki, sen ne düşünüyorsun? Senin hakkındaki hislerim ve düşüncelerim nedir acaba?"

Z : "Aynı şeyleri."

M : "Benim söylediklerimi unut."

Z : "Aynı şeyleri."

M : "Peki, ben bunları sana niçin söyledim, zannediyorsun?"

Z : (Soruyu yineler.)... "Niçin... bana söyledin... Beni beğendiğini niçin söyledin?.." (Şaşırmış ve sıkıntılı bir görünüşü vardır.)

M : "Evet."

Z : "Hımm... Bilmiyorum... Belki de yakın hissettin..." (Sessizlik.)

M : "Niçin yakın hissettiğimi biliyor musun?"

Z : "Hayır, bilmiyorum..." (Sessizlik.)

M : "Peki, benim hakkımdaki hislerin ne?"

Z : "Daha önce söylediğim gibi, kendimi sana yakın hissediyorum..." (Sessizlik.)

M : "Sana söylediklerimin tam tersini söylemiş olsaydım, benim hakkında ne hissederdin?"

(Konuşma uzadıkça Z'nin sıkıntısı artar ve bu tür konuşmaya son vermek ister.)

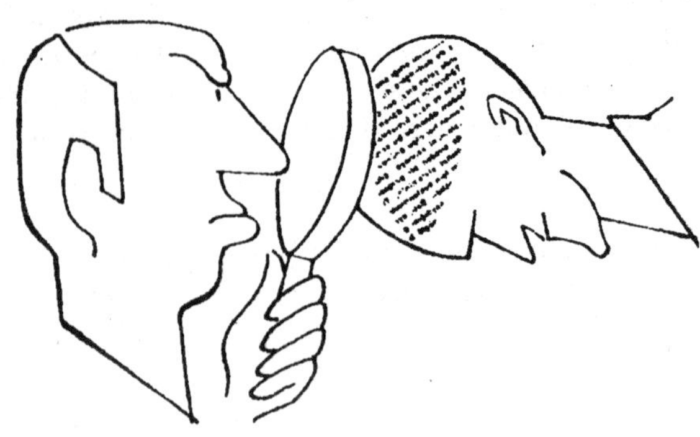

Soru sormak karşıdakinin ne düşündüğünü anlamak için sık sık kullanılan bir yoldur. Fakat soru sormanın, çoğu kez, karşıdakinin düşüncelerini yönlendirmek için kullanıldığı da bir gerçektir. Hepimiz bu tür bir yaşantıdan geçmişizdir, ya öğretmenimiz, ya annemiz veya babamız ya da bir başka otorite bizi belirli bir yöne götürmek, sonra da kıskıvrak yakalamak için sorular sormuştur. Bu durumda soru sormak bir stratejidir ve soru soranın kafasında bizi götürmek istediği, bir tuzak olarak kullanacağı bir yer vardır. Böyle bir tutumun savunuculuğa yol açacağı daha önce belirtilmişti.

Rahatlatma

Bazı durumlarda kişinin biraz cesaretlendirilmeye, biraz desteklenmeye ve rahatlatılmaya gereksinmesi vardır ve böyle zamanlarda o kişiye destek olmak, onu rahatlatmak yararlı olabilir. Ancak bu, rahatlatıcı davranışın her zaman ve her yerde yararlı olacağı anlamına gelmemelidir. Bazı durumlarda rahatlatıcı davranış göstermek karşıdakine yararlı olmayabilir. Belirli bir konuda bunalmış bir kimseye, "boş ver, yorma kafanı böyle şeylere," demek ya da, neşesi yerine gelsin diye işi şakaya boğmak, sizin onun sorunlarını ciddiye almadığınız ya da içinde bulunduğu durum karşısındaki duygu ve düşünceleri doğal bulmadığınız izlenimini verebilir.

Yukarıda kısaca açıklanan soruna yaklaşım biçimlerinin her biri bazı durumlarda yararlı olabilir, ama çoğunlukla yardım isteyen kişinin kafasını karıştırdığı da bir gerçektir. Bir örnek vererek söylemek istediklerimizi somutlaştıralım:

Yalçın : "Bende bir bozukluk olmalı. Hangi kızla konuşsam, benimle ancak bir kez bir yere gidiyor, ikinci sefer çıkmıyor. Dün de aynı şey oldu. Hülya ile beraber pastanede çay içtik. Önümüzdeki hafta birlikte sinemaya gitmeyi teklif ettim, reddetti!.."

Sacit : "Üzme tatlı canını, iki, üç güne kalmaz unutursun." *(Rahatlatıcı.)*

Yalçın : "Yok o kadar kolay unutamam. Bu kız arkadaş sorunu beni gerçekten düşündürüyor. Neyim eksik, nedir kusurum, niçin beni yanlarında görmekten sıkılıyorlar?"

Sacit : "Kardeşim, bence bu konuya kafana takmışsın. Belki de konuya böylesine takılmış olman ayağını, elini birbirine dolaştırıyor ve ne yapacağını bilemez hale getiriyor." *(Yargılama, çözümleme.)*

Yalçın : "Fakat bir türlü bu konuyu aklımdan çıkaramıyorum. Senden hoşlanan hiçbir kız olmasa sen nasıl hissederdin?"

Sacit : "Peki, sence sorun nedir? Onlara karşı kaba mı davranıyorsun? Kızların senden hoşlanmamasının bir nedeni olmalı." *(Soru sorma.)*

Yalçın : "Vallahi bilmiyorum, birader. Aklıma gelen her yolu denedim. Hiçbiri işime yaramadı."

Sacit : "Kardeşim, ben senin sorununu biliyorum. Sen rahat davranmıyorsun, sürekli diken üzerindesin. Kendin olman gerekir! İşte o zaman kızlar senden hoşlanırlar. Bunu yapmak da hiç zor değil, bırak kendini, sadece kendin ol, doğal davran, göreceksin her şey yoluna girecek." *(Yargılama, çözümleme, rahatlatma.)*

Yukarıda verilen örnekte Sacit, iyi niyetli bir arkadaştır, fakat Yalçın'a bir yararı dokunmamakta, belki de onun sorununu daha zor bir duruma sokmaktadır. Belki de Sacit'in söylediği şeyler sorunun can alıcı noktasına değinmektedir. Fakat Yalçın çözümü kendisi bulmamış, kendisi görememiştir ve bundan dolayı da bu çözüm ona yararlı olmayacaktır. Kişi kendi sorununu kendisi keşfetmezse, o sorunun çözümüyle etkili bir biçimde uğraşamaz.

Daha önce verdiğimiz *"Acaba Ne Söylerdiniz?"* başlıklı alıştırmayı yapmışsanız, şimdi bu alıştırmanın 6. maddesindeki soruyu cevaplayabilirsiniz.

Soruna yaklaşım biçimlerinin hangi türünü daha çok kullandığınızı anlamak istiyorsanız, aşağıdaki alıştırmayı da yapın.

Sorunlara Nasıl Yaklaşıyorsunuz

1. Aşağıdaki örnekleri okuyun ve uygun dinleme davranışını gösterecek cevapları yazın.

- . Ne yapabilirim? Bizim ihtiyar beni evden kovdu. Onun dediğini yapmazsam, artık sırtından geçinemeyeceğimi söyledi. Dünyadan haberi yok adamın, bugünün gençliği nerede ve hayattan ne istiyor, hiçbir fikri yok. Şimdi gidecek bir yerim yok ve Pazartesi'ye kadar bankadan para çekemem.

  Yargılama :..

  Çözümleme :..

  Rahatlatma :..

  Soru sorma :..

- Sözlüm benimle ilişkisini keseceğini söylüyor. Öğrenim için üç yıl yurt dışına çıkacağımı ve kendisini ancak yılda bir kez görebileceğimi söylediğim zaman, çok bozuldu ve benimle ilişkisini keseceğini söyledi. Sürekli evde oturup benim mektubumu beklemek istemediğini, onun da gezmeye ve hayatını yaşamaya hakkı olduğunu belirtti. Ben geri döndüğümde hâlâ evlenmemişse, yeniden düşünebileceğimizi söylüyor. Kendisini sevdiğimi, öğrenimimi bitirir bitirmez, kensiyle evleneceğimi söylediğim halde, benim söylediklerime aldırış etmiyor. Bana öyle geliyor ki, benimle ilişkisini tümüyle koparmak için bunu bir bahane olarak kullanıyor.

  Yargılama :..

  Çözümleme :..

  Rahatlatma :..

  Soru sorma :..

- Oda arkadaşımla aramda bir sorun var. Onun erkek arkadaşı sık sık akşamları geliyor ve oturup çay içiyorlar, sürekli konuşuyorlar, fakat oğlan bir türlü gitmek bilmiyor. Ev küçük olduğu için aynı anda odada çalışmak zorundayım ve onlar konuşurken çalışamıyorum. Bilmiyorum, belki de ben de yanlış düşünüyorum. Onunla aynı evde oturmak hem benim, hem de onun çıkarı gereği. Bu nedenle kolayca, "Buradan çıkacağım," diyemiyorum. O da, ben de tek başımıza yaşayacak ekonomik kaynaklara sahip değiliz. Fakat bu duruma da daha fazla dayanamayacağım.

Yargılama :..

Çözümleme :..

Rahatlatma :..

Soru sorma :..

2. Bir başka arkadaşınızdan aynı sorunları sizin yaptığınız gibi cevaplandırmasını isteyin. Cevaplarınızı karşılaştırın.

3. Her örnek için sizin yapmaya yatkın olduğunuz bir dinleme davranışı seçin ve bunu karşınızdakine bir rol oynar gibi anlatın. Sonra karşınızdakinin ne hissettiğini öğrenmeye çalışın.

4. Sizce bu tür dinleme davranışları yararlı oluyor mu? Karşınızdaki kişi sorununuza bu tür davranışlarla yaklaşsa, size bir yararı olabilir mi?

BİR BAŞKA TÜR DİNLEME

Daha yararlı olabilecek bir başka tür dinleme davranışı vardır. Bu tür dinlemeye *aktif dinleme* adını vermiştik, çünkü bu tür dinlemede, dinleyen geri-iletim sürecini devamlı olarak kullanır. Aktif dinleme tutumu içindeki dinleyici bu davranışıyla konuşana, anlattığıyla kendisinin ilgilendiğini, onun sorununu gerçekten duyduğu izlenimini verir. Bu tekniğin, çoğu kez, konuşana diğer dinleme davranışlarından daha yararlı olduğu, onun kendi sorunlarını daha iyi anlamasına yol açtığı gözlemlenmiştir. Bu tür aktif dinleyen insanlarla siz de karşılaşmışsınızdır. Eğer karşılaşmışsanız, şanslı sayılırsınız. Çünkü, pek az bir kişi bu tür dinleme davranışı gösterir.

Daha önce Yalçın ile Sacit arasında geçen konuşmayı şimdi aktif dinleme davranışı içinde verelim:

Yalçın : "Bende bir bozukluk olmalı. Hangi kızla konuşsam, benimle ancak bir kez bir yere gidiyor, ikinci sefer çıkmıyor. Dün de aynı şey oldu. Hülya ile beraber pastanede çay içtik. Önümüzdeki hafta birlikte sinemaya gitmeyi teklif ettim, reddetti!.."

Sacit : "Arkadaşlık kurmak için buluştuğun kızlarla, daha sürekli ilişki kuramadığın için kafan bozuluyor!"

Yalçın : "Evet ve neyim eksik onu da bir türlü çıkaramıyorum! Ahmak olmadığımı biliyorum. Onları iyi yerlere götürüyorum, kendimi bilmez hareketler yapmamaya, onları rahatsız etmemeye dikkat ediyorum. Fakat, benimle ikinci kez buluşmak isteyen bir kıza henüz rastlamadım."

Sacit : "Demek ki, gerçekten bir centilmen olmaya ve her şeyin doğrusunu yapmaya çalışıyorsun; fakat bütün bunlar bir işe yaramıyor."

Yalçın : "Evet. Bir kız arkadaşım olmasını o kadar istiyorum ki, belki bundan dolayı aşırı dikkatli ve kibar olmaya özen gösteriyorum. Doğal davranamıyorum. Bu davranışım bir işe yaramadı mı, gelecek sefere daha dikkatli olayım diyorum, o zaman daha da sıkıcı oluyorum, herhalde. Böyle bir kısır döngü içindeyim. Galiba kızlar bunu sıkıcı buluyorlar."

Sacit : "Demek sıkıntılı, tedirgin halinin seni başarısızlığa götürdüğünü düşünüyorsun? İyi bir erkek arkadaş olamayacağından korktuğun, kızların seni sıkıcı bulacağından çekindiğin için kibar olmaya çalışıyorsun ve bu halin de kızlara itici geliyor."

Yalçın : "Evet. Belki de benim yapmam gereken kibarlık oyunu falan oynamadan sadece kendim olmam... Şu veya bu şekilde kendimi göstermeye çabalamamalı... Filmlerdeki gibi centilmen olma hevesini bırakmalıyım. Gelecek kez doğal olmaya çalışacağım.."

Aktif dinleme sadece büyükleri dinlerken değil, çocuklarla konuşurken de kullanabileceğimiz bir davranıştır. Bir anneyle oğlu arasında geçen ve banda alınmış gerçek bir konuşmayı sizlere aktarmak istiyorum.

Anne : "Artık geç oldu, ışığı söndür ve uyu."

Çocuk : "Uyumayacağım."

Anne : "Uyuman gerek, geç oldu. Yarın kendini yorgun hissedersin."

Çocuk : "Uyumayacağım."

Anne : (*Haşin bir sesle,*) "Şu ışığı hemen söndüreceksin."

Çocuk : (*İnatçı bir sesle,*) "Uyamayacağım, işte."

Anne : (*İçinden, "Şu çocuğu boğasım geliyor. O kadar yorgunum ki, bu gece dayanamayacağım buna... Mutfağa gideyim, bir sigara yakayım, sonra tekrar odasına gideyim, onunla konuşmaya çalışayım ve geçen gün öğrendiğim aktif dinlemeyi uygulamayı deneyeyim. Biliyorum, o gayreti kendimde bulamayacağım, ama bir kez denemem gerek. Kendimi ölü gibi yorgun hissediyorum..." Daha sonra yine Timur'un odasına girer.*) "Haydi, vakit geç oldu, ama bulaşığı yıkamadan önce yatağında biraz oturup ayaklarımı dinlendireceğim." (*Kitabı Timur'un elinden alır ve ışığı söndürür, kapıyı kapar, yatağın üstüne, oğlunun yanına oturur ve arkasını duvara dayar.*)

Çocuk : "O kitabı ver bana, Işığı söndürme. Çık buradan. Seni burada istemiyorum. Uyumayacağım. Seni sevmiyorum.."

Anne : "Bayağı öfkeli görünüyorsun!.."

Çocuk : "Evet, okuldan nefret ediyorum, bir daha hiç okula gitmeyeceğim, hiç gitmeyeceğim!.."

Anne : (*İçinden, "Oysa oğlum okulu sever!"*) Demek artık okuldan bıktın.."

Çocuk : "Allahın belası bir yer. İyi bir öğrenci değilim. Hiçbir şey bilmiyorum. İkinci sınıfta olmam gerekir. (*Şimdi üçüncü sınıftadır.*) Matematikten hiçbir şey anlamıyorum. (*Matematiği çok iyidir.*) Öğretmen sanki bizi lise öğrencisi sanıyor."

Anne : "Matematik senin için çok zor..."

Çocuk : "Hayır! Kolay. Fakat yapasım gelmiyor."

Anne : "Öyle mi?"

Çocuk : "Top oynamayı seviyorum. Okula gideceğime hep top oynasam!?"

Anne : "Top oyununu gerçekten çok seviyorsun, demek?"

Çocuk : "Üniversiteye gitmek zorunda mıyım?" (*En büyük ağabeyi liseyi bitirmek ve üniversiteye gitmek durumundadır ve aile içinde bundan çok söz edilmektedir.*)

Anne : "Hayır."

Çocuk : "Daha ne kadar okula gitmem gerekiyor?"

Anne : "Liseyi bitirinceye kadar!"

Çocuk : "Yani üniversiteye gitmek zorunda değilim, öyle mi?"

Anne : "Evet, değilsin."

Çocuk : "İyi, hep top oynayacağım öyleyse."

Anne : "Top oynamaktan çok zevk alıyorsun, herhalde..."

Çocuk : "Tabii." (*Tümüyle sakinleşmiş durumda, rahat bir şekilde konuşur.*)

Anne : "İyi geceler."

Çocuk : "Biraz daha benim yanımda oturur musun?"

Anne : "Hıh hı."

Çocuk : (*Daha önce ayağıyla ittiği yorganı çeker, annesinin dizlerini örter ve okşar.*) "Rahat mısın?"

Anne : "Evet, teşekkür ederim."

Çocuk : "Bir şey değil." (*Bir sessizlik süresi geçer, daha sonra Timur burnundan horultular çıkararak, hırıltılı soluklar almaya başlar, abartılmış bir şekilde burnunu ve boğazını temizleme sesleri çıkarır. Timur'un burnu kapalı olduğu zaman soluk almakta zorluk çeker, ama annesi onun hiç bu şekilde horultulu ve hırıltılı soluğunu duymamıştır.*)

Anne : "Burnun seni rahatsız mı ediyor?"

Çocuk : "Evet, burnum tıkalı. Acaba burnuma damla damlatmam gerekir mi?"

Anne : "Faydası olur mu dersin?"

Çocuk : "Hayır." (*Horultulu hırıltılı soluklar devam etmektedir.*)

Anne : "Burnundan gerçekten rahatsızsın..."

Çocuk : "Evet." (*Hırıltılı, rahatsızlık belirten sesler.*) "Keşke uyurken burnumuzdan soluk olma zorunluğu olmasaydı."

Anne : (*Bu söze çok şaşmış bir durumda; bu fikrin nereden geldiğini sormak arzusu duyar.*) "Uyurken burnundan soluk almak zorunda olduğunu mu sanıyorsun?"

Çocuk : "Burnumdan soluk almak zorunda olduğumu biliyorum!"

Anne : "Pek de emin görünüyorsun!"

Çocuk : "Çünkü biliyorum. Uzun zaman önce Kemal söyledi bana. (*Hayran olduğu, kendisinden iki yaş büyük arkadaşıdır, Kemal.*) "Burnundan solumak zorundasın, uyurken ağzından nefes alamazsın", dedi."

Anne : "Yani ağzından soluk almasan daha iyi olur mu demek istiyorsun?"

Çocuk : "Ağızdan soluk almak mümkün değil!" (*Horultu, hırıltı.*) "Anne bu doğru mu? Yani uyurken mutlaka burnundan soluk alıp vermek gerekir, değil mi?" (*Uzun açıklamalar, birçok soru, hayran olduğu arkadaşı hakkında, "Bana yalan söylemez o değil mi?" türünden sorular.*)

Anne : (*Arkadaşının kendisine yardımcı olmaya çalıştığını, fakat çocukların bazen yanlış bilgiler edindiğini söyler. Anne uyurken birçok kimsenin ağzından soluk aldığı üzerinde ısrarla durur.*)

Çocuk : (*Çok rahatlamış görünmektedir.*) "Peki, iyi geceler."

Anne : "İyi geceler." (*Timur kolaylıkla ağzından soluk alabilmektedir.*)

Çocuk : (*Birdenbire yine burnundan hırıltı çıkarır.*)

Anne : "Ağzından soluk almaya hâlâ çekiniyor musun?"

Çocuk : "Hıh hı. Anne, ağzımdan soluk alırken uyursam... burnum da dolu... ve eğer geceyarısı uyurken... ağzım kapanırsa ne olur?"

Anne : (*Oğlunun yıllardır uykuya dalmaktan korktuğunun şimdi farkına varır; Timur gece yarısı nefessiz kalarak boğulmaktan korkmaktadır ve annenin içi sızlar. "Benim zavallı çocuğum," der içinden.*) "Nefessiz kalarak belki boğulurum diye mi korkuyorsun?"

Çocuk : "Hıh hı. Soluk almak zorundayım." (*"Ölebilirim" demeye cesaret edemez.*)

Anne : (*Daha ayrıntılı olarak açıklar.*) "Bunun olması imkansız. Ağzın kendiliğinden açılır... aynı kalbin kendiliğinden atması ve gözlerin kendiliğinden kırpılması gibi."

Çocuk : "Emin misin?"

Anne : "Evet, çok eminim!"

Çocuk : "Peki, iyi geceler."

Anne : "İyi geceler, tatlım." (*Öper, çocuk iki dakika içinde derin bir uykuya dalmıştır.*) (Gordon, 1970.)

AKTİF DİNLEMENİN ÜSTÜNLÜĞÜ NEREDE?

Diğer dinleme davranışlarına oranla aktif dinlemenin daha yararlı oluşunun nedenleri üç noktada toplanabilir. Her şeyden önce, bir yakını olarak, doğru yolu göstermek zorunluğu duymaksızın, onu gerçekten anlamak amacıyla, karşınızdaki kişiyi bütün dikkatinizle dinlemeniz, ona büyük bir huzur ve güven sağlar. Bu huzur ve güven ortamı içinde, kafasındakini olduğu gibi ortaya koymaktan çekinmez. Konuşan kendini rahatsız eden her şeyi rahatlıkla ortaya koyabilecek duruma gelince, kendi sorunlarına daha bir iç rahatlığıyla bakabilir ve o ana dek farkına varmadığı değişik yönler görebilir. Aktif dinlemeyi sürdüren dinleyici ise, konuşanın sorunlarına hemen bir çözüm bulmakla yükümlü olmadığı için, konuşanı daha rahatlıkla anlamaya çalışır; kendini hemen bir cevap bulmakla, bir çözüm getirmekle sorumlu hissetmez.

Aktif dinlemenin ikinci üstün yanı, örtük anlamları ortaya çıkarmak için iyi bir olanak sağlamasıdır. İnsanlar sorunlarını, düşüncelerini ve duygularını çoğunlukla simgesel bir biçimde ortaya koyarlar. Bir başka deyişle, açıkça ortaya koymazlar. Aktif dinleme, bu simgelere dalmadan, ayrıntılar içinde kaybolmadan asıl anlama yani mesajın özüne inmeye olanak sağlar. Yukarıda okuduğunuz çocuk ile annesinin konuşmasını hatırlayın. Çocuk temeldeki korkusunu ne kadar sonra ortaya çıkarabildi. Annesi çocuğa en yakın kimse olduğu halde, daha önceleri aktif dinlemeyi kullanmadığı için oğlunun temel sorununu anlayamamıştı.

Aktif dinlemenin üçüncü üstün yanı, bir kimseyi daha iyi tanımanıza olanak vermesidir. Aktif dinleme, söz konusu kişinin daha içtenlikle açılarak, kendini sizinle paylaşmasına yol açabilir. Böylece daha sağlam temeller üzerinde kurulmuş ilişkiler doğar.

ŞİMDİ NE SÖYLERDİNİZ?

Bu bölümde yaptığınız *Acaba Ne Söylerdiniz?* alıştırmasına dönelim ve bunu bir kez daha değişik bir açıdan uygulayalım.

Karşınıza bir arkadaşınızı alarak alıştırmadaki sorunlar onunmuş varsayın ve aktif dinlemeyi uygulayın.

Başka bir arkadaşınız size katılabilirse daha iyi olur, üç kişi olarak çalışın; çünkü grup içinde bu tür bir alıştırmayı yapmak size daha fazla bilgi verir.

Yineleyelim: Dinlerken yargılamayacak, belirli bir yöne götürecek türden soru sormayacak ya da cesaret vermeye çalışmayacaksınız. Konuşanın söylediklerini anlamaya çalışan iyi bir dinleyici olmaya çalışacaksınız.

HER ZAMAN AKTİF DİNLEME Mİ?

Hayır! Her zaman aktif dinlemeyi kullanamayız. Birisi ne zaman yemeğin hazır olacağını sorduğunda, "Yemeğin ne zaman hazır olacağını mı bilmek istiyorsun?" gibi bir soru yöneltmek herhalde gereksiz olur ve mutlaka garip karşılanır.

Bir arkadaşınız veya önem verdiğiniz bir kişi, sizinle konuşmaya niyetlendiğinde, ya da yüz ifadesi, oturuşu ve duruşuyla onun sıkıntılı olduğunu hissettiğinizde, aktif dinlemeyi kullanmanız uygun olur. Belki de en doğru yol şudur: Kendinizi bir kimseye yardım etmeye ve o kimsenin sorunlarını çözmeye yönelmiş hissettiğinizde, aktif dinleme zamanı gelmiş demektir.

Son olarak da şunu belirtelim: Bir kimsenin sorunuyla gerçekten ilgilenmiyorsanız, sırf yardım eder görünmek için aktif dinlemeyi kullanmayın. Çünkü sizin sesinizin tonundan, ifadenizin tüm yapısından, ilgilenmediğiniz ortaya çıkar ve karşınızdakine bir yararınız olmadığı gibi, onu derinden kırabilirsiniz de.

SÖZÜN KISASI

Her ağzımızı açtığımızda, bizim için o an önemli olan bir yönümüzü, duygu ve düşüncemizi dile getirmekteyiz. İyi bir dinleyici, söylediklerimiz içinden hangisinin önemli olduğunu anlayabilen ve bizimle ilişkisini bu anlayışı temel alarak kurabilen kişidir. Fakat, dinleyici durumunda olan kişi, genellikle, kendi iç dünyasıyla o denli doludur ki, sorunlarımızı, özlemlerimizi, kaygı ya da beklentilerimizi, bizim iç dünyamızın oluşturduğu çerçeve içinde algılayamaz. Dinlermiş gibi görünür, ama gerçekte dinlemez; söylediklerimizin hepsini değil, ancak bazılarını (ve çoğu kez işine geleni) duyar; bir başka söyleyişle dinlerken, bizim duygu, düşünce ve arzularımızı değil, kendi iç dünyasını merkez alır. Duyduklarını anlama yerine yargılar, çözümlemeye kalkar, karşısındakini belirli bir konuya yöneltmek için sorular sorar ya da temel sorunu kavramadan rahatlatmaya çalışır.

İyi bir dinleyici olabilmek için, kişinin geri-iletim sürecini sık sık ve yerinde kullanmasını öğrenmesi gerekir; böylece iletişim tek yönlü olmaktan çıkar, çift yönlü olur. Aktif dinleme adını verdiğimiz bu çift yönlü iletişim, alınan mesajları biraz daha belirginleştirerek konuşana geri verir. Öyle ki, konuşan kimse gerçekten "duyulduğunu" hisseder; benliğinin "geçerlik kazandığını" sezer; bunun sonucu olarakta iç dünyasını daha serbestçe ifade etme eğilimini gösterir. İç dünyasını serbestçe ifade edebilen kimse sorunlarını, güçlü ve zayıf yönlerini daha kolaylıkla görmeye ve doğal olarak, bu sorunlara daha gerçekçi çözümler getirmeye başlar. Bu nedenle, değer verdiğimiz, kendimize yakın bulduğumuz kimselerin sorunlarına yardımcı olmak için aktif dinlemeyi kullanmak, öğüt vermek, yol göstermek, yargılama ya da rahatlatmak türü bir yaklaşımdan daha yararlı olur.

Görünüşte Dinleme ya da İşittiğini Duymama

Başkalarını iyi dinleyebilme alışkanlıklarınızı geliştirdikçe, kendinizi iyi dinletebilme gücünüzün de geliştiğini göreceksiniz. Aşağıdaki alıştırmayı yaparak bu yönde daha ayrıntılı uygulama ve düşünme olanağı bulabilirsiniz.

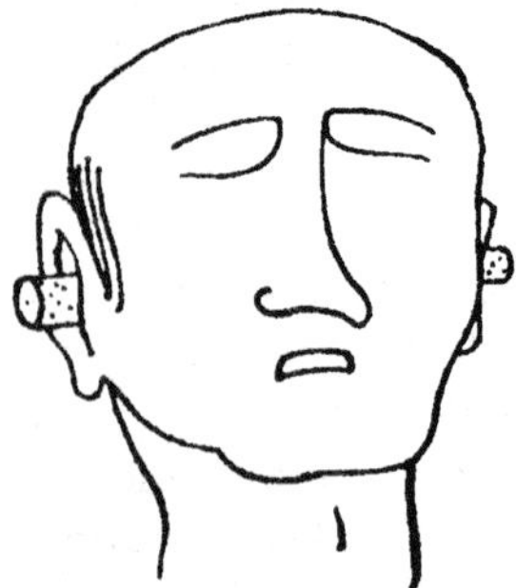

1. Üç ya da dört arkadaşınızla bir araya gelin.
2. Arkadaşlarınızın her biri iki dakika süreyle kendisi için önemli olan bir konudaki fikrini söylesin. Bu konular çeşitli olabilir. (Türkiye'nin NATO'dan çıkması ya da kalması; çalışan kadınların tırnaklarını uzatması; trafik sorununun nasıl çözüleceği gibi.) Konuşan belirli bir konuda fikirlerini söylerken, gruptaki diğer kimseler, kendileriyle ilgili bir sorunu düşüneceklerdir. Örneğin, o gün ne yemek pişirileceğini, yapmadığı ödevini nasıl bitireceğini, doğum günü için kardeşine ne hediye alacağını vb. Konuşan fikirlerini açıklarken, dinleyenler kafalarındaki sorunla ilgili ne yapacaklarına karar vermeye çalışırlar. Ancak böyle yaparken de, gruptaki konuşmacılara karşı kaba davranmamalı, sanki dinliyormuş gibi ara sıra kafa sallamalı ve konuşanın gözünün içine bakmalıdırlar. Bunlar olurken dinleyicilerin kafaları kendi sorunlarıyla meşgul olmalı, konuşanın söylediklerine pek aldırış etmemelidirler. Kısacası, dinleyiciler dış görünüşleri açısından karşılarındakiyle, iç dünyalarında da kendi sorunlarıyla ilgilenmelidirler.
3. Gruptaki herkes konuşma olanağı bulduktan sonra, iki aşamada izlenimlerinizi gruptakilerle paylaşın: 1) "görünüşte" dinleyenler olarak karşısınızdaki konuşurken neler hissettiniz. 2) Daha sonra siz konuşurken, karşıdaki gerçekten dinleme yerine, kendi sorununu düşündüğü zaman neler hissettiniz.
4. Şimdi farklı bir şey yapacaksınız: Her biriniz kafanızı meşgul eden bir kişisel sorununuzu ortaya atın ve bu sorunu nasıl

çözmeyi düşündüğünüzü beş dakika kadar anlatın. Bu sorunla ilgili duygu ve düşüncelerinizde başarabildiğinizce dürüst ve açık olmaya çalışın. Siz konuşurken birisi bir fikir ya da duygu ortaya koyduğunda, bunu mutlaka kendi sorunuzla ilişkili hale sokun ve kendi sorununuzdan ayrılmayın. Başkalarının söyledikleri sizi kendi sorunuzdan uzaklaştırmasın. Şunu aklınızdan çıkarmayın: *Sizin göreviniz diğerlerine kendi sorunuzu anlatmak.* Diğer tüm konuşmaları bu görevi yerine getirmek için bir araç olarak kullanın.

5. Bir önceki maddede belirtilen konuşma alıştırmasını yaptıktan sonra, birkaç dakika için neler duyduğunuzu paylaşın. Ayrıca başkaları konuşurken onları dinlemediğiniz zaman neler hissettiniz? Bunlar üzerinde tartışın.

Aktif Dinleme

1. Arkadaşlarınızdan birini bu alıştırma için ikna edin. Kimsenin sizi rahatsız edemeyeceği bir yere oturun. Biriniz "A", öbürünüz "B" olun.
2. "A" kendisi ya da öbür kişi hakkında kişisel bir ifadede bulunur. (Kişisel ifadeden kasıt, söz konusu kimsenin kişiliği, görünüşü, nasıl hissettiği ya da kişisel bir sorunu gibi, o kişiye ait özgü bir ifadedir. Örneğin, "Sen arkadaşlarına yardım etmekten hoşlanan bir kişisin," kişisel bir ifadedir; diğer yandan, "Bugün hava sıcak ve nemli," kişisel bir ifade değildir.) Bu kişisel ifadenin dinleyenin ilgisini çekecek bir özelliği olmasına özen gösterin. İfade önemli bir konuyu içeriyorsa, birden çok cümleden oluşabilir.
3. "A" cümlesini bitirince, "B" ifadesinin anlamını kendi kelimeleriyle tekrar etmeye çalışır. Bunu yaparken, "Anladığım kadarıyla sen .... diyorsun," gibi, ya da buna denk bir ifade kalıbı kullanılabilir. Bu aşamada "B" sadece "A"nın söylediğini ifade etmeye çalışmalı, kendisi buna herhangi bir yorum ya da yargı katmamalıdır. "B"nin görevi "A"nın söylediğini sadece anlamaktır, çözümlemek ya da değerlendirmek değildir. "B" papağan gibi "A"nın söylediğini aynı kelimelerle değil, fakat kendi kelimeleriyle ama aynı anlamı ifade edecek biçimde yapmalıdır. Örneğin:

"A": "Sen giyimine çok titizlik gösteren bir insansın," demişse,

"B": "Anladığım kadarıyla, sen benim nasıl giyindiğime çok dikkat ettiğimi söylüyorsun," şeklinde "A"nın ifadesinin anlamını kendi kelimeleriyle geri verir.

4. "A" şimdi "B"nin söylediği kendi ifadesinin anlamını tam verip vermediğini belirtir. Eğer bir yanlış anlama olmuşsa, yanlış anlamanın nerede olduğunu "A" belirtmeli ve "B" de bu yanlış anlamayı ortadan kaldıracak biçimde ifadeyi bir kez daha tekrarlamalıdır. Her ikiniz de tam tatmin oluncaya kadar bu düzeltme işlemine devam edin.
5. Şimdi "B"nin sırasıdır. "B" kişisel bir ifadede bulunur ve bu kez "A" kendi kelimeleriyle bu anlamı tekrar eder ve her iki taraf da tam tatmin oluncaya kadar 3. ve 4. basamaklarda belirtilen işlemler sürdürülür.
6. Yukarıda anlatılan süreci her biriniz üç ya da dört ifade üzerinde denerseniz, geri-iletim konusunda duyarlığınızı gerçekten arttırmış olursunuz.
7. Şimdi aşağıdaki soruları cevaplandırmaya çalışınız:
   - Bir dinleyici olarak karşınızdakinin ilk ifadesini anlamanız ne kadar doğruydu?
   - Burada yapmış olduğunuz dinleme davranışıyla, her gün alışkanlık sonucu yaptığınız dinleme davranışı arasında bir fark var mı? Hangisi daha fazla zaman ve enerji alıyor? Hangisi sonunda daha yararlı oluyor?
   - Karşınızdaki sizi gerçekten anlamak için dinlerken, neler hissettiniz? Bu duygu diğer zamanlarda konuşurken sizi dinleyenlerin karşısında hissettiklerinizden farklı mıydı?

8

Sürtüşme ve Çatışmalar

"Kişiler iyi niyetli olur ve birbirleriyle nasıl konuşacaklarını bilirlerse, aralarında tartışma, çatışma çıkmaz," kanısı yaygındır. Aynı düşünceye bir başka yönden bakılırsa, "Aralarında sürtüşme çıkan kimseler, iyi niyetli olmayan ya da birbirleriyle nasıl konuşacağını bilmeyen kimselerdir," sonucuyla karşılaşılır. Bu ifadeler, bazı iyi niyetli özlemleri dile getiriyor olabilir, ama gerçekleri ifade etmez. Çünkü insanlar bir arada yaşadıkları sürece, ne kadar iyi niyetli ve anlayışlı olurlarsa olsunlar, aralarında sürtüşmelerin, çatışmaların çıkması kaçınılmazdır.

Sürtüşmenin çıkmasını önlemek, ancak kızgınlık ve kırgınlık duygularına aldırmayarak ya da bunları yadsıyarak mümkündür. İç benliğin doğal bir parçası olan bu duygulara sırt çevirerek, aralarında çatışma çıkmasını önlemeye çalışan bir çift düşünün: Birbirlerine söyleyemedikleri şeyleri içlerinde biriktirince, birbirlerine yabancılaşma ve uzaklaşma önce kendi içlerinde baş gösterir; kendi iç benliklerinin bir parçası olan kızgınlık duygularını bastırarak, bunları yadsıyarak kendilerine yabancılaşmaya başlarlar.

Kendine gittikçe yabancılaşan bir kadın ya da erkek bir süre sonra eşine de yabancılaşır. Bir kimse kişiliğinin önemli yanlarını bastırarak onları yok varsayarsa, kendi gerçekliğini yitirir ve onunla yakın bir ilişki kurma olanağı kalmaz. Yakın ilişkilerin, dostlukların doğabilmesi için kişilerin iç benlikleriyle kendilerini ortaya koyabilmeleri gerekir.

Birlikte iş gören, beraber yaşayan kişilerin aralarında çatışma ve sürtüşme çıkması doğaldır. Öte yandan günlük gözlemlerden biliriz ki, tartışmalar sonucu kişiler birbirlerine kırılırlar, hatta ilişkilerini keserler. İnsanların tartışarak birbirlerini kırdıkları, arkadaşlıklarını sona erdirdikleri bilindiği için, kızgınlık duygularını açığa vurmaktan ve bir çatışmaya girmekten kaçınılır; çünkü arkadaş ve yakınlar gücendirilerek kaybedilmek istenmez.

Yakın ilişki kuran iki birey arasında çatışma çıkması doğaldır. Ne var ki bu çatışma yüzünden ilişkinin bozulması doğal değildir. İnsanlar aralarında çıkan duygusal sürtüşmeleri birbirlerini daha iyi anlayabilmek için bir araç olarak kullanıp dostluklarını pekiştirebilirler.

Burada evlilik ilişkilerine kısaca dokunmak isteriz; çünkü "aynı yastığa baş koyan" iki insanın yakın ilişkiler içinde olmasından doğal ne olabilir? Evlilik ilişkileri üzerine incelemeleriyle ün yapan Amerikalı psikolog George Bach ve Peter Wyden (1968), karı kocanın aralarında tartışabilmelerinin önemli olduğu üzerinde dururlar. Evli çiftler üzerinde yaptıkları bir araştırmadan elde ettikleri bulguları aşağıda şöyle özetliyorlar:

«Birbirlerine yaklaşamamaktan yakınarak bize başvuran çiftlerin dışındaki evliliklerde de birbirinden uzak kalma, birbirine yaklaşamama sorununun var olduğunu düşünürdük. Bu düşüncemizin doğru olup olmadığını anlamak için bir araştırma yaptık. İşimiz, sosyal ilişkilerimiz ya da öğretim görevlerimiz dolayısıyla tanıdığımız kimselere, "mutlu aile" üzerinde bir araştırma yapmak istediğimizi ve kendilerinin tanıdığı mutlu aileleri, oldukça ayrıntılı bir biçimde bize anlatarak tanıtmalarını istedik. Böylece, birçok aile arasından, mutluluk yönünden üst tabakayı oluşturan bir seçkin zümre elde ettik.

Bu yolla elde edilen 50 çifte sorular sorarak aralarında çıkan duygusal sürtüşmeleri nasıl çözdüklerini araştırdık. Sorulardan biri şuydu: "Az da olsa, ara sıra herhalde eşiniz size kızar. Böyle durumlarda eşiniz ne yapar?" Daha sonra, "Böyle durumlarda eşinizin içinden ne yapmayı geçirdiğini düşünürsünüz?" diye bir soruyla devam ettik.

Bu mutlu karı ve kocalara bu tür sorular ayrı ayrı sorulduğunda, alınan cevaplar oldukça düşündürücüydü: Hemen hemen hiçbiri karşısındakinin içinden ne geçtiği hakkında bir fikre sahip değildi. Tipik cevaplardan biri şöyleydi: "Eşimin canı bir şeye sıkıldığında bana hiçbir şey söylemez. Bu can sıkıcı şeyi hemen unutur." Diğer eşle konuştuğumuzda, kızgınlığını belirtmemek için kendisiyle çok çetin mücadelelere giriştiğini belirtiyordu. Kızgınlığını kontrol etmesi gerektiğini düşünmekteydi, çünkü kızgınlığını belirtirse, eşinin çok kırılıp kendisinden soğuyacağından korkuyordu.

Bu araştırmamızda üç tip evlilik ortaya çıktı: Kartondan yapılmış evlere benzeyen evlilikler, oyun oynayan evlilikler ve gerçekten birbirine yakın olan çiftler. Karton evlere benzettiğimiz evliliği kuranlar en büyük grubu oluşturuyordu. Bunlar evliliğin daha çok kurumsal ve biçimsel dış görünüşüyle ilgilenip yetiniyorlardı. Bu çiftlerin arasında gerçek anlamda insan insana bir yakınlık doğmamıştı; bir arada bulunuşları, "Başkası ne der?" kaygısına ve elde ettikleri sosyal prestiji kaybetmeme isteğine dayanıyordu.

İkinci gruptakilerin sayısı daha azdı ve birbirlerine daha yakın çiftlerden oluşmaktaydı. Bu çiftler de temelde tüm toplumsal töre ve gelenekleriyle evlilik oyununa kendilerini kaptırmışlardı. Bu evliliklerin çoğu, ekonomik avantajları yitirme ve bir değişimin ortaya çıkaracağı belirsizliklerden korkma nedenleriyle süregelmekteydi. Bu kişiler birbirlerini korumaları gerektiğini düşünüyorlardı; onlara göre evliliğin insan yaşamına getireceği hiçbir mutluluk yoktu; ama beraberlikten şikâyet etmek hem kötü bir davranış, hem de karşısındakine bir saygısızlık olacaktı. Ayrıca bekâr kalmanın yalnızlığı daha da berbat bir şeydi.

Son grupta sadece iki çift vardı. Bunlar gerçekten birbirlerine yakın ilişki kurmuşlardı. Bu gerçek ve yakın ilişkinin sırrını kendilerinden sorduğumuzda, cevabını bilmediklerini, bu konuda akıllarına söyleyecek hiçbir şeyin gelmediğini ifade ettiler. Diğer gruptaki çiftlerden farklı olarak, bu gruptaki çiftlerin aralarında sürekli olarak tartıştıklarını gözledik. Ancak birbirleriyle çatışmalarının, tartışmalarının çok doğal bir şey olduğunu kabul etmiş görünüyorlardı.

Sorduğumuz zaman, "Hemen hemen her konuda tartışırız biz, bundan daha doğal ne var!" şeklinde cevapladılar. Kızgınlıklarını depolamadan tartışarak birbirlerine belirtmelerini evliliğin doğal bir parçası olarak kabul etmeleri, onları diğerlerinden ayırt eden en belirgin özellikti.

Çalışmalarımızı derinleştirdikçe ortaya çıkan sonuç şu oldu: Birbirlerine kızgınlıklarını, kırgınlıklarını söylemeyen çiftler kibar değil, fakat "sahte"ydiler. Zamanla biz, yıkıcı ve yapıcı tartışmaları birbirinden ayırt etmeye başladık ve kızgınlığın öyle denetlenemeyen, bir sel gibi her şeyi silip süpüren bir şey olmadığını öğrendik.» (George Bach ve Peter Wyden, 1968).

Bu bölümde, kişilerin aralarındaki çatışma ve sürtüşmeleri, ilişkilerinin gelişme ve derinleşmesinde bir araç olarak nasıl kullanabilecekleri, bu yolda bir fırsat olarak nasıl değerlendirebilecekleri konusu üzerinde durulacaktır. Asıl konuya geçmeden önce, çatışma ve sürtüşmeden dolayı dostluğun, arkadaşlığın nasıl bozulduğuna, insanların birbirlerini nasıl itip uzaklaştırdığına dikkati çekmek istiyorum.

İki kişi aralarında ortaya çıkan bir sorunu yapıcı *bir tutum*'la ele alır ve tartışırlarsa, aralarındaki ilişki bir gelişme fırsatı kazanmış olur. Çocukluktan beri öğrenilen ve ortaya çıkan bir sorunu tartışmak için kullanılan *yıkıcı tutum*'sa, iki kişinin birbirinden uzaklaşmasına, ilişkilerinin zayıflayıp kopmasına yol açar.

YIKICI TARTIŞMA

Burada, genellikle yetişirken öğretilen, çocukluktan beri çevrede görülen, kırgınlık ve kızgınlık belirten davranış biçimleri ele alınacak.

1. Kaçınmak: Bazı kişiler herhangi bir kimseyle çatışmaya girmemek için bilinçli ya da bilinçsiz, çeşitli kaçma davranışlarında bulunurlar. Kendilerine sorulduğu zaman canlarının bir şeye sıkıldığını söylemezler. Kaçınılmaz bir biçimde çatışma çıkmışsa, ya orayı terkederler, ya uyumak isterler, ya da sanki çok önemli bir uğraşları varmış gibi, başka hiçbir şeyle ilgilenmeyip sadece yaptıkları işe bakarlar. Başka bir deyişle, ellerinden geleni yaparak çatışma durumuyla karşılaşmaktan kaçarlar. Bu davranış içinde olan bir insana hitap etmek güçtür. Çünkü karşımızda söylenecek söze muhatap olarak bizi dinleyecek, etkileşimde bulunacak bir kişi yoktur. Böylesine "kaçıcı" biriyle tartışmaya girmek, eldivenlerini bile takmak istemeyen bir boksörle maç yapmaya benzer.

2. Hasıraltı etmek: Hasıraltı eden kimse, sadece tartışmaya girmekten kaçınmakla kalmaz, sanki tartışacak bir konu yokmuş, kendisiyle diğer kişi arasında bir sürtüşme söz konusu değilmiş gibi davranır. Görünüşte, ona göre her şey güllük gülüstanlıktır. Bu tutum karşısındakinde hem suçluluk, hem de kırgınlık duygusu uyandırır. Aralarında bir sorun olduğunu, bu konuda konuşmak ve bir şeyler yapmak istediğini hisseden kişi, sorunların karşıdaki tarafından hasıraltı edildiğini görünce, "Ben niçin bu kadar geçimsizim? Bütün sorunları ben mi yaratıyorum ki, o hiçbir şeyin farkında değil!" gibi bir duyguya kapılarak kendini suçlu hisseder. Öte yandan, bu suçluluk duygusuyla birlikte, kişi "Gerçekte, benim onun yanında değerim yok. Değerim olsaydı, benim ne demek istediğimi hemen görür ve beraberce bu soruna eğilmek isterdi!" biçiminde bir düşünce de geliştirebilir. Bu düşünce kırgınlık duygusunu da beraberinde getirir.

3. **Suçlu hissettirmek:** Bir insan karşısındakine açıktan açığa ve doğrudan kızgınlık ya da kırgınlığını söyleyemiyor, fakat imalı yollarla karşıdaki kişinin kendini mutsuz ettiğini ifade ediyorsa, kullandığı teknik "suçlu hissettirme" yöntemidir. Bu tutum, "karşıdakini suçlu hissettirerek istediğini yaptır" biçiminde özetlenebilir.

Örneğin kadın, kocasının ayakkabısıyla eve girmesine sinirleniyor; bu kızgınlığını açıkça söyleyeceği yerde, "Benim işim gücüm ne ki, aldırma, sen gir ayakkabınla içeri, nasıl olsa yarın senin hizmetçin temizleyecek evi yeniden," der. Ondan sonra da ekler, "Off, keşke doğmaz olaydım; bıktım bütün gün evde çalışmaktan."

Bu tip insanlarda, diğer insanları kullanma eğilimi bulunur. Bir sorunu çözmek için, fikir ve duygularını açık seçik doğrudan ifade edecek yerde, yaptırmak istedikleri şeyleri başkalarını suçlu hissettirerek gerçekleştirmeyi yeğlerler.

4. **Konuyu değiştirmek:** Çatışma olasılığı belirdiği anda konuyu değiştirmek, sık kullanılan yöntemlerden biridir. Bu tür eğilimi olan iki kişinin gerçek anlamda bir ilişki geliştirebilmeleri zordur. Çatışma ve sürtüşmeden kaçtıkları için sürekli "kibar insan" maskelerini takarlar ve bu maskelerin altında yatan gerçek kişilikleriyle hiçbir zaman ilişki kuramazlar. Böyle bir ilişki içinde olan kişilerin ilişkisine, "beraber olma oyunu" olarak bakmak daha doğrudur.

5. **Eleştirmek:** Bizi sinirlendiren bir sorunu konuşacağımız yerde, kızgınlığımızı, karşımızdaki kişinin başka davranışlarını eleştirerek dile getiririz. Bu gibi durumlarda karşımızdaki bizim gerçekten neye

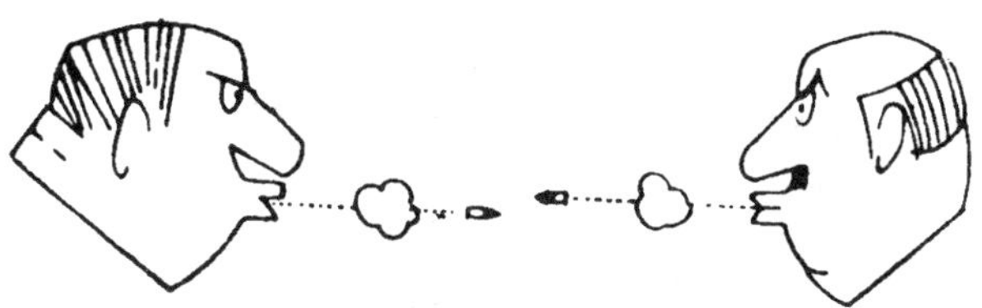

kızdığımızı pek anlayamaz. Yalnız kendisini kırmak, hırpalamak istediğimizin farkındadır. Ortada bir düşmanlık duygusu vardır, ne var ki, bu düşmanlığın nereden kaynaklandığı ise pek belirgin değildir.

Örneğin, bir yıl önce yapmış olduğu yüz kızartıcı hareketlerini karşımızdakine bir anda anımsatıveririz. Karşımızdaki böyle bir olayı hatırlatmamız için herhalde kendisine kızmış olmamız gerektiğini farkeder, ama neye kızdığımızı bilemez. Doğrudan kızgınlığımızı belirtecek yerde, karşımızdakini dolaylı eleştirmeye yöneldiğimiz zaman, bu tür bir davranış, sağlam temeller üzerine kurulmuş olsa bile, ilişkimizi içerden kemiren bir kurt gibi zayıflatır ve çökertir.

6. **Akıl okuyuculuk:** Karşındakini dinleyecek ve söylediklerini onun ifade ettiği biçimde anlayacak yerde, o kimsenin kişiliğini çözümleyerek, onun gerçekte ne demek istediğini kendisine öğretir bir biçimde anlatarak ya da diğer kişiye temelden neyin bozuk olduğunu göstererek bilgiçliğini ve üstünlüğünü belirtmeye çalışır.

Karşıdaki onu, "Ne olur sigaranı başka odada iç, dumandan rahatsız oluyorum," dediğinde, "akıl okuyucu" hemen cevabı yapıştırır. "Aslında sen benden rahatsız oluyorsun, çünkü başarımı kıskanıyorsun! Haydi itiraf et beni kıskandığını." Böyle davranan "akıl okuyucu", kendi duygu ve düşüncelerini dinlemek fırsatını da bulamaz; kendisinin ne hissettiği onun için erişilmez bir noktada kalmıştır. Karşıdakinin aklını okumaya kendini kaptıran kişi, sadece kendisinin değil, karşısındakinin de duygularını da algılayamaz. Böyle bir kimseyle konuşan kişi duyulmadığını, dinlenmediğini hisseder. Kırgınlık ve kızgınlığı daha da artar; bu duygulara bir de, "temas" edememekten, karşıdakine ulaşamamaktan doğan "bozulma" duygusu eklenmiştir.

7. **Tuzak kurmak:** Bazı kişiler karşılarındakinden bir davranış yapmasını isterler. Karşıdaki bu davranışı yapınca, sanki önceden isteyen kendileri değilmiş gibi, bu davranışı yapana yüklenirler. Örneğin, "Haydi gel seninle tam dürüst olalım, içimizden geçtiği gibi konuşalım, aklımızdan geçenleri birbirimizden saklamayalım," derler. Fakat karşıdaki bu isteğe uygun olarak kendi içinden geçenleri dürüstçe paylaşmaya başlayınca, hemen surat asmaya, kinayeli laf çarptırmaya başlarlar.

8. İma etmek: Bazı kimseler kızdıklarını hiçbir zaman açığa vurarak belirtmez, ancak ima yoluyla bazı ipuçları verirler. Örneğin, karısının fazla para harcamasından yakınan adam, bir gün karısını karşısına alıp şikâyetini açık seçik dile getirecek yerde, karısı her alışverişten gelişte, "O aldığın şey o kadar paraya mı mal oldu!.. Alah Allah!..." der ve kafasını hemen elinde tuttuğu gazeteye gömer.

Karısı bu durumda kocasının kızgınlığını hisseder, ne var ki bu kızgınlığın kendine karşı mı, aldığı şeylere karşı mı, yoksa satın alma davranışına karşı mı olduğunu pek kestiremez. Kocasıyla açık konuşma olanağını bulamaz. Çünkü kocası kızgınlığını imalı bir yolla belirtmeyi, açık olmaya yeğlemektedir. Böylece, içinde duygusal bir gerilim biriken ve bu gerilimin sürekli rahatsızlığını hisseden kadın, elinde olmadan kocasına karşı hınç duymaya başlar. Kadında gittikçe gelişen bu hınç duygusunun kocasıyla aralarındaki ilişkiyi ne yönde etkileyeceğini tahmin etmek herhalde pek zor olmasa gerek!

9. Bardağı taşırmak: "Bardağı taşıran son damla" ifadesi, bazı kişilerin davranış türleri için kullanılabilir. Karşısındakine kırılan, darılan ya da kızan kişi, bu kızgınlığını karşısındakine o anda belli etmez; fakat bu tür olumsuz duyguları depo etmeye başlar. Karşısındaki ne zaman onu kızdıracak ya da üzecek bir şey yapsa, kızgınlık ve kırgınlıklar depolanmaya devam eder. Bir gün, önemsiz bir olay, önceden birikmiş olan tüm kızgınlık ve kırgınlıkları harekete geçiren, başka bir deyimle, "bardağı taşıran son damla" işlevini görür. İşte o anda kişi, içine attığı bütün sorunları ortaya koyar. Fakat o anda karşıdaki sadece bardağı taşıran o ufacık olayın farkındadır. Bu kadar büyük bir patlamayı anlayamaz, kendisine büyük haksızlık yapıldığını düşünür. Böyle bir düşüncenin etkisiyle her iki taraf birbirine saldırıya geçer ve sorunu çözmek yerine, birbirlerini hırpalamak, birbirlerini kırmak asıl amaç olur.

10. Tedirgin etmek: Öyle kimseler vardır ki, kızgınlıklarını, kırgınlıklarını açıkça ifade etmek yerine, karşısındakinin tedirgin olacağı davranışlar yaparak onu rahatsız etmeye, ancak bu yolda kendi duygularını dile getirmeye kalkarlar. Örneğin, kocasına kızan kadın onun mutfakta pis bulaşık görmeyi sevmediğini bildiğinden, birkaç gün sürekli bulaşıkları pis olarak ortada bırakmaya başlar. Bir başkası, eşinin yüksek sesle geğirmeyi sevmediğini bildiği için geğirmeye başlar. Bir diğeri de yatakta tırnak keserek karşısındakine kızgınlığını ifade etmeye çalışır.

Bu tür davranışlar, duyguların açıkça dile getirilişi değil, düşmanlık dolu, dolaylı ifadelerdir. Kendisine böyle davranılan eş, 'tedirgin olur' ve karşısındakini kırmak için elinden geleni ardına koymaz. Böylece birbirlerine karşı 'ellerinden geleni ardına koymayan', birbirlerini kırmak için yarışan iki kişi ortaya çıkar. Amaç, insanların birbirlerini kırmak için etkili yollar aramasıysa, 'tedirgin etme' yöntemi en uygun yollardan biridir.

11. Şakaya boğmak: Bazı kişiler kendilerine ciddi bir duygu yöneltildiğinde, işi hemen şakaya dökmek ve bu yolla ciddi duygulardan kurtulmak isterler. Özellikle bunlar kızgınlık, kırgınlık ve darılma gibi ciddi duygular olursa, bu şakaya boğma davranışı daha da belirgin olarak kendini göstermeye başlar. Okuyuculardan bazıları, "Oh ne güzel, şakacı bir adam, insana hiç kavga etme fırsatı bile vermez, sürekli neşeli tutar karşısındakini" diye düşünebilir.

Bir an için, uzun süre "şakacı biriyle" birlikte yaşadığınızı düşünün. Mutlaka işitilmek, mutlaka anlaşılmak ve sizi rahatsız eden sorununuzla uğraşmak istediğiniz durumlarda, karşınızdaki kişi şakalar yapmakta ve bu davranışıyla sizin sorununuzu, dolayısıyla sizi, ciddiye almadığını ortaya koymaktadır. "Şakaya boğucu tip"ler, yakın ve samimi ilişkiler geliştirmekte zorluk çekerler.

12. "Yaraya" dokunmak: Herkesin, psikolojik anlamda, son derece duyarlı olduğu, "yaralı" yerleri vardır. Buralara dokunduğunuz zaman karşınızdakiyle aranızdaki ilişkinin bozulma olasılığı yükselir. İnsanların duyarlı oldukları bu "yaralı" yerleri görünüşleriyle, zihinsel güç ve yetenekleriyle, geçmişte yapmış oldukları davranışlarıyla ya da kişiliklerinin belirli bir yanıyla ilgili olabilir. Kişinin bu noktalarını ancak ona yakın olan kimseler bilir. Bu yakın kimseler, kızgınlıklarını, kişiyi bu duyarlı noktalarından yakalayarak belirtiyor ve öç alıyorlarsa, bu hastalıklı bir ilişkidir ve sürekli hırpalanır.

13. Değişmeye izin vermemek: Değişmeye izin vermeyenler, bir kişiyle daha önce kurdukları ilişkinin hep öyle kalmasını isterler. Oysa, yaşam akıp gitmekte, bu akış içinde kişiler yeni yaşantılara sahip olmakta ve değişmektedirler. Değişmek kişilerin olaylara ve kendilerine yeni açılardan bakabilmeleri demektir. İnsanın değişen, gelişen yönünü kabul etmemek, onun en önemli bir niteliğini görmezlikten gelmek demektir.

Değişmeye izin vermeyenler, yıllar önce kendi aralarında konuştukları, anlaştıkları bir konuda en ufak bir düşünce ve duygu değişikliği bile istemeyenlerdir. Biliyorsunuz, Nasreddin Hoca'ya yaşı sorulduğunda, "Otuz sekiz," demiş. Çevredeki biri, "Nasıl olur Hoca, on sene önce de sen otuz sekiz yaşında olduğunu söylemiştin!" diye hatırlatınca, Hoca, "Ben erkek adamım, söylediğim sözden geri dönmem!" diye cevap verir. Kişi istese de istemese de değişmek zorundadır. Yaşamın değişim getirdiğini görememek, Hoca'nın hikâyesindeki gibi kişiyi sadece gülünç duruma sokmakla kalmaz, onun ilişkileri yönünden de büyük zorluklar yaratır.

Kadın kocasına, "Ne olur ev işinde bana biraz yardım et. İki çocuğun bakımı, ev idaresi, işte çalışmak! Artık yetiştiremiyorum, çok yoruluyorum!" dediğinde, koca, "Evlenmeden önce ben seninle konuşmuştum, ben ev işlerinden hoşlanmam ve sana bu konuda yardım edemem. Sen de bunu kabul etmiştin!" diye cevap verirse, değişmeye izin vermeme söz konusudur. Yaşam koşulları değiştiği halde, koca düşünceseni değiştirmez, karısına yardım elini uzatmaz. Böyle bir tutum sonucu, bu çiftin evlilik ilişkilerinin nasıl olacağını tahmin etmek herhalde zor olmasa gerek.

14. Yoksun bırakmak: Karşısındakine kızdığı ya da kırıldığı zaman bazı kimseler bu duygularını olduğu gibi belli edecek yerde, karşısındakinin ihtiyacı olan bir şeyi vermeyerek ondan öç almaya kalkarlar. Bu verilmeyen şey ilgi, sevgi, iyi yemek, neşe, cinsiyet, para olabilir. Bu davranış biçimi iki kişi arasındaki sorunu çözmek yerine, daha derin yaralar açar ve daha başka sorunlar ortaya çıkarır.

15. Yardımı esirgemek: Karşısındakine kızınca, bu kızgınlığı "Ben sana gösteririm!" tutumu içinde halletmeye kalkışabiliriz. Bir gün kişinin gerçekten yardımımıza gereksinimi olduğunda, bu yardımı ondan esirgeriz. Yapılacak yardım bazı saldırgan kimselerden onu korumak olabileceği gibi, yalnızlık duyduğu bir zaman onun yanına gidip arkasını sıvazlamak gibi bir davranış da olabilir. "Ben sana gösteririm," "Bir gün elime düşersin" tutumu içinde olan iki kişinin, birbirlerine karşı kuşku ve güvensizlik duyguları geliştireceğini söylemek, herhalde büyük bir kehânet olmaz. Birbirinden şüphe eden ve birbirine güvenmeyen iki kişinin ilişkisi, "yakın ilişki" olmaktan uzaktır.

KIZGINLIĞINIZI NASIL BELİRTİYORSUNUZ?

Kızgın olduğunuz zaman yapabileceğiniz değişik davranışları tartışmış bulunuyorsunuz. Şimdi her bir davranış biçimini sizin kendinizin nasıl gösterdiğini düşünerek gözden geçirin.

Gözden geçirmeniz için şöyle bir yol öneriyorum: YIKICI TARTIŞMA başlığı altında yer alan ve aşağıda liste halinde verilen davranış türlerinin her birini okuduktan sonra, bu davranışı ne kadar sıklıkta yaptığınızı anımsamaya çalışın. Bazı davranış türlerini hiç yapmadığınız halde, bazılarını sık sık yapıyor olabilirsiniz. Bu konuda size yardımcı olmak amacıyla aşağıya harflerle belirtilmiş ifadeler konmuştur.

A : Hiçbir zaman böyle davranmam.
B : Çok ender olarak böyle davrandığım olur.
C : Bazen böyle davranırım.
Ç : Oldukça sık böyle davranırım.
D : Pek sık böyle davranırım.
E : Her zaman böyle davranırım.

Her bir davranış türünün yanına harflerle belirtilmiş ifadelerden birini koyarak, bu davranışı hangi sıklıkta yaptığınızı belirtebilirsiniz.

( ) 1. Kaçınmak
( ) 2. Hasıraltı etmek
( ) 3. Suçlu hissettirmek
( ) 4. Konuyu değiştirmek
( ) 5. Eleştirmek
( ) 6. Akıl okuyuculuk
( ) 7. Tuzak kurmak
( ) 8. İma etmek
( ) 9. Bardağı taşırmak
( ) 10. Tedirgin etmek
( ) 11. Şakaya boğmak

( ) 12. "Yaraya" dokunmak
( ) 13. Değişmeye izin vermemek
( ) 14. Yoksun bırakmak
( ) 15. Yardımı esirgemek

1. Sizin yakından tanıdığınız bir kimseye bu bölümü okutun ve sizin davranışınızı yukarıdaki açıklandığı biçimde değerlendirmesini isteyin. Sizin ve yakın dostunuzun değerlendirmeleri birbirini tutuyor mu?

2. Bir hafta süreyle, kızgın olduğunuz zaman nasıl davrandığınızı gözleyin. Kendinizi değiştirmeye zorlamadan, ne yaptığınızı sadece gözlemeye çalışın.

3. Kızdığınız zaman yaptığınız davranış, karşınızdaki kimseyle aranızdaki ilişkiyi nasıl etkiliyor? Geliştirip güçlendiriyor mu? Yoksa zayıflatıyor mu?

YAPICI TARTIŞMA

Yapıcı tartışma, çoğu kimsenin eski alışkanlıklarına ters düşen bir anlayış ve davranış biçimini içerir. Bu farklı anlayış ve davranışı başarılı bir biçimde uygulayabilmek için, yapıcı tartışmanın temel aşamalarını titizlikle uygulamak gerekir. Tartışmanın yapıcılık amacına ulaşabilmesi için, yapıcı tartışmanın her aşaması gereklidir. Bu aşamalardan biri atlanırsa, asıl amaç olan yapıcılık yerine, yıkıcılık ortaya çıkar.

Yapıcı tartışma yöntemi, birçok kez denendikten sonra, alışkanlık haline getirilebilir. Böyle bir tartışma alışkanlığını elde eden kimse, gerekli gördüğü zaman bazı aşamaları atlayabilir.

Yapıcı tartışma, sizin için önemli bir kişiye karşı duyduğunuz kızma, kırılma, rahatsız olma gibi duygularınızı, onunla paylaşarak birbirinizi daha iyi anlama, birbirinizi daha gerçekçi biçimde tanıma amacıyla kullanılır. Birbirlerine karşı duydukları kızgınlığı, kırgınlığı ve rahatsızlığı belirtmeyen kimseler, genellikle iki nedenden ötürü bunu yapamazlar.

1. Kaybetme korkusu: Kişi, kırgınlık ve kızgınlık gibi olumsuz duygularını karşısındakine belirttiği zaman, kendisi için önemli olan bu kimseyi kaybedeceğinden korkar. Bu korkunun altında şu anlayış yatar: Birbirleri için önemli olan ve yakın ilişkiler içinde bulunan kimselerin, birbirlerine kırılma ve kızgınlık gibi olumsuz duygular duymamaları gerekir. Böyle duyguların varlığı, ilişkinin sonu demek olduğundan, şu veya bu nedenle gelişse bile karşıdakine gösterilmemelidir.

2. **Kötü insan olma korkusu:** Bu korkunun temelinde şöyle bir inanç yatar: İyi ve olgun bir insan kızmaz ve kırılmaz. Kızan ve kırılan insan kötü ve zayıf bir insandır.

Bu korkuları temel alan bir anlayış tarzı kızma, darılma gibi olumsuz duyguları, sanki bunlar gerçek yaşamın bir parçası değilmiş gibi insan ilişkilerinden çıkarır; bu duyguların bir yana itilmesine, bastırılmasına ve yadsınmasına, inkâr edilmesine yol açar. Oysa olumsuz duygular da, olumlu duygular gibi, yaşamın ayrılmaz bir parçasıdır. Yaşamlarının gerçek bir parçasını birbirinden saklayan, birbirleriyle bu yanlarını paylaşmayan iki insan yakın bir ilişki kuramaz. Bu nedenle, olumsuz duyguları yapıcı bir tartışma içinde paylaşabilmek, yakın ilişkinin doğması için gereklidir.

NEDEN YAPMACIK GELİYOR?

Toplum yaşamında "yapıcı tartışma"ya pek rastlanmadığından, bu çeşit bir tartışma yadırganır, hatta biraz yapmacık ve düzmece sayılabilir.

Her şeyden önce "yapıcı tartışma", bir sözcük grubu olarak insana çelişkili bir ifade olarak görülüyor. "Tartışmanın da yapıcısı olur mu?" diyesi geliyor insanın. Şimdiye kadar çevremizde, yetiştiğimiz, büyüdüğümüz ortamda, kişilerin tartışarak uzlaştıklarını, anlaştıklarını ve beraberce bir şey ürettiklerini görmeye pek alışmadık. Tartışmaların amacı çoğunlukla karşıdakini yıpratmaya, kırmaya ya da hınç almaya yöneliktir. Tartışmayı olumlu yönde kullanmaya alışık olmayanların, yapıcı tartışma kavramından "tuhaflık", "yapmacılık" duygusu edinmeleri doğaldır.

Silifke'de ortaokulu bitirdikten sonra, liseye gidebilmek için Ankara'ya ilk gelişimde, insanların evde masa etrafında çatal bıçak kullanarak yemek yemeleri bana "tuhaf" ve "yapmacık" gelmişti. Doğal olanı, yere açılan sofra bezinin çevresine bağdaş kurarak oturmak ve bazlamayla dıkımlayarak yemeği elle yemekti. New York'ta 180 katlı

Empire Building'e çıktığımda, bu binanın "doğal" olmadığını hissettim. İlk operaya gidişimde yine aynı "tuhaf" ve "yapmacık" duygusundan kurtulamadım. Yabancı dil öğrenirken, yabancıların konuşma biçimlerini "tuhaf" bulurdum. Askere gittiğim zaman ilk devreler askeri giysiler, yürüyüş biçimleri, selam verişler, bana hep "tuhaf" ve "yapmacık" gelmişti. Bir süre sonra bana tuhaf gelen yönlerin "askerlik düzeni"nin doğal bir parçası olduğunu ve bunlar bana "tuhaf" gelmemeye başlayınca askerliği öğrenmiş sayılacağımı anladım.

Yeni bir yüzme stili, yeni bir konuşma biçimi, yeni bir fikir düzeni ilk başlarda bana hep "tuhaf" ve "yapmacık" gelmiştir. Bu "tuhaflık" duygusuna kendimi kaptırdığım zaman "yeni"yi deneyemedim. Yeniyi deneyemediğim zaman da, yaşamıma yeni bir boyut, bir canlılık getiremedim; ancak "eski"yi sürdürebildim.

Bu yenilik ve tuhaflık duygusundan kurtulmak yeterli değildir; birbiri için önemli olan iki insan arasında yapıcı tartışmayı gerçekleştirebilmek her şeyden önce *karşılıklı iyi niyete ve güvene* ihtiyaç vardır. Birbirinin iyi niyetinden kuşkulanan iki birey, yapıcı tartışmanın gerektirdiği karşılıklı güven ortamını oluşturamadıklarında, yapıcı niyetle başlayan bir tartışma bile kısa süre içinde yıkıcı bir tartışmaya dönüşür.

Yapıcı tartışmanın gerektirdiği karşılıklı iyi niyet ve güven kadar önemli bir diğer koşul da, kişilerin birbirlerini *eşit ilişkiler* içinde görmeleridir. Beşinci Bölüm'de tartıştığımız gibi, eşit ilişkiler içinde olan kişiler, eşit söz hakları olduğunu kabul ederler. Kişilerin eşit söz hakkı olduğu görüşü temel alınmazsa, yapıcı tartışma mümkün olamaz; bu durumda, "üstün" olduğunu düşünen kişi, diğerine görüş ve düşüncelerini dikte eder. Kocanın "küçük tanrı", kadının "saçı uzun aklı kısa" kabul edildiği bir aile içinde, karı koca arasında yapıcı tartışmayı düşünmek bile okura gülünç gelebilir.

Yapıcı tartışmanın aşamalarına geçmeden, şunu da belirtmekte yarar vardır: Karşılıklı iyi niyet ve güven ortamı içinde, eşit söz hakkı olan insanlar arasında gerçekleştirilebilen bu tartışma türü, günlük yaşamda her zaman ve her yerde uygulanamaz; çünkü üzerinde düşünmek ve hazırlanmak için zaman gerekir. Yapıcı tartışma, kişinin, yaşamındaki "önemli kişiler"le olan ilişkileri aksadığı zaman uygulanacak bir yöntemdir. Örnek olarak, eşleri boşanmaya kadar götürebilecek karı koca çatışmaları ve işten atılmaya yol açabilecek yönetici yönetilen zıtlaşmaları gösterilebilir.

Bütün "tuhaf" ve "yapmacık" görünümüne rağmen yapıcı tartışmayı deneyeceğinizi umuyorum. Söz konusu olan, iki insanın duyurucu ve mutlu bir biçimde beraber olmasıysa, herhalde bu "yeni" tartışma biçimini denemeye değer. Bu beraberliğin sağlıklı olması, sizin iş hayatınızdaki başarınızı, çocuklarınızın iyi yetişmesini etkiliyorsa, "yapıcı tartışma"yı denemekten niçin çekinesiniz?

YAPICI TARTIŞMANIN AŞAMALARI

Birinci aşama: Sorun hakkında düşünmek

Karşınızdaki kişiyle iletişime geçmeden önce, kendi *kendinizle iletişime geçmeniz gerekiyor.* Şu anda sizi rahatsız eden içinizdeki duygunun çözümlemesini yapmaya çalışın. Karşınızdakine gerçekten kızgın mısınız, yoksa kıskançlığınızı karşınızdakine kızgınlık halinde mi yansıtıyorsunuz? Savunucu iletişim konusunda incelenen savunma mekanizmalarından birini kullanıyor olabilir misiniz?

Duyduğunuz olumsuz duygunun niteliğini kesin olarak saptamaya çalışın. Bunu yapmak için acele etmeden, bir ya da iki dakika bekleyin, içinizde ne olup bittiğini anlamak amacıyla kendi kendinizi dinleyin; uygun ortam varsa, bir yere oturup gözlerinizi kapamak size yardımcı olabilir. Ben kendi üzerimde gözledim; gözlerimi kapatarak gözlemlediğim zaman duygularımla daha kolay temasa geçebiliyorum. Bu sizin için de geçerli olabilir.

Duygunuzun niteliği hakkında bir fikir sahibi olduktan sonra, sizi kızdıran, kıran ya da üzen şeyin ne olduğu konusunda mümkün olduğu kadar *açık seçik teşhis koymaya çalışın;* genel ifadeler düzeyinde kalmayın. Örneğin, "evin içi çok dağınık," genel bir ifadedir. Oysa, "Sabah kahvaltısından kalan kirli tabaklar mutfakta kalmış," demek, önceki ifadeye oranla daha açık seçik, özeldir.

İkinci aşama: Tartışma zamanının saptanması

Yıkıcı tartışmalar çoğu kez iki kişinin tartışmak için uygun bir zaman seçememesinden kaynaklanır. Çiftlerden birisi karışık bir ruhsal durum içinde bulunabilir. Ya da rahat rahat konuyu tartışacak zamanı bulunmayabilir; o anda yapması gereken daha ivedi bir işi olabilir. Bazen yorgunluk ya da başka tür kişisel bir sorunla kafası meşgul olan birey, karşısındakini tam anlamıyla dinleyecek durumda olmayabilir. Bu tür nedenler dolayısıyla, yapıcı tartışma için her iki kişiye uygun bir zaman ayarlamak gereği vardır. Yoksa iyi niyetlerle yapıcı bir amaçla başlanmış olunan tartışma, kolaylıkla yıkıcı bir tartışma haline dönüşebilir.

Birinci aşamada belirtilen işlemi yaparak, sizi gerçekten neyin rahatsız ettiğini açık seçik anladıktan sonra, ilgili kişiyle uygun olan bir zamanı seçmeyi denemelisiniz. Bu zaman ayarlamasını yaparken, "Beni rahatsız eden bir konu var, bu konuda seninle konuşmak istiyorum. Bana ayırabileceğin uygun bir zamanın var mı?" şeklinde sorarak durumu karşınızdakine açabilirsiniz.

Üçüncü aşama: Sorununuzun ifadesi

Bu aşama önemlidir. Sizi rahatsız eden duyguyu açık seçik ve yalın olarak ifade edemiyorsanız, karşınızdaki büyük bir olasılıkla sizi anlayamaz ve Dokuzuncu Bölümde tartışılan savunucu mekanizmalardan birine başvurur. Sizi rahatsız eden birçok nokta varsa, tartışmayı yapıcı bir biçimde devam ettirebilmek için, *sizin açınızdan en önemli olan sadece bir sorunu ele alın.* İfadeniz iki yönü içermelidir:

- Sizi rahatsız eden davranışın bir tanımı,
- Bu davranışın sizde uyandırdığı en belirgin duygu.

Aşağıdaki kalıp ifadeyi örnek olarak verebiliriz:

"Beni rahatsız eden şey *benimle alay etmen*dir ve sen bunu yapınca *sana kırıldığımı* hissediyorum."

Böyle yapmakla karşınızdakine açılmış ve duygularınızı olduğu gibi paylaşmış oluyorsunuz. Kızgınlık içinde davranan insanlar, genellikle, ne hissettiklerini söylemeden, karşıdakini suçlamaya yönelirler. Karşıdaki suçlandığını hissedince savunucu bir tutum içine girer ve sizi dinlememeye başlar. Aklı, size nasıl karşı koyacağıyla meşgul olmaya başlar.

Bu aşamada karşılaşılan önemli bir engel, dil aracılığıyla aşılabilir. Karşıdakinde "suçlanma!" izlenimi yaratmamak için, *ben dili* kullanılır. *Ben dili,* kişinin kendini rahatsız eden davranışın tanımını yapan ve bu davranışın kendisinde nasıl bir duygu uyandırdığını ifade eden söyleyiş biçimine verilen addır. Yukarıda verilen örnek ifade kalıbı, ben diline uygun düşer.

Sen dili, "Sen ne kadar kaba bir insansın," "Ne kadar akılsızca iş yapıyorsun," Sende hiç terbiye yok mu?" gibi ifadelerle karşıdakini yargılamaya ve suçlamaya yönelen bir dildir. "Sen şusun!," "sen busun!' gibi ifadeler hep "sen" kelimesiyle başladığı için, böyle bir tutum içinde kullanılan dile *sen dili* adı verilir.

Ben dili ile sen dili arasındaki en önemli fark şudur: Ben dili, konuşan kişinin kendi iç dünyasındaki duyguları ifade eder ve bu duyguların ötesinde herhangi bir suçlama ve yargılamaya gitmez. Sen dilindeyse suçlama ve yargılama ağırlık taşır.

Yapıcı tartışmaya girmek sizin için önemliyse, yargısına güvendiğiniz bir yakınınıza, söyleyeceklerinizi önceden dinletip, söylediklerinizin ben ya sen dili olarak algılanıp algılanmadığını denetleyebilirsiniz. Daha önceden denetlemeyi salık verişimizin nedeni, kızgınlık anında hep sen dilini kullanmaya alışık olmamızdır. Bu alışkanlık o denli bir parçamız haline gelmiştir ki, kızdığımız zaman farkında olmadan bu dili kullanıveririz.

Dördüncü aşama: Anlaşılıp anlaşılmadığınızı denetleme

Sizi rahatsız eden davranışı tanımlayıp, bu durumda kendinizi nasıl hissettiğinizi ifade ettikten sonra, karşınızdaki duyduğunu tekrar etmelidir. Burada iki evre söz konusudur:

(1) Sizi işiten kişi (eşiniz, arkadaşınız, nişanlınız vb.) sizin söylediğinizi şöyle tekrar edebilir:

A : "Ben konuşurken sürekli sözümü kesiyorsun. Sözümü kesmen beni kızdırıyor!"

B : "Sen konuşurken sürekli sözünü kesiyorum. Sözünü kesmem seni sinirlendiriyor."

Bu evrede karşınızdakinin konuşmanızı tekrar ederken söylediği sözler sizi tatmin etmemişse, sizi rahatsız eden konuyu yeniden dile getirin ve karşınızdaki sizi aynen tekrar edinceye kadar bu işlemi sürdürün.

(2) Tekrar işlemi bittikten sonra, karşınızdaki sizin sorununuzu kendi anladığı biçimde yeniden söyleyecektir. Burada bir yorum söz

konusu değildir; sadece sizin sorununuzu kendi kelimeleriyle ifade edecektir.

Yukarıdaki örneğe devam edelim:

B, A'nın sözünü aynen tekrar ettikten sonra şöyle der:

"Yani senin konuşmanı bitirmene hiç fırsat vermiyorum; hep ben söze başlıyorum. Ve bu davranışımdan rahatsız oluyorsun, öfkeleniyorsun."

İnsanlar birbirlerine kızgın olduğu zaman, yanlış algılamalar kolaylıkla işin içine girer; bu yanlış algılamaları ortadan kaldırdıktan sonra, yapıcı bir tartışma temeli kurulabilir. Bu temeli sağlamak için anlaşılıp anlaşılmadığınızı yukarıda anlatılan biçimde, iki evrede denetlemekte yarar vardır. Denetleme zamanınızı alacaktır; bu nedenle sabırsızlanabilirsiniz. Fakat deneyler göstermiştir ki, denetlemeye verilen zaman israf değildir ve sonunda mutlaka daha kazançlı çıkılmaktadır. Bu zaman verilmediği takdirde, yapıcı tartışma çoğu kere amacına ulaşamaz.

Bu aşamada unutulmaması gereken bir başka konu da, karşınızdaki sizin söylediğinizi önce aynen, daha sonra kendi ifadesiyle tekrar ederken, onun iyi niyetli bir çaba gösterdiğini unutmamanız ve bu çabasından dolayı karşınızdaki kişiye teşekkür etmenizdir. Bir başka deyişle, karşınızdaki sizin söylediğinizi aynen söylemeyi başardığında, hemen arkasından, "Evet, teşekkür ederim," gibi bir ifade kullanabilirsiniz. Tabii bu teşekkür ifadesi bir gülümseme, dokunma gibi sözsüz olarak da ifade edilebilir

Beşinci aşama: İsteğinizin ne olduğunu düşünme ve alıştırma yapma

Şu ana kadar, karşınızdakine sizi neyin rahatsız ettiğini ve bu söz konusu davranışı yaptığı zaman nasıl hissettiğinizi söylediniz. Şimdi sıra, karşınızdakinden nasıl bir isteğiniz olduğunu söylemeye geldi. Bu aşamada, basit gibi görünmesine rağmen, dikkate alınacak bazı önemli yönler vardır. Her şeyden önce karşınızdakinden nasıl bir değişiklik istiyorsunuz? Bunun iyice bilincine varmış durumda mısınız?

İstemiş olduğunuz son derece basit bir davranış değişikliğinden, kişinin gerçek benliğini ilgilendiren duygusal yönden çok yüklü, özbenliği tehdit edici bir davranışa kadar uzanabilir. Kişiden ne istediğinizin gerçekten farkında mısınız? Bu isteğiniz karşınızdakinin yaşamında nasıl bir değişiklik yapacak?

Demek ki, bu aşamada iki evre var: Bir tanesi kendi yönünüzden ne istediğinizin farkında olmak ve bu isteğinizi açık, seçik bir biçimde söyleyebilecek duruma gelmek. İkincisiyse bu isteğinizin karşınızdakinin yaşamı ve kişiliği içinde ne anlama gelebileceği hakkında biraz duyarlılık kazanmak; bir başka deyişle, sizin istediğiniz değişikliğin karşınızdakine ne ifade ettiğinin iyice farkına varmak!

Ne istediğinizin bilincine varıp, aynı zamanda bunun karşınızdaki için ne anlama geldiği hakkında bir duyarlılık kazandıktan sonra, şimdi sıra, bu isteğin karşınızdakine yalın ve açık seçik bir biçimde, sadece üzerinde tartışılmak istenen soruna dönük olarak ve yine yalnızca o sorunu belirterek ifade edilmesine gelmiştir. Öneminden dolayı, isterseniz ifadeyi, bir üçüncü kişinin önünde önceden deneyip, geri-iletim alınız.

Daha önce verilen örneğe devam edersek:

A : "Ben konuşurken sözümü kesmeni istemiyorum. Konuşmana başlamadan önce bana, "sözün bitti mi?" diye sormanı istiyorum,"

ifadesi kesin bir dileği ortaya koyar ve öbür insanı büyük sıkıntıya sokmadan uygulanabilecek bir içeriği vardır.

Altıncı aşama: İsteğinizin anlaşıldığını denetleme

İsteğinizin ne olduğunu ifade ettikten sonra, bu isteğinizin anlaşılıp anlaşılmadığını denetlemeniz gerekir. Onun için dördüncü aşamayı, başka bir deyişle, sorununuzun anlaşılıp anlaşılmadığını, denetlemelisiniz. Karşınızdakinin istediğinizi anlaması, onun bu isteği kabul etmiş olması anlamına gelmez. Karşınızdaki isteğinizi anlamayı başarmışsa, bu çabayı şu veya bu biçimde tanımalı ve teşekkür etmelisiniz.

Yedinci aşama: Sorunuzu sorma

Artık bu noktada karşınızdaki sizi neyin kızdırdığını ve bunu değiştirmesi için ne istediğinizi biliyor. Artık size sorunuzu sorma kalmıştır. Sorunuz kısaca, "İstediğimi yapacak mısın?" olabilir. Ya da bu anlama gelen bir başka soru da sorabilirsiniz.

Sekizinci aşama: Cevaba karar verme

Şimdiye kadar, karşınızdaki size bir cevap verme olanağına sahip olamadı. Sizin sorunuz üzerine, artık o cevap vermek durumundadır. Nasıl bir cevap vereceğine karar vermeden önce, karşınızdakinin bir zaman süresine gereksinmesi olabilir. Sizin isteğinizi olduğu gibi kabul edebilir, tümden reddedebilir ya da kısmen kabul edebilir. Bakarsınız, büsbütün yeni bir öneri getirebilir ya da kızabilir, şaşırabilir de... Ancak önemli olan onun kendini rahat hissedeceği bir karara varmasıdır. Rahat hissetmeyeceği bir karar verirse, zamanla almış olduğu karardan farklı davranmaya başlar; o zaman da birbirinize karşılıklı güvenin sarsılması gibi daha önemli başka türden sorunlar ortaya çıkabilir. Bu nedenle, karşınızdakinin cevap vermeden önce zaman istemesine itiraz etmeyiniz, tersine onu teşvik ediniz.

Dokuzuncu aşama: Soruya cevap verme

Bu aşamada her ikinizin de kabul edebileceği bir cevaba ulaşmak önemlidir. Bu, pazarlığa girip, birinizin isteğini diğerine zorla kabul ettirmesi demek değildir. Her ikinizin de kabul edebileceği ve rahatsız olmayacağı bir çözüm bulmak asıl amaçtır.

Sizin sorununuza verilen cevabı tartışırken, her aşamada, karşınızdakinin söylediğini doğru anlayıp anlamadığınızı kontrol etmeyi unutmamanız gerekir. Bir anlaşma noktası bulamıyorsanız, etkileşime bir süre ara vermek yararlı olur. Daha sonra konuşmayı kaldığınız yerden sürdürmek üzere bir buluşma zamanı saptamalısınız.

Onuncu aşama: Gözden geçirmek için bir araya gelmek

Belirli bir anlaşmaya vararak dokuz aşamayı da başarabilmişseniz, bu kararınızı birkaç gün uyguladıktan sonra, ne hissettiğinizi paylaşmak üzere bir araya gelmelisiniz. Belki de, bu kararı iyi niyetle uygulamak istediğiniz halde, kararın sizi rahatsız eden yanlarının farkına varmış olabilirsiniz. Ya da, daha doyurucu başka bir çözüm bulmuş olabilirsiniz. Geçen zaman içinde ne hissettiğinizi gözden geçirmek için bir araya gelmeniz, her ikinizi de bir zorlama olmadan memnun edecek bir çözüne varmanızı daha da garanti altına alır.

Sizin için önemli bir insanla yapıcı tartışmayı gerçekleştirebilmiş olmanız, bu kişiyle ilişkinize yeni anlamlar getirebilir. Her şeyden önce, sizi rahatsız eden sorunu her ikinizi de memnun edecek biçim-

de çözebilmiş olmanız, önceki gergin duruma oranla, ilişkinizde bir rahatlık ve özgürlük sağlar. Ayrıca aranızdaki önemli bir sorunu yapıcı bir tutum içinde ele alabilmiş olmanız, birbirinize karşı duyduğunuz iyi niyet ve güveni perçinler. Bütün bunların ötesinde de, birbirinize eşit söz hakkı tanıdığınızı, klasik deyimiyle, birbirinize "karşılıklı saygı" duyduğunuzu kanıtlar.

BOŞALMAK

Bazı anlar, kızgınlık o dereceye gelmiş olabilir ki, insan o anda sadece kızgınlığını dile getirmekle ilgilenebilir, çünkü başka hiçbir şeyi düşünebilecek halde değildir. Bu durumda olan bir insanın yukarıda anlatılan türden yapıcı tartışma aşamalarını adım adım, soğukkanlılıkla izlemesini beklemek gerçekçi değildir. Kızgın olan kimse, kızgınlığını bastırmaya çalışarak yapıcı bir tartışmaya girmek istese bile, bu davranışın sağlıklı bir tutum olduğu söylenemez. Çünkü, kişinin içindeki kızgınlık duygusu bastırılamayacak bir şiddete ulaşmış olabilir. Bu şiddette bir duyguyu bastırmak zordur, ancak bir "nazik kişi" maskesi takmakla, kişi kızgınlığın bastırmış gibi görünür. Ne var ki, maske takmış bir kişinin yapıcı bir tartışmaya girmesi olanaksızdır. Yapıcı tartışma için kişilerin gerçek olması, maskelerinden kurtulmuş olarak kendi iç benlikleriyle etkileşimde bulunmaları zorunludur. Maskeli olarak yapıcı tartışmaya girişmek bir tek sonuç doğurur: Etkileşimde bulunan kişilerin birbirlerine karşı duydukları güven zayıflar.

Güvensizlik duygusunu geliştirecek bir etkileşimde bulunmak yerine, içindeki kızgınlığı karşısındakine göstermek daha sağlıklı bir davranıştır. Kızgınlığın, öfkenin "boşalması", gerginliği azaltarak, daha yapıcı bir tartışmaya girme olanağı hazırlar.

Boşalma olayı, etkileşimde bulunan her iki kişi tarafından da bilinirse, kırıcı ve yıkıcı etkileri önlenebilir. Onun için boşalma durumunda olan birey, karşısındakine bunun bir boşalma olduğunu, şu ya da bu biçimde baştan ifade etmeye özen göstermelidir. Bunu bir jestle ya da bir iki kelimelik bir sözle yapabilir. Uzun zaman birbirlerini tanıyan kişiler, karşısındakinin hangi duygusal durumda olduğunu hemen anlayabilir; ne var ki, yakından tanımayan kişiler için bu zor olabilir. Ve bu nedenle de, mantıklı düşünemeyecek kadar öfkeli ya da gergin olan kimsenin, böyle bir duygusal durum içinde olduğunu karşısındakine, "Şu anda çok öfkeliyim," gibi bir ifadeyle belirtmesi, zor olmasına rağmen, büyük yararlar sağlar. Bu bir anlamda, eğitim ve benlik disiplini sorunudur; kendini eğitebilmiş kişi boşalma süresince bile elden geldiğince "ben dili"ni kullanmaya çabalar. Boşalma süresince suçlayıcı "sen dili"ni kullanmak, sonradan yapıcı tartışma ortamına girmeyi güçleştirir.

KAYBEDEN YOK YAKLAŞIMI İÇİN AŞAMALAR

Kızgınlık ve engellenme duygusu, farkında olunan ya da olunmayan çatışmalardan kaynaklanır. Sadece kısa süreli duygusal gerginlikleri değil, uzun süreli çatışmaları çözmek de, yaşamın önemli bir parçasıdır. Yukarıda, kızgınlık ve kırgınlık duygularının ifadesinde ve bir çözüme ulaşmasında gereken basamakları inceledik. Aşağıda, uzun süreli çatışmaların çözümünü inceleyeceğiz.

Çatışma değişik nedenlerden kaynaklanabilir ve çözümüne iki temel tutum içinde yaklaşılabilir:

(1) "Ben kazanacağım, o kaybedecek;"

(2) "Her ikimizin de sonuçtan memnun olması gerekir."

Birinci yaklaşıma *kazanma ve kaybetme,* ikimci yaklaşıma *kaybeden yok yaklaşımı* adını verelim.

Eğer yaklaşım, "ya kazan ya da kaybet" tutumu içine yapılıyorsa, iki kişiden biri mutlaka varılan sonuçtan hoşnut olmayacaktır. Böyle bir tutum içinde en güçlü olan, en çok ısrar eden, en hileli davranan üste çıkar. Bu durumda "kazanan", büyük bir olasılıkla, karşısındakinin saygısını, güvenini ve iyi niyetini "kaybeder".

"Ya kazan ya da kaybet" tutumu bu açıdan incelendiğinde, "karşıdakini kaybetme pahasına" tartışmanın kazanıldığı görülür. "Karşıdakini kaybetmek istemiyorsak, nasıl bir yol izleyeceğiz?" İzlenecek bir yol vardır ve buna "kaybeden yok" yaklaşımı adı verilir.

Kaybeden yok yaklaşımı şu şekilde işler: Bir çatışma konusu ortaya çıktığı zaman, taraflardan her biri sadece kendi isteğinin yapılmasına olanak verecek bir çözümde ısrar edecek yerde, her ikisi de yaratıcı bir biçimde, iki tarafı birden tatmin edecek bir çözüm yolu bulmaya çalışırlar. Çatışmayı çözebilecek değişik yollar düzenli bir biçimde gözden geçirilerek bu gerçekleştirilebilir. Aşağıda Thomas Gordon'dan (1970) esinlenerek altı aşamalı bir "kaybeden yok" yolu öneriyorum.

Birinci aşama: Çatışmayı tanıyın

Sizce sorun nedir? Bu konuda kendinizi nasıl hissediyorsunuz? Burada "ben dili" kullanmayı ve her ikinizi de memnun edecek bir çözüme ulaşma tutumu içinde olduğunuzu belirtmeyi ihmal etmeyin.

İkinci aşama: Birçok çözüm yolu ortaya koyun

Beş ya da on dakika gibi belirli bir zaman süresi içinde aklınıza gelen çareleri, iyi ya da kötü, mümkün ya da değil gibi süzgeçlerden geçirmeden, olduğu gibi ortaya koyun. Bu aşamadaki asıl amaç, sorunla ilgili olabildiği kadar çok sayıda çözüm yolunu bir liste halinde ifade edebilecek duruma gelmenizdir. Kişiler kafalarındakini hiçbir süzgece tabi tutmadan, olduğu gibi dökmelidirler.

Üçüncü aşama: Çözüm yollarını değerlendirin

Bu aşamada her çözüm yolunu değerlendirerek, bu çözüm yollarının her birinizi ne kadar tatmin ettiğini tartışacaksınız. Bu evrede kişilerin dürüstçe düşüncelerini ifade etmeleri önemlidir. Bir çözüm tarzını istemediği halde karşısındaki memnun olsun diye kabul etmek, iki kişinin arasındaki ilişkinin sağlığı bakımından sakıncalıdır.

Dördüncü aşama: En iyi çözümde anlaşın

Şu ana dek bütün seçenekleri gözden geçirmiş bulunuyorsunuz. Şimdi her ikinizi de en çok tatmin eden çözümde karar kılmanın zamanıdır. Bu karara ulaştıktan sonra, çözümün ne anlama geldiği bir kez daha her iki kişi tarafından ifade edilir. Bu çözümü denemeye koyma arzusu her iki tarafça belirtildikten sonra, sıra bundan sonraki aşamaya gelir.

Beşinci aşama: Çözümü uygulamaya koyun

Bu evrede çözümün ayrıntılarını konuşmaya başlarsınız. Burada ayrıntılardan kastedilen, çözüm uygulanmaya konduğunda, her iki tarafça ne gibi uyarlamalar ve ayarlamalar yapılması gerektiğinin konuşulmasıdır. Çözüm bir planlamayı gerektiriyorsa, bu planı yapmanın zamanı şimdidir. Önemli olan, plan yapıldığı zaman her iki tarafın da bu planı aynı biçimde anlamasıdır. Eğer çözüm bir para miktarını içeriyorsa, paranın miktarını açık seçik şekilde belirtmenin sırası yine bu aşamadır. Burada üzerinde durulması gereken nokta, çözümün uygulanmaya geçebilmesi için gerekli işlemlerin her iki kişi tarafından anlaşılmış olmasıdır.

Altıncı aşama: Çözümü gözden geçirin

Bir çözümün gerçekten uygulanabilir ya da uygulanamaz olduğunu denemeden anlamak zordur. Çözümü bir süre uyguladıktan sonra, gözden geçirmek üzere bir araya gelmekte büyük yarar vardır. Böyle bir gözden geçirmeden sonra, çözüm tarzında bazı değişiklikler önerilebilir. Hatta öyle bir durum olabilir ki, çözümü her ikiniz de tatmin edici bulmayıp, sorunu yeniden gözden geçirmek gereğini duyabilirsiniz. Önemli olan, sorunun altında ezilmek yerine, her ikinizi de hoşnut edecek bir çözüme ulaşıncaya kadar yaratıcı bir biçimde sorunla uğraşmaktır.

SÖZÜN KISASI

İster aile ilişkileri, ister iş ilişkileri çerçevesinde olsun, uzun süre birlikte olan iki kişinin aralarında sürtüşme ve çatışmaların çıkması doğaldır. Doğal olmayan, bu çatışmaların ilişkiyi bozması ve yıpratmasıdır. Yıkıcı tartışma küçükten beri çevrede görerek öğrenegeldiğimiz ve çoğu kimselerde köklü bir alışkanlık halinde yerleşmiş bir davranış biçimidir. Aralarında çıkan sorunları, bireyler bu tür yaklaşımla ele aldıklarında, elde edilen sonuç genellikle olumsuzdur. Yapıcı tartışma ve iyi niyet, karşılıklı güven ve eşit söz hakkı ortamında gerçekleşebilir. Böyle bir ortam uzlaşmaya varabilmek için zorunlu, ne var ki, yeterli değildir; yapıcı tartışma tutumunu uygulayabilmesi için, bireyin kendini bilinçli olarak eğitmesi gerekir.

9

İletişim ve Toplum

İnsan ancak ilişkileri içinde varolabilen bir yaratık olduğundan, insanların düşünebilme, düşündüğünü karşısındakine anlatabilme yeteneği, toplumsal yaşamın temelini oluşturur. İnsanoğlunun düşünce ve duygu alışverişini kısıtlamak ya da genişletmek onun yaşam biçimini değiştirir. Çağımız bu tür bir değişime, bu alışverişin genişlemesine tanık oluyor. Bu değişim, simgelerin ve mesajların yoğun bir biçimde üretilmesinden ve geniş bir alana yayılabilmesinden kaynaklanmaktadır. İletişim teknolojisindeki gelişmeler kadar hiçbir teknolojik buluş yaşam biçimini, bireylerin bilinçlenmesini ve toplumsal davranışlarını etkilememiştir. Amerikalı Kitle İletişim uzmanı Thayer, konuyu şöyle özetler:

> «Ağızdan ağıza hikâyeciler aracılığıyla, bir kuşaktan diğerine aktarılan bilgi, yazının icat edilmesiyle kitaplar aracılığıyla aktarılmaya başladı. Matbaanın icadı ve okur yazarlığın yaygınlaşması, bugünkü karmaşık sanayi toplumunun tabanını oluşturan bilgi alışverişinin ortaya çıkmasını sağlamıştır. Bugün, uzaydaki uydular aracılığıyla, dünyanın her yerinin birbirine bağlandığı bir çağda yaşıyoruz; herhangi bir ülkedeki olayı, dakikalarla sayılabilecek zaman süresi içinde, bütün dünya öğrenebilmektedir.
>
> Toplumun modernleşmesi, karmaşıklaşması oranında, insan ilişkilerinin sayısında bir artma olmuştur; bir gün içinde yüzlerce ilişkiden oluşan bir ilişkiler ağı içinde yaşıyoruz. Büyük bir kentte, bir kişinin günde ortalama bin beş yüz kadar mesaj aldığı, bir başka ifadeyle, günde ortalama bin beş yüz kez bir kimse ya da kimseler tarafından dikkati çekildiği, bir şeyler yapması istendiği, olumlu ya da olumsuz eleştirildiği, güldürüldüğü, düşündürüldüğü hesaplanmıştır».

Sanayi öncesi toplumlarda, ancak fiziksel güçle ulaşılabilen kimselerle iletişim kurabilirdi. Yürüme mesafesinde oturan mahalledeki kişiler, aynı kasabada oturan yakınlar, akrabalar, dostlar, komşular en yoğun ilişki kurulan kimselerdi. İletişim araçlarının gelişmesi, ilişki çevresini çok genişletmiş bulunuyor. Artık kasaba, kent ya da ülke sınırlarını aşan arkadaşlıklar ve dostluklar kurulabiliyor.

Aynı binada oturan komşunun annesinin öldüğü bilinmeyebilir, ne var ki, Amerikalı bir müzisyenin geçirdiği trafik kazasından haberdar olunur. İlkel yerleşim toplumlarında "mahalleli olma" büyük önem taşırdı. Mahallesinin namusunu, şerefini korumak için dövüşüldüğünü duymuşsunuzdur. Bugün kentin, hatta yurdun birçok yerlerine dağılmış kimselerin oluşturduğu derneklerin, kuruluşların üyesi olmak, iki insanı yaklaştırabilmekte ya da uzaklaştırabilmektedir. Aynı mahallede oturmanın, artık pek anlamı kalmamış gibidir.

Acaba iletişim olanaklarındaki bu artış, geçici bir özelliğe mi, yoksa sürekli bir değişime mi işaret ediyor? *Geleceğin Şoku* adlı kitabıyla ün yapan Amerikalı sosyolog Alvin Toffler, zaman boyutu içinde bilimsel ve teknolojik gelişimin hızını incelemiştir (Toffler, 1970). Toffler, insanların dünya yüzünde varoluşunu kanıtlayan belgelerin elli bin yıl öncesine kadar gittiğini söyler. Her biri altmış iki yıl olan bir "yaşam birimi" kabul edilirse, bu elli bin yıllık süre sekiz yüz yaşam birimiyle ifade edilebilir. Bu sekiz yüz yaşam biriminin en sonuncusu içinde meydana gelen bilimsel ve teknik değişiklikler, icatlar, keşifler, kendinden önceki bütün yaşam birimlerinde meydana gelen değişikliklere denktir. İnsanlık altı yüz elli yaşam birimi boyunca mağaralarda yaşamış, yalnız son yetmiş birim boyunca yazıyı kullanır hale gelmiştir. Basım makineleri, ancak son altı birim içinde kullanılmıştır. Elektrik motoru, son iki yaşam birimi boyunca kullanılmaktadır.

İnsanlık, ancak sekiz yüzüncü yaşam biriminde ilk kez tarımdan daha çok sanayiye ağırlık veren bir toplum kurmuştur. Önceleri, nüfusunun yüzde yetmiş ya da sekseni tarımla uğraştığı zaman ancak doyabilen uluslar, şimdi, nüfusunun ancak yüzde on beşini tarım sektörüne ayırıyor; nüfusun geri kalan yüzde seksen beşi endüstri, ticaret, eğitim ve yönetimle uğraştığı halde, beslenme konusunda herhangi bir sorun çıkmıyor. Böylece insanlar, doğal gereksinimlerini karşılamak için, bütün günlerini bedensel çalışmaya ayırma zorunluğundan artık kurtulmuş ve ticaret, endüstri, eğitim, sanat ve bilimle uğraşma olanağı bulabilmişlerdir. Bu uğraş alanlarındaki ilerlemeler, iletişim olanaklarını geliştirmiş, iletişim araç ve gereçlerindeki gelişmeler de bilim, eğitim, sanat ve ticaret alanlarındaki etkililiğin sınırlarını büyütmüştür. İletişim olanaklarındaki bu gelişim, en belirgin olarak kitle iletişiminde kendini göstermiş ve toplumsal yaşama yepyeni boyutlar eklemiştir. Şimdi kişiler arası iletişimle, kitle iletişimi arasındaki farklara kısaca bir göz atalım.

KİŞİLER ARASI İLETİŞİM VE KİTLE İLETİŞİMİ

Kişiler arası iletişim, kişilerin (kaynak ve hedef birimlerin) yüz yüze karşılıklı konuştukları durumlarda olur. Kitle iletişiminde kaynak ve hedef birimler karşı karşıya gelmezler; gazeteler, dergiler, film, radyo ve televizyon kitle iletişiminin kanallarını oluştururlar ve bu kanallar aracılığıyla bir tek kaynak çok sayıda hedefe geniş bir alan ve zaman içinde ulaşabilir. Yukarıda belirtilenlerin dışında, kitle iletişimi, geri-iletim, iletişim ortamı, ulaşım sınırlaması ve etki yönlerinden, kişiler arası iletişimden farklılıklar gösterir.

Geri-iletim

Kişilerin yüz yüze yaptıkları konuşmalarda geri-iletim *doğrudan* ve *anında* vardır: Karşıdakinin söylediklerinden, yüz ifadesinden, sesinin tonundan, bedeninin duruşundan, söylediklerimize nasıl bir tepkide bulunduğu anlaşılır. Ne var ki, kitle iletişiminde geri-iletim *dolaylı* ve *gecikmeli* olarak vardır; bazı durumlardaysa hiç yoktur. Gazete ya da dergide yazısı yayınlanan yazar, televizyondan konuşması sunulan konuşmacı, ancak kendisine gelen mektuplar, telefonlar ya da benzeri mesajlarla tepki alabilir. Filim yapıcısı, filim eleştirmenlerinin yorumları kadar, filmine gelen seyirci sayısını da bir geri-iletim olarak değerlendirebilir. Bir başka deyişle, kişiler arası iletişimde çift yönlü olma zorunluğu vardır, kitle iletişiminde bu zorunluk yoktur; sadece *iletim* olarak, tek yönlü kalabilir.

İletişim ortamı

Kişiler arası iletişimde iletişim ortamı, yakın ilişkilerin ortaya çıkabileceği özel, mahrem durumlardan, oldukça yapılaşmış resmi durumlara kadar geniş bir yelpaze içinde değişiklik gösterebilir. Örnek olarak, iki sevgilinin başa başa kalabileceği samimi bir ortamla, iki resmi kuruluş arasındaki iş görüşmelerinin yapıldığı biçimsel ortam verilebilir. Kitle iletişiminde, iletişim ortamı yönünden bu denli çeşitlilik yoktur; iletişim ancak yapılaşmış ve kuralları belirgin olan biçimsel ortamlarda oluşabilir. Bu nedenle, yazar ya da televizyon sunucusu, evde eşiyle konuşurken kelimeleri nasıl kullandığı konusunda pek titizlik göstermezken, yazdığı yazıda ya da televizyondaki sunuş konuşmasında, dikkatli olmak zorunluğunu duyar.

Ulaşım sınırlaması

Kişiler arası iletişimle ulaşılabilecek insanların sayısı sınırlı olduğu halde, kitle iletişimiyle ulaşılabilenlerin sayısı hemen hemen sınırsızdır. Gazete, dergi, film, radyo ve televizyon aracılığıyla ulaşılabilecek okur ya da dinleyici sayısının üst sınırını teknik olanaklar saptar; bu olanaklar da, çağımız iletişim teknolojisi çerçevesinde geniş kapasitelere ulaşmıştır. Söylediğimiz sözü bir odaya ya da bir alarta toplamış sınırlı sayıda kimseler duyabildiği halde, radyo ve televizyon aracılığıyla, örneğin, bütün dünyadaki insanlara duyurabilme olanağımız vardır.

Etki

İletişim alanında yapılan araştırmalar, kişiler arası iletişimin tutumların değiştirilmesinde, kitle iletişiminin ise bilgi aktarılmasında daha etkili olduğunu ortaya çıkarmıştır (Rogers, 1973). Bir başka deyişle, yeni tutumların oluşmasında ya da eski tutumların değişmesinde yüz yüze yapılan konuşmalar; bilgi aktarımının ağır bastığı eğitim kurumlarındaysa kitle iletişimi, daha etkili olur.

Toplumumuz büyük bir hızla değişiyor. Türkiye'nin toplumsal değişmesinde kitle iletişimi kuşkusuz önemli bir yer tutar. Gazetelerin, dergilerin, radyo ve televizyonun Türk toplumunu ne yönde ve ne ölçüde etkilediğini araştırmak ve tartışmak, temelde kişiler arası iletişimi kendine konu edinmiş bu kitabın kapsamını aşar. Bu nedenle kitle iletişiminin sosyo-kültürel değişme ve toplumsal kalkınmayla ilişkilerine genel hatlarıyla ve kısaca değinmekle yetineceğiz.

KİTLE İLETİŞİMİ VE SOSYAL KÜLTÜREL DEĞİŞME

"Kitle iletişiminin toplumun değişmesine katkısı var mıdır?" "Kitle iletişimi toplumu ve kültürü hangi yönde etkiliyor?" gibi sorulara açık seçik cevap vermek sanıldığından daha zordur. Toplumun değişmesinden, "bireylerin düşünce ve duygularını belirli bir yönde değiştirme" anlaşılıyorsa, birinci sorunun cevabı hem "Evet" hem de "Hayır" olabilir. Söz konusu toplumda iletişim kaynaklarını denetleyen kişiler ve kurumlar, o belirli yöndeki değişime taraftarlarsa ve bu amaçla yayınlarını sürdürürlerse, zaman içinde toplumda istenilen yönde bir değişme ortaya çıkabilir. Ortaya çıkabilir diyorum, çünkü, toplumun belirli yönde değişmesini, sadece kitle iletişimi belirlemez; siyasal, askeri, ekonomik birçok öğenin oluşturduğu karmaşık etkenler, bir ulusun siyasal ideolojisini, ekonomik yaklaşımını, eğitim anlayışını biçimler.

Eğer toplum değişmesi, belirli bir yön düşünülmeden, "sadece değişim" olarak anlaşılıyorsa, o zaman, yukarıdaki sorulan ilk soruya daha rahat bir biçimde "Evet," denebilir. Çünkü, kitle iletişiminin getirdiği yaygın etkileşim, şu ya da bu yönde, mutlaka bir "değişim" getirir.

Kitle iletişimi, içinde yer aldığı toplumun sosyal, ekonomik ve siyasal yapısından soyutlanarak incelenemez. Örneğin, gelişmiş bir sanayi toplumunda yer alan kitle iletişimi ile, gelişmemiş ya da gelişmekte olan bir toplumdaki kitle iletişimi arasında, birçok yönden büyük farklar vardır. Toplumun ekonomik gelişiminin yanı sıra, o toplumun yönetim biçimi de (demokratik, totaliter, sosyalist ya da faşist askeri cunta gibi) kitle iletişiminin işleyiş biçimini belirler. Göz önüne alınması gereken bir diğer etken de, kitle iletişim kaynaklarını kimlerin yönettiğidir; devlet yönetiyorsa başka, ticari amaçlarla özel girişim yönetiyorsa başka türlü etkililik gösterir. Örneğin, ikisi de sanayi yönünden gelişmiş olan ABD ve Sovyetler Birliği'nde kitle ilitişimi farklı biçimlerde yönetilir: İlkinde posta dışında telefon ve telgraf da dahil olmak üzere gazete, dergi, radyo ve televizyon gibi tüm kitle iletişim kaynakları ve araçları özel şirketlerin, ikincisindeyse devletin yönetimindedir. Türkiye bu konuda Avrupa devletlerinin izlediği yolu seçmiştir; gazete ve dergiler özel kuruluşlara, posta, telgraf, telefon, radyo ve televizyon devlet yönetimine bırakılmıştır.

Kitle iletişimi Cumhuriyet döneminde toplumsal ve siyasal yaşamda önemli bir yer tutmuştur. Osmanlı İmparatorluğu'nun son yıllarında aydınlar arasında düşünsel düzeyde kalan sosyal reformlar, Cumhuriyet'in kurulmasıyla uygulanmaya konmuş ve kitle iletişimi, gerçekleştirilen sosyal reformların yaygınlaştırılması amacıyla bilinçli bir biçimde kullanılmıştır. Cumhuriyet kurulduktan kısa bir süre sonra hükümet dil konusuna eğilme gereğini duymuş, Türkiye Büyük Millet Meclisi Kasım 1928'de yeni Türk Alfabesi'ni kabul etmiştir. Daha sonra, Türk dilini Arapça ve Farsça'nın etkisinden kurtarmak için dilde arılaştırma akımı başlatılmış, bu konudaki araştırma ve uygulamaları yürütmek üzere Temmuz 1932'de Türk Dil Kurumu kurulmuştur. Uzun bir süre devletin yönetimindeki yayın faaliyetlerinin, örneğin ders kitaplarında, radyo ve televizyon konuşmalarında kullanılan sözcüklerin "Arı Türkçe" olmasına özen gösterilmiştir. Böylece hem daha sade bir Türkçe yaratılmaya çalışılmış, hem de "Batı"ya açılmak isteyen bir ülke olarak "Doğu"nun etkisini taşıyan kelimelerden kurtulmak amaçlanmıştır.

Kitle iletişiminin etkisi toplumumuzda okur yazar sayısındaki çoğalışa paralel olarak artmış, bugün artık gazete ve dergi geniş bir halk kitlesinin günlük yaşamına girmiştir. Zamanla Cumhuriyet hükümetleri belirli bir plan çerçevesinde önce radyoyu daha sonra da televizyonu ülke çapında yaygınlaştırmışlardır. Çok partili demokratik yönetim biçimini kabul eden Türk toplumu, basın özgürlüğü konusunda yoğun bir mücadeleden başarıyla çıkmıştır. Türk devletinin çağdaşlaşma, özgürlükçü demokrasi içinde kalkınma ve modernleşme temel ilkeleri bugün geçerliğini ve güncelliğini koruyan ilkelerdir ve Türk kamuoyu bu ilkelerin uygulanmasına dönük konulara duyarlıdır.

Yukarıda ana hatlarıyla sözü edilen sosyal reformlardan biri de Türk kadınının toplumdaki yeriyle ilgilidir. Medeni kanunun çıkmasıyla kadınlar yasa önünde erkeklerle eşit haklara sahip olmuş; eğitim kurumlarına girerek, değişik mesleklerde "hayatını kazanma" olanağına kavuşmuştur. Ne var ki, yasal değişmeler hızlı bir biçimde gerçekleştirilebildiği halde, toplumsal normlar ve değerler o denli çabuk değişmez. Çünkü sosyal roller, sosyal değerler ve beklentilere bağlı olarak toplumsal yaşamın önemli öğelerinden birini oluştururlar. Bir başka deyişle, bir sosyal değer ve buna bağlı olarak yeni bir sosyal rol oluşturmadan, birey eski değer ve rolleri bırakamaz; yoksa benlik bilincinde belirsizlik ortaya çıkar, "Ben kimim?" sorusuna yanıt veremez duruma düşer. Türkiye gibi toplumsal değişme ve kalkınma süreci içinde bulunan toplumlarda, kitle iletişimi bireye yeni sosyal değerlerlerle rolleri öğretmede ve pekiştirmede etkili bir araç olarak kullanılabilir.

Her toplum, kadın ve erkeğin sosyal rollerini farklılaştırmıştır. Bir *kadın* nasıl davranmalıdır? Bir *erkek* ne zaman "erkekçe" davranmış olur? Bunlar her toplumda geçerliği olan sorunlardır. Farkında olmadan her Türk, yaşamı boyunca "Kadın nasıl davranmalıdır?," "Erkek nasıl davranmalıdır?" sorularının yanıtlarını öğrenmiştir. Bunun yarattığı beklentiler çoğu kez bilinçli değildir. Refik Erduran'ın toplumumuzda cinsiyete dayalı rollerle ilişkili aşağıdaki yazısı, cinsiyete bağlı sosyal rollerin çoğu kez farkında olmadığımız bazı yönlerini sergiliyor.

«Şöyle bir haber başlığı görseniz ne dersiniz?

"Polis 26 Başıboş Erkek Topladı."

Bunu yazanın erkeklerle köpekleri karıştırdığını düşünürsünüz değil mi? Çünkü insanın tasmalanması gerekmez ki, başıboşluğundan söz edilebilsin. Ancak sahipsiz köpekler "başıboş" olur ve kuduz yayılmasın diye "toplanır".

Gelelim geçenlerde en büyük gazetelerimizin birinin birinci sayfasında kocaman renkli fotoğraflar ve iri harflerle şu başlık yayımlanabildi:

"POLİS BİR GECEDE 26 BAŞIBOŞ KIZ TOPLADI"

Buradaki kız sözcüğü yaşı küçük dişi vatandaş anlamında kullanılmıyor. Resimlerde görüldüğü gibi, "toplanan" vatandaşların çoğu yetişkin kişiler. Yani gözaltına alınmalarının nedeni yaşlarının küçüklüğü değil, dişilikleri.

Haberde belirtildiğine göre, son zamanlarda evlerinden kaçan kadınlar ve ev kızları çoğalmış. Bunlar caddelerde başıboş dolaşırken İstanbul polisi tarafından "yakalanmakta"ymışlar...

Ben böyle şeyleri okurken gözlerime inanamıyorum, bir kâbusta binlerce yıl öncesinin bir köle toplumuna düşmüş gibi oluyorum.

"Ev kızları" ne demektir? Uygar bir toplumsak kız ve erkek bütün gençlerimizin evi olması gerekmez mi? Yapılan ayırıma göre ev kızlarının karşıtı nedir? Yurdumuzda mağara kızları, dağ kızları, bayır kızları falan mı var?

Sonra, kadınların kızların evden kaçması ve yakalanması nedir? Hayvanlar ve suçlu insanlar yakalanır. Mahpus ya da bağlı olmayan kişi de kaçmaz zaten, bir yerden bir yere gider.

Dişi vatandaşlarımıza insanın biraz altında yaratıklar gözüyle baktığımız günlük konuşmalarımızdan da bellidir. Siz hiçbir erkeğin başkasının karısına kaçtığını duydunuz mu? Ama erkeklerimizin karıları başka erkeklere kaçarlar.

Sahipli hayvana benzetiş, kimi zaman büsbütün açığa çıkar deyimlerimizde. Kocaya "verilen" kıza "başını bağladık" deriz. Yasak uygulamaların sorumluluğunu böylece bir erkeğe aktaran ana baba rahat bir nefes alırlar.

Gazete resimlerindeki kızların yüzlerinde tüyler ürpertici bir isyan vardı. Acaba onlar mı başıboş, yoksa insan duygularını hiçe sayan kafalar mı tın tın?..»

Cinsiyete bağlı rollerin getirmiş olduğu bir değer sisteminden söz edilebilir. Örneğin, toplumumuzda "erkek gibi kadın" sözü bir övgü olduğu halde, "kadın gibi erkek" bir sövgü ifade eder.

Cumhuriyet döneminde gerçekleştirilen sosyal reformlar sayesinde ekonomik özgürlüğünü elde eden kadın, sadece erkeğe hizmet için, onu memnun etmek nedeniyle yaratılmış bir varlık olduğu anlayışını artık kabul etmez. Yasal ve ekonomik özgürlüğünü kazanan kadınlar, toplumun kendisine empoze etmiş olduğu geleneksel sosyal rollerin ve beklentilerin dışına çıkma çabası gösteriyor. Geleneksel kültür içinde Türk kadınından beklenenlerin ne olduğunu Aysel'in hikâyesinden öğreniyoruz. Aysel, Adalet Ağaoğlu'nun *Ölmeye Yatmak* adlı romanının kahramanıdır.

«Kardeşim Semiha, sana nasıl anlatsam bilmem. Ulu Atamızın bize açtığı yolda medeni bir âlem. Bütün herkes kız demeden, erkek demeden orta yere çıkıp ikişer ikişer birbirlerine sarıldılar, döndüler. Bizim orda müsamerede oynadığımız oyunlardan çok daha samimî. Sen ne düşünürsün bilmem, ama bence, ben çok uygar buldum. Dündar öğretmenin o kadar çabalayıp da bize zorla yaptırdığı bir işin böyle artık tabii bir şey oluşu çok hoşuma gitti. Fakat eniştem, yanımıza gelip de beni birlikte dans etmeye çağıran kırmızı saçlı bir oğlanı azarlayınca çok utandım. Ne olsa eniştem de benim yanlarında emanet olduğumu düşünüyor. Eve dönünce teyzeme, "babasının bana pezevenk demesini istemem tabii" dediğini duydum, ki o da haklıdır bir bakıma. Ancak sen de bilirsin ki, biz kendimizi bildikten sonra ne olacak değil mi?»

.....

«Bu yıl Türkçe öğretmenimiz Sabiha hanımı çok seviyorum. Galiba o da beni seviyor. Fakat tarih öğretmenimiz Nihal hanımdan çok korkuyorum. Çok sert ve benim çok çirkin giyindiğimi söylüyor. Saçlarımı garplı bir kız gibi kestirmemi, alagarson yaptırmamı istiyor. Fakat babam, bunu duymak bile istemez...»

"...Ulu önderimiz demiş ki, "Bu dünyada ne varsa, kadının eseridir." Acaba Ulus Alanı'ndaki ve Güven Parkı'ndaki heykelleri kadınlar mı yapmış? Bunu daha öğrenemedim.»

«... Annem saçını ondüle yaptırdı. Fakat babam daha başörtüsünü çıkartmıyor...»

.....

«Emin Efendi'nin büyük oğlu, Aysel'i görmeye gelmedi. Onun yerine küçük oğlu Ertürk gelip Salim Efendiye bir pusula verdi: "Kerimenizin köylülerimizden Ali oğlanla gizli münasebet kurmuş olduğu öğrenilmiş bulunduğundan... Salim efendinin Hüsnügü-zel'de tuttuğu dört kişilik odadan o akşam yükselen iniltiler neredeyse Hiroşima'daki iniltileri, ağlamaları geçti. Kocasının zoruyla Fitnat hanım, kızını çok sıkıştırdı. Hiçbir şey öğrenemedi. Hamamda gövdesini inceden inceye gözden geçirdi. El değip değmediğini keşfe çalıştı. Bu kız başına gelen felaketin hiç mi hiç farkında değildi? Babasından şu yaşında onca dayak yedi de bir ağlamadı. Sanki üstüne geçici bir şey çullanmıştı: Sıyrılıp gideceği zamanı bekliyordu. Kızının yerine Fitnat hanım bol bol ağladı. Kendine öğretildiği ve kendine de yapıldığı biçimde kızına duyduğu sevgiyi içine gömdü. "Kırk yılda bir gezme, o da burnumdan geldi. Kaplıcaya rezil olduk. Kızımın adı çıktı..." deyip deyip ağlıyordu. Artık kim bilir başka daha nelere ağlıyordu. Adlandıramadığı ince derin sızılar...»

.....

«Alain'in öyle büyük bir doğallıkla kendini kucaklayıvermesi Aysel'i hiç irkiltmedi. Tek düşünce: Alain'le arakadaş olmam ne güzel. Gözleri kollarını, bacaklarını yemiyordu. Gözleri, "Sen bir şey anlamazsın" da demiyordu. Alain oysa, henüz yirmi yaşında. Neden sanki ötekiler, kendi ülkesinin gençleri de böyle değillerdi? Acaba neden Aydın, Alain gibi olamıyordu? Örneğin, bir *Tan Olayı*'nı karşılıklı oturup sakin sakin, bütün doğruları ve yanlışları tarta biçe değerlendirmeleri, birbirini böylece çoğaltmaları için ne eksikti? Eksik olanları ortaya çıkarmak ve değerlendirmek için neden ille yabancı bir ülkede bulunmak gerekiyordu. Mantık kitaplarında onlar da düşünme yöntemlerini, doğruyu saptama yöntemlerini öğrenmişlerdi...»

KİTLE İLETİŞİMİ VE TOPLUMSAL KALKINMA

Dünya Ülkelerinde Toplumsal Kalkınma

Toplumsal kalkınma, günümüz uluslarının en belirgin ortak amacını oluşturur. Birçok coğrafi bölgede, değişik yönetim içinde, farklı ırklardan ve dinlerden oluşmuş uluslar, ekonomik ve sosyal gelişmeyi en hızlı biçimde gerçekleştirmek uğraşısı içindedirler. Dünya uluslarından "gelişmişler" ve "gelişmekte olanlar" biçiminde söz etmek, ekonomi ve sosyoloji alanlarında alışkanlık haline gelmiştir. Gelişmiş ülkeler, şu ya da bu biçimde sanayi devrimini geçirmişler, gelişmemiş ülkelerse böyle bir olguyu yaşamamışlardır.

Batı Avrupa'da sanayi devriminin yolu Rönesans'la başlayan ortamdan geçer; bu ortam içinde siyasal inançların ifade özgürlüğü oluşmuş, okur yazar oranı ve eğitimin niteliği yükselmiş, ticaret ve sermaye artışı gerçekleşmiştir. Bilim ve teknoloji böyle bir ortam içinde önem kazanmış, icatlar ve keşifler birbirini izlemiştir. Avrupa'dan Kuzey Amerika'ya göç eden Avrupalılar sanayi devrimini bu ülkeye getirmişlerdir. Daha sonra Japonya ve Sovyet Rusya kendi sanayi devrimlerini gerçekleştirmişlerdir.

Dünyanın üçte ikisini oluşturan uluslar şimdi sanayi devriminin dışında kalmış olmanın kaybını gidermek üzere yoğun bir kalkınma hamlesi içine girmişlerdir. Bu ulusların çoğu neden daha önce bir kalkınma çabasına girmemişlerdir? Neden şimdi toplumsal kalkınma ulusların en önemli sorunlarından biri olmuştur?

İletişim ve ulaşım olanaklarındaki gelişme, nedenlerden biridir. Ulusların yönetici ve aydınları, iletişim ve ulaşım olanaklarının gelişmesi sonucu, kalkınmış ülkelerle yoğun bir ilişkiye girebildiler. Radyo, telefon, televizyon teknolojisindeki gelişmelerin yanı sıra, ulaşım alanında kendini gösteren kolaylıklar, gelişmiş ülkelerin yaşam biçimlerini gözler önüne sermiştir. Yönetici ve aydın kolayca gidip görebildiği modern toplum yaşamından etkilenirken, kendi ülkesindeki yurttaş da, benzeri bir süreç içinde yapılan yollar sayesinde köyden kente kolayca gelmeye ve kent yaşamını görüp öğrenmeye başlamıştır.

Diğer bir neden de, bloklaşan dünya siyasal ortamında her bir blokun kendine yandaş bulma çabasıdır; bulduğu yandaşlarını ekonomik yönden güçlendirecek blok içi ticari ve kültürel bağların artması, karşılıklı bağımlılığın oluşması lider durumunda olan devletin güçlenmesi demektir. Gelişmiş ülkelerin oluşturdukları bloklar gelişmemişlere kalkınmalarında yardım edecek bilimsel ve teknolojik kapasiteye erişmişlerdir. Sanayileşmeyi yaratabilecek böyle bir bilimsel ve teknolojik gücün kendilerinde olması, lider devletlerin yarışmasını kamçılamıştır. Ulusların içinde ve dışında oluşan koşullar kalkınmayı, böylece çağımızın en yaygın toplumsal olgusu durumuna sokmuştur.

Kalkınmanın Temel Öğelerinden Biri Olarak İletişim

Geleneksel kültür yapısı içinde yaşayan bir köye giren ufak bir transistörlü radyo, dünyaya açılmış bir penceredir ve köyü dünyayla etkileşim haline getirir. Köye giren ilk radyo, sahibine sosyal itibar kazandırır, dış dünyadan gelen haberleri onun aracılığıyla duyabileceğini anlayan köylü, radyo sahibinin evine kolaylıkla gidebilmek, haberleri ve değişik programları dinleyebilmek için o kişiyle iyi geçinmeye dikkat eder. Belki çoğumuz köye gelen ilk radyoya köylülerin tepkisini görememişizdir, ne var ki, ülkemizde televizyon henüz enderken kahvelere halkın yığılışını, televizyonu olan evlere özel program geceleri misafirlerin gelişini hatırlayabiliriz.

Köye giren her radyo, alınan her televizyon, okunan her gazete ve dergi, toplumu daha geniş bir dünyayla ilişki içine sokar ve toplumun geleneksel yaşam ve dünya anlayışını etkilemeye başlar. Ekonomik kalkınmanın gerçekleşebilmesi için geleneksel kültür içinde yetişmiş bireylerin düşünüş ve davranış biçimlerinde temel değişmelerin yer alması gerekir. Toplumsal kalkınma konusunda inceleme yapan iletişim uzmanı John Condliff araştırmaları sonucunda vardığı kanıyı şöyle dile getirir:

> «Beklentilerde meydana gelen yükselme doğrudan doğruya ekonomik kalkınmaya götürmez, bu beklentilerin ekonomik güdülenmeye dönüştürülmesi gerekir. Güdülenme, değerlerde bir değişiklik anlamına gelir. Kız ve erkek çocuğun eğitimi için gerekli özveriyi göstermeye hazır değilse, o ülkede ekonomik kalkınma kolay kolay gerçekleşemez. Kalkınmanın olabilmesi için, toplumdaki bireylerin, eğitimi ve refahı, gösterişli ve masraflı düğün göreneklerinden ve hiçbir şey yapmadan boş oturmaktan daha üstün tutmaları gerekir.» (Schramm, 1964).

Daha önce ifade edildiği gibi, sosyal değerler ve sosyal roller değişmeye direnç gösterirler; bu nedenle, toplumsal kalkınma ağır gerçekleşen bir sosyo-ekonomik süreçtir.

İletişim sosyolojisi alanında çalışmalarıyla tanınan Frederick Harbison, yetmiş beş ülkenin kalkınma çabalarını inceledikten sonra, aşağıdaki yargıyı dile getirir:

> «Bir ulusun ilerlemesi her şeyden önce o ulusun bireylerinin gelişmesine bağlıdır. Bireylerinin potansiyelini geliştirmeyen ve onların şevkini kamçılamayan bir ulus ekonomik, siyasal ya da kültürel hiçbir yönde kalkınmayı gerçekleştiremez. Gelişmemiş ülkelerin çoğunun temel sorunu doğal kaynaklarının kıtlığı değil, insan kaynaklarının kıtlığıdır. Bu yüzden gelişmek isteyen uluslar önce insan kaynaklarını geliştirmeye ve değerlendirmeye yönelmelidirler. Bir başka deyişle önce eğitim düzenlerini geliştirmeli ve bireylerine kalkınmada yararlı beceriler verebilmelidirler. Bir ulusun üyelerinin umutlu oluşu, ruhsal ve bedensel yönden sağlıklı oluşu, toplumsal kalkınmanın önde gelen koşullarındandır.» (Schramm, 1964).

Harbison'un önem verdiği insan potansiyelini geliştirme uğraşısıyla, eğitim ve iletişim arasındaki bağın daha fazla açıklama gerektirmeyecek kadar belirgin olduğu kanısındayım. Böylece iletişim, toplumsal kalkınmanın temelinde önemli bir yere oturtulmuş olur.

Toplumsal kalkınma sürecinin başlamış olduğu toplumlardaki bireyler, farkında olmadan, yaşamlarında bazı varsayımları uygulamaya başlamışlardır. Bu varsayımlardan bazıları, geleneksel kültürün sosyal inançlarına ters düşebilir; ne varki, zaman modernleşmenin ve gelişmenin lehinde çalışmaya başlamıştır artık. Aşağıdakileri, bu varsayımlara örnek olarak gösterebiliriz:

- Bilgili olmak cahil olmaktan daha iyidir. İsterse herkes bilgili olabilir.
- Sağlıklı olmak ve sağlıklı bir yaşam sürdürebilmek mümkündür; hastalık insan kaderinin bir parçası değildir.
- Aç kalmamak insanın elindedir; iyi ve değişik gıda alarak dengeli bir beden geliştirmek olanağı herkese açıktır.
- Rahat koşullar içinde yaşamak, yoksul olmaktan daha iyidir; yoksulluğun övülecek bir yanı yoktur.
- Ulusun yönetimine etkili bir biçimde katılmak, yönetimi pasif bir seyirci olarak izlemekten daha iyidir.

Bu ve benzeri varsayımlar, kişinin günlük yaşamı içinde biçimlenir, anlamlanır ve zihninde kök salar. Zamanla bu varsayımlar gelişen yeni toplumun sosyal inançlarını oluştururlar.

KİTLE İLETİŞİMİNİN ÜÇ TEMEL İŞLEVİ

İster sanayileşmiş toplumda, isterse henüz gelişmeye yeni başlamış ülkelerde incelensin, kitle iletişiminin üç temel işlevi vardır. Ne var ki, sanayileşmiş toplumlarda kitle iletişimi bu işlevlerini daha karmaşık bir düzen içinde yerine getirirken, gelişmesine yeni başlayan toplumlarda daha basit ve küçük çapta gerçekleştirir; değişen iletişimin karmaşıklık derecesi ve daha başka boyutların işe karışmasıdır. Bu temel işlevler şunlardır:

1. Haberci işlevi: Kitle iletişimi, dışında olan olaylar kadar, içinde olan olaylardan da toplumu "haberdar" eder, bilgi verir. Bu işlev aracılığıyla gelişen toplumlarda kentli köylüye, köylü de kentliye ilgi duymaya başlar; kentli toplumsal kalkınmanın gerçekleştirilebilmesi için köylünün çalışma koşullarının modernleştirilmesinin zorunlu olduğunu, köylü de "insan gibi yaşayabilmek" için kentlinin sahip olduğu yol, su ve elektrik gibi olanaklara kavuşması gerektiğini kavramaya başlar. Daha önce devletin varlığını sadece vergi memuru ve jandarmanın uğramasıyla anlayan köylü, siyasal yaşamla şimdi etkili olarak ilgilenmeye başlar. Artık vergi memuru ve jandarmanın yanı sıra öğretmenler, ziraat teknisyenleri, yol yapımcıları ve su işleri görevlileriyle de devlet varlığını köyde göstermeye başlar.

Uluslararası alanda da, gelişen ülkeler kendi çıkarlarını güçlü devletler karşısında daha iyi koruyabilmek için, Üçüncü Dünya Devletleri gibi topluluklar oluşturmaya başlarlar. Böylece, daha önce birer seyirci durumunda olan devletlerin yerini, dünya siyasal yaşamına etkili bir biçimde giren devletler alır. Bir başka deyişle, gelişmekte olan ülkenin iç ve dış ufukları genişlemiştir ve kitle iletişimi, büyüyen "ufuklardan" haber getirme ve oralara haber götürme işlevini, daha yoğun biçimde üstlenmiştir.

2. Yönetime katılma işlevi: Halkın desteğine dayanmayan kalkınma çabaları başarılı olamaz. Bu nedenle, önemli kararlarda halkın desteği sağlanmalıdır; bu desteği sağlamanın en uygun yolu da alınan kararlara halkın katılmasıdır. Daha önce de değinildiği gibi, modernleşme, bireylerin sosyal yaşamında, sosyal değerleri ve inançlarında değişiklik yapmayı öngörür. Kalkınmayı gerçekleştirebilmek için halkın yeni amaçları benimsemesi, yeni sorumluluklar alması, yeni yaklaşım biçimlerini uygulaması gerekir. Bütün bunlar, bireylere bilgi verilmesini ve onları ikna etmeyi zorunlu kılar. Yönetenden yönetilene, yönetilenden yönetene bilgi götüren "dikey" kanalların açık olması gerektiği kadar, yönetilenlerin kendi aralarında iletişim kurabilmeleri için "yatay" iletişim kanallarının bulunması da gereklidir. Böylece sorunlar toplumun sorunları, çözümler de toplumun çözümü olarak bireylerin tümünü ilgilendirmeye başlar.

3. Öğretici işlevi: Toplumsal kalkınma çabasına giren toplumun her bireyi sürekli yeni bilgiler, yeni beceriler öğrenme durumundadır: Bütün ülke bir anlamda okuldur ve toplumun her üyesi de öğrenci. Köylü gübreyi, tarım araçlarını kullanmasını, malını en iyi biçimde kente götürmesini öğrenirken, kentli aynı zaman birimi içinde daha fazla üretim yapmayı, taşıt araçlarının artması sonucunda ortaya çıkan yeni trafik düzeninde yaşamı aksatmadan ve bunalmadan verimli bir yaşam sürmeyi öğrenmek durumundadır. Kadın hem "çalışan kadın", hem de eş ve analık rollerini doyurucu bir biçimde bağdaştırmayı öğrenecektir. Erkek, artık aile bütçesine parasal katkıda bulunan kadını kendisine denk bir yere oturtmayı öğrenecektir. Bütün bu değişiklikler, her bir bireyin yaşamında çok yönlü olarak oluşmaya başlar. Kitle iletişimi toplumun bireylerinin tümünü içeren bu büyük ve geniş "öğrenim yaşantısı"nın başlatıcısı, sürdürücüsü ve yol göstericisi olma durumundadır.

İletişim olanaklarındaki gelişim, bir yandan, birçok toplumsal soruna çözüm getirmiş ve toplumsal kalkınmanın temel öğelerinden biri olmuş, öte yandan, toplumsal yaşama bazı yeni sorunlar da eklemiştir. Bu sorunlardan bazılarına aşağıda kısaca değinmekte yarar vardır.

KİTLE İLETİŞİMİNİN ORTAYA ÇIKARDIĞI BAZI SORUNLAR

Kitle iletişiminin büyüyerek örgütlenmesi sonucu birey, farkına varmadan kitle iletişim kaynaklarının etkisi altına girer ve iletişim merkezlerinin hazırladığı kalıplar içinde kendini algılamaya başlar. Televizyon reklamları, moda dergileri, ideolojik akımların sloganları, bireyin yaşamında annesinin, babasının, aile ve okul çevresinin etkisinden daha büyük bir güce kavuşma yolundadır bugün. Kişi, iletişim kaynaklarının etkisi altında, kendi sorunlarının ne olduğunu kendisi tanımlama durumundan çıkar; sorunlarının ne olduğunu, ya da ne olması gerektiğini örgütlenmiş, güçlü iletişim merkezleri kendisine empoze eder.

İletişim olanaklarının artmasıyla ortaya çıkan sorunlardan biri de, ufak bir grubun iletişim araç ve gereçlerini elinde bulundurarak, toplumun tümüne egemen olabilme çabasıdır. Ülkemizde, siyasal partilerin televizyon yayınları konusunda ne ölçüde duyarlılık gösterdikleri biliniyor. Her siyasal parti, televizyonu salt kendi görüşünü, yaşam felsefesini yansıtan bir araç olarak benimsemekte, bu gerçekleşmediği sürece de yakınma ve eleştirilerini sürdürmektedir. Politikacıların bu çabalarının altında, kitle iletişim araçlarının kitleleri belirli yönlere çekmede çok etkili olduğu bilinci yatar.

Bir diğer sorun da insanların yalnızlığıyla ilgilidir. Burada sanki bir çelişki varmış gibi görünüyor: Hem kişiler arası iletişimi kolaylaştıran teknolojik gelişmelerden, hem de bu gelişimin sonucu insanların birbirine ve topluma daha yabancılaşarak yalnızlıklarının arttığından söz ediyoruz. İnsan ilişkileri gittikçe daha yoğunlaştığına göre, insanlar eskiye oranla daha az yalnız olmalıydı. Etkileşimi bu kadar yoğunlaşmış insanın yalnızlığından söz etmek garip gözükebilir.

Gerçekte birey, artan ve yoğunlaşan iletişim ilişkilerinin içinde, kendinden ve toplumdan gittikçe koparak uzaklaşır. Karmaşıklaşan, yoğunlaşan ilişkiler, kişinin yaşamında yer alan sıcak ve yakın dostluk ilişkilerini kaldırır, onun yerine geçici, biçimsel ve yüzeysel ilişkiler getirir. Eski küçük çevreleri içinde güvenebilecekleri, kendilerine yakın hissedip dertlerini paylaşabilecekleri dostlar bulan insanlar, karmaşık bir toplum içinde, sorunları dışarıya açıklamaktan kaçınır hale gelmişlerdir. Herkes kendi yalnızlığı içinde, bir başka yabancıyla sık görüşebilir. Günlük iletişimde görülen sayısal artış, kişiler arası ilişkilerdeki derinliği yüzeyselleştirmiş, sıcaklığı soğutmuş ve sürekliliği geçici yapmıştır. Çoğunlukla sanayileşmiş toplumlarda gözlenen alkolizm ve intihar yüzdelerinin artması, sanıyorum rastlantı değildir.

Ne var ki bu sorunlardan, sanayileşmiş toplumlarda herkesin yalnız olduğu, hiç kimsenin yakın dostu bulunmadığı sonucu çıkarılamaz. Çizilen tablo soyut, ortalama bir bireyi temsil eder. "İletişim bilinçlenmesi"ni kazanabilmiş bireyler, gelişmiş iletişim olanaklarından yararlanarak daha geniş, çok boyutlu ve derin anlamı olan ilişkiler kurma olanağına sahiptirler. Ayrıca bireyler, eskiden geleneksel kültürün kalıpları içinde, ancak akraba ve komşuları arasında oluşturabildikleri yakın ve derin ilişkileri şimdi, kendi seçimleri olan kişilerle gerçekleştirebilme olanağına da kavuşmuş bulunuyorlar.

SÖZÜN KISASI

Kitle iletişimi modern toplumun vazgeçilmez bir parçasıdır. Her toplumda hayati işlevleri olan kitle iletişimi, Türkiye gibi kalkınan toplumlarda daha da önem kazanırlar.

Kitle iletişiminin geri-iletim, iletişim ortamı, ulaşım sınırlaması, etki yönlerinden, yüz-yüze iletişimden farkları vardır. Kitle iletişimi toplumun değişme yönünü ve değişme hızını etkiler. Ekonomik kalkınmanın bir aracı olarak yardımcı işlevi vardır.

Kitle iletişiminin üç temel işlevi haber verme, yönetime katılma olanağını sağlama, yeni bilgi ve becerileri öğretmedir. Kitle iletişimi sadece yararlar değil, kendine özgü bazı sorunlar da ortaya çıkarır; belirli bir kitlenin kitle iletişim kaynaklarını ele geçirmesi, insanların bireysel ilişkilerinin yerine geçerek kendine özgü bir psikolojik yalnızlık doğurur.

İKİNCİ KISIM

DEĞİŞEN TÜRK TOPLUMU İÇİNDE İLETİŞİM

Modernleşme süreci içinde bulunan Türk toplumunda eski ve yeni, geleneksel ve çağdaş yan yana, içiçe bulunur. Bu gözlem, giysilerimizden mimarimize kadar her şey için ne kadar geçerliyse, iç dünyamızın temelini oluşturan, düşünce ve davranışımıza yön veren kültür değerlerimiz için de aynı ölçüde geçerlidir.

İkinci Kısımda değişen kültür değerlerini yansıtan bazı insan ilişkilerini inceleyeceğiz.

10

İletişim Manzaraları

2 Haziran 1986 gününün akşam üzeri, yedi yıllık bir ayrılıktan sonra, İstanbul'a geliyorum. Los Angeles'tan kalkan KLM hava yollarının uçağı, Kuzey Kanada ve kutup üzerinden uçarak önce Amsterdam'a indi. Orada, aynı şirketin Atina üzerinden İstanbul'a gelen başka bir uçağına bindim. Los Angeles'tan kalkan uçaktaki yolcuların arasında, ancak birkaç Türk'ün farkına varabilmiştim. Amsterdam'dan kalkan uçaktaki Türklerin sayısında bir artma olduğu daha belirgindi; sigara içen erkekler ve başörtülü kadınlar çoğunluktaydı.

Uçak Yeşilköy Atatürk Hava Limanı'na güneş batışına yakın bir saatte indi. Yeni hava limanı, uçakların binalara yaklaşmasına ve yürüyen koridorlar aracılığıyla yolcuların doğrudan salona girmelerine olanak veriyordu; benim için bu bir yenilik, bir gelişmeydi. Yürüyen koridorların içi gri renge boyanmıştı ve koridorun sonundaki salonda hiçbir tablo ya da canlı renk yoktu.

Uçak kapısından çıkarken ellerini arkaya atmış üç tane üniformalı polis, çıkan yolcuları bir suçluyu ararcasına gözden geçiriyordu. Koridorun sonunda da ellerinde otomatik silahlarıyla iki polis ve iki inzibat eri, sert yüzlerle yolcuları gözden geçirmeye devam ediyorlardı. Yolculuğun başından beri, silahlı ve üniformalı kimse görmemiş olduğum için, doğrusu ilk anda şaşırmaktan kendimi alamadım. İçime bir korku girdi; acaba Türkiye'ye gelmekle suç işlemiş olabilir miydim?

Biliyordum ki, bu asık suratlı devlet görevlilerinden her biri, Türkiye Cumhuriyeti Devleti'ni temsil ediyorlardı ve "devleti temsil etmenin bilinçli sorumluluğu"nu yüz ifadeleri ve duruşları belirtiyordu. Türkiye Cumhuriyeti Devleti "korkulması gereken bir kuruluş"tu; gerçekten de bu korkuyu insanın içinde uyandırıyorlardı. "Türkiye'ye Hoş Geldiniz," anlamında güleryüz bekleyen birkaç Amerikalı ve Avrupalı, biraz şaşkın, biraz gergin bir durumda polis ve inzibatlara gülümsemeye çalıştı ama, "devlet koruyucuları"nın azimli ve haşin yüz ifadeleri karşısında tebessümleri dudaklarında dondu kaldı.

Yol gösterici bir yazı olmadığı için önce şaşkınlıkla etrafa bakınan yolcular, daha sonra "devlet koruyucusu" asık suratlı birer polisin içinde oturduğu iki ufak hücreyi gördü ve her birinin önünde dizilmeye başladı. Bu arada KLM uçak şirketinde çalışan genç bir Türk hanım, iki yolcuyu arkadan getirerek en öne geçirdi ve polise onların pasaportlarını verirken "Bunlar benim tanıdıklarım," dedi.

Önümdeki ve arkamdaki Amerikalıların birbirlerine bakıştıklarını gördüm. Hava limanında çalışan tanıdıkları olmadığı için ikinci sınıf değerleri olduğunu anlayamıyorlardı, besbelli. Devleti temsil eden haşin yüzlü polis, itirazsız "tanıdıkları olan kişiler"in işlemlerini yaptı ve KLM'de çalışan hanıma gülümsedi. Daha sonra yine devlet yüzünü takınarak, Türkiye'ye gelme cesaretini gösteren sıradaki yabancıya döndü.

Pasaport işlemlerinden sonra gümrük denetimine girdik. Gümrükçüler daha yumuşak yüzlüydü ve "Beyefendi," ya da "Hanımefendi," diye yolculara kibar bir dille hitap ediyorlardı. Hamallar özel giysiler içindeydiler ve Türk olduğunu tahmin ettiği kimselere "Yardım edelim mi Beyefendi?" diye soruyorlardı. "Evet," diyen kimselerin bavullarını kapıyor, kendi tanıdıkları gümrük memurunun önüne götürüyor, o da tanıdık hamalı görünce "Kimin bu?" diye soruyordu. Hamal, "Bu beyin!" diye göstermesinden sonra, gümrükçü çoğu kere bavulu açmıyor, elindeki tebeşirle bavula bir işaret koyuyor ve "Alabilirsin!" diyordu hamala. Hamal "Sağ ol Hikmet Abi!" gibi bir sözle gümrükçüye teşekkür ediyor ve bavulları iki adım ötedeki kapıdan dışarı çıkarıyordu.

Kapının dışında, birçok taksi şoförü bağıra çağıra kendi aralarında konuşuyorlardı. Yabancıların onları, kavga etmenin eşiğinde olan kimseler olarak algılayacaklarından emindim. Böyle bir yerde, hiç konuşmayan asık suratlı devlet temsilcilerinden sonra, bu kadar yüksek sesle, el kol hareketleriyle avazının çıktığı kadar bağıra çağıra birbirlerine söz yetiştiren kimseleri, başka türlü algılamaları olanaksızdı.

Bana yardım eden hamal bavulları taksinin yanına getirdi, "Ne vereceğiz?" sorusuna "Ne münasip görürseniz!" dedi. Verdiğim beş doları umursamadan cebine indirdi. "Besbelli ki, daha önce başkaları tarafından on ya da yirmi dolara alıştırılmış," diye düşündüm. Taksi şoförü bavulları arabaya koymama katiyyen yardım etmedi, yegane yaptığı şey arabanın bagaj kapısını açmak ve kapamak oldu.

Taksi hareket ettikten bir dakika sonra durmak zorunda kaldık. Özel bir araba yolumuzu kesmiş trafik polisiyle konuşuyordu. Konuşma şu biçimde devam ediyordu (Trafik polisini, "T", özel araba sürücüsünü "Ö" ile belirtelim):

T: Beyefendi burada duramazsanız! Burada beklemek yasak!
Ö: Polis Bey çok durmayacağım, Amerika'dan kızım geliyor, onu alıp hemen gideceğim.
T: Olmaz Beyefendi, özel arabalar için park yeri var, lütfen oraya park edin.
Ö: Uçak geldi. Kızımı uzun zaman görmedim. Beni göremezse telaşa kapılır. Ben gideyim, onu hemen alır gelirim.
T: Beyefendi, niçin erken gelmediniz, burası park yeri değil, park yerine park edin, lütfen.
Ö: Uzun zaman gelmedi, şimdi telaşa kapılır. Rica edeyim, müsaade edin, şimdi gelirim.
T: Bu gelen uçakta mıydı? On dakika sonra gelmezseniz ceza yazarım.
Ö: Gelirim efendim, gelirim. Ben hemen kızı alır gelirim.
T: Haydi şöyle park et.
Ö: Teşekkürler memur Bey!

Bizim taksi şoförü sinirleniyor "Bunu bir taksi şoförü yapsa şimdiye çoktan küfürü yemişti!" diyor ve "Biz burada boşu boşuna benzin yakıyoruz. Herif yolu kapattı, kimsenin umurunda bile değil!" diye bana yakınıyordu.

Nihayet yola koyuluyoruz. Boğaz Köprüsü'ne yaklaştıkça trafik yoğunlaşıyor ve yoğunlaşan trafikten ötürü, kendi şeridi yavaşlayan her sürücü sürekli diğerlerine geçerek şerit değiştiriyor. Her sürücü diğer arabaların şerit değiştirmesine bozuluyor ve korna çalıyor. Taksi şoförü bazen önündeki, bazen da yan şeritteki arabanın sürücüsüne küfür ediyor ve kornaya basıyor. Küfürlerinin arasına "Mübarek ramazan günü, iftar vakti oruçlu oruçlu adamı günaha sokuyor bu eşşoğlu eşşekler," diye de bana dert yanıyordu.

Evet İstanbul'a gelmiştim. Çevremde olan biten her şeyi gözleyip yazmaya karar verdim. Zengin psikososyal bir laboratuvara girdiğimin bilincindeydim. Kaliforniya'da yedi sene kalmamın sonucu olacak, İstanbul'a özgü bazı davranış manzaralarına daha duyarlı hale gelmiştim. Hemen algılayabildiğim davranış özellikleri oralarda pek sık görmediğim, şimdi dikkatimi çeken davranışlardı.

Uçakta hosteslerden su ya da çay isteyecek başı örtülü kadın, yanındaki erkeğe bu isteği söylüyor, o dilinin yettiğince kadının isteğini hostese ulaştırıyordu. Sigara içenlerin büyük çoğunluğu erkekti ve "Acaba yanımdakini rahatsız eder miyim?" diye herhangi bir düşüncenin akıllarının ucundan geçmediği belliydi. Uçaktan çıkarken, yüzü asık polisleri gören Türk yolcuları, suç işlemiş bir çocuk gibi ezik bir havaya bürünmüşlerdi; bedenlerinin duruşları ve yüz ifadeleri bu ezikliği gayet belirgin olarak ifade ediyordu. Uçak şirketinde çalışan kadının, tanıdıklarını sıranın önüne geçirerek pasaport işlemlerini öncelikle yaptırmasından duyulan rahatsızlığı, ancak yabancıların yüzleri belirtmekteydi. Gümrük denetiminde bir hamalın önemli rol oynaması Türkler için olağan bir hadiseydi, Batılı bunu anlayamazdı. Dışarıda taksi şoförlerinin köy meydanında imişcesine bağıra çağıra aralarında konuşmaları, bu davranışlarını Türkiye'ye yeni gelen yabancıların nasıl algılayacağı gibi herhangi bir düşüncenin akıllarından geçmeyişi, bize mahsus bir olguydu. Özel araç sahibi ve trafik polisi arasındaki etkileşim, bizim kültüre özgü bir etkileşim biçimiydi.

Benim bindiğim taksinin şoförünün, kendisinin yaptığı davranışı diğer şoför yaptığı zaman, ne olursa olsun ben orada yokmuşum gibi tereddütsüz küfür etmesi bizim insanımızın davranışıydı. Ramazanda oruçlu olmakla, başkalarına sürekli küfür etmek arasında ona göre bir çelişki yoktu. Dindar olmak, "diğer insanlarla ilişki içindeyken sorumlu biçimde davranmayı gerektirir" anlayışından uzaktı. Benim bindiğim taksinin şoförünün, "kendi düşünce, duygu, niyet ve davranışlarından sorumlu olmak" gibi bir kavramın farkında olmadığı da belliydi.

11

Kültür ve İletişim

Kızılderili ve batı uygarlığı

ABD tarihinde yazarlığı, buluşları ve siyasal görüşleriyle ünlü Benjamin Franklin, Virginia Eyaleti Hükümeti temsilcileriyle, altı Kızılderili kabilenin temsilcilerinin Lancaster Antlaşması olarak bilinen sözleşmeyi yapmak için 1744'te biraraya geldiklerinde, iki taraf arasında şu tür bir etkileşimin yer aldığını yazar:

«Virginia delegeleri, her bir kabile reisinin oğlunu Williamsburg Üniversitesi'nde burslu olarak okutmayı, bütün masrafları Virginia Eyaleti'nce karşılamayı Kızılderili reislere teklif ederler. Kabile reislerinin oğullarının her türlü masraflarının karşılanacağını, onların eğitimi için elden gelenin arkaya konmayacağını söylerler. Böylece, Kızılderili gençlerin beyaz insanın bilgisini elde edebileceğini, daha sonra bu gençlerin kendi kabilelerinin üyelerini eğitebileceğini ifade ederler.

Bu teklif üzerine en yaşlı Kızılderili temsilci şu cevabı verir. "Sizler kendi toplumunuzun akıllı kişilerisiniz. Hikmet sahibi kişiler olarak bilirsiniz ki, aynı şeyler hakkında insanların değişik fikirleri vardır. Bu nedenle, sizin teklif ettiğiniz türden bir eğitimle ilgili bizim farklı düşüncelerimiz olması umarım tuhafınıza gitmez. Bahsettiğiniz türden eğitimi oldukça yakından tanımış bulunuyoruz. Birçok Kızılderili gençler, Kuzey Eyaletlerde sizin üniversitelerinize gittiler. Orada sizin bilimlerinizi öğrendiler. Döndüklerinde, koşmayı unutmuşlardı, ormanda yaşamayı beceremez hale gelmişlerdi: soğuğa ve açlığa dayanamıyor, bir kulübe yapmayı beceremiyorlardı. Bir ceylanı avlama ve bir düşmanı öldürme becerilerini kaybetmişlerdi. Kendi dillerini unutmuşlardı, ne iyi bir avcı olabilirlerdi ne de iyi bir savaşçı. Sözün kısası, hiçbir işe yaramaz hale gelmişlerdi.

Sizin iyi niyetli teklifiniz için teşekkür ederiz, ama kabul edemeyeceğiz. Size olan minnettarlığımızı kanıtlamak için bizim de size bir teklifimiz var: Virginia'nın asil delegelerinin gönderecekleri bir düzine delikanlıyı eğiterek onlara bütün bilgilerimizi öğreteceğiz ve onları gerçek anlamında birer yiğit olarak yetiştireceğiz.»

Franklin yukardaki satırları 1784 dolaylarında *"Remarks Concerning the Savage of North America"* adlı broşüründe yayınlamıştır.

Virginia delegeleri ile Kızılderili kabile reisleri arasındaki yukardaki etkileşim, farklı kültürlere sahip toplumların birbirleriyle kurdukları iletişimin tipik bir örneğidir. Bu tipik etkileşimin bazı temel özelliklerini hemen belirtelim:

1. Beyaz toplum, bilim ve teknolojiye dayalı bir uygarlığı temsil ettiği için kendisini Kızılderililerden daha güçlü ve üstün görür. Kızılderililerin beyaz insanın uygarlığını öğrenmesinin, beyaz insan gibi eğitim görmesinin, iyi bir şey olacağına inanır; üniversiteye öğrenci almak teklifiyle bu düşüncelerini belirtir.

2. Bilim ve teknolojinin ne olduğunu anlayacak bir algısal hazırlığı olmayan Kızılderili reisler, her normal insan gibi, kendi uygarlıkları ve yaşam felsefeleriyle gurur duyar, karşıdakileri kendi dünya görüşleri içinde değerlendirirler. "Bizim sizden öğreneceğimiz bir şey yok! Sizin gençler sünepe olarak yetişiyorlar, bizimkiler ise cengâver olarak! İsterseniz, nasıl güçlü ve becerekli 'yiğit erkek' yetiştirilir, size öğretelim!" derler.

Bilim ve teknolojiye dayanan toplum, zamanla diğerini egemenliği altına almıştır. Kızılderili kabile reislerinin, beyaz insanın yeni tür gücünü algılayamamaları, içinde bulundukları koşullar altında doğaldı; kendi değerlerini üstün görerek, asırlardır koruyageldikleri yaşam düzenini sürdürmek istemeleri de, doğaldı. Bu nedenle Kızılderili reisleri kusurlu bulup suçlamak büyük insafsızlık olur.

Cumhuriyet reformları ve çağdaş uygarlık

İnsanlık tarihinde, kendi kültür düzeninin sınırlamalarını, kısıtlamalarını ve çıkmazlığını görerek, bir toplumun bir uygarlıktan diğerine geçmeye teşebbüs etmesi enderdir.

Geleneksel otoriter kültürü oluşturan temel değerler arasında, "akılcı olma", "bilimsel olma", "eleştirici olma" gibi çağdaş öğeler yoktu. Cumhuriyet reformları, bu öğeleri, Türk toplumunun temellerine koyma girişimidir. Eğitim reformu, hukuk reformu, kıyafet reformu, dil reformu, çok partili politik yaşama geçişi hazırlayan siyasal reform yeni bir uygarlığın temellerini atmak için yapılmıştır.

Cumhuriyeti kuranlar, bu sosyal reformlar sayesinde, Avrupa'nın "hasta adamı" olan Osmanlı İmparatorluğu'nun çöküntüsünün altından, zinde ve gerçekçi bir toplum çıkacağını umuyorlardı. Ne var ki, Türkiye içindeki "yobazlar" ve "hasta adam"ın mirasını paylaşmak isteyen dış güçler, bu girişimin başarılı olmasını istemiyorlardı.

Türkiye hâlâ bir reformlar ülkesidir. Aydınların büyük bir çoğunluğu, bilimin ve rasyonel düşüncenin (aklın), toplumun temeline inemediği kanısındadır. Onlarca, *bilimsel düşünce ve akılcı yaklaşım toplumun temelini oluşturmadıkça, Türk toplumu çağdaş uygarlığın bir üyesi olamaz.*

Aydının bu tavır alışı, eğer iletişim becerileri iyi kullanılmadan ve gelişigüzel ortaya konursa, karşı tutumda olanları öbür uca daha fazla iter; sonuçta, toplumsal ortam, birbirlerini sevmeyen, hırçın insanların ortamı olur. Bir sentez arayan Türk insanı yerine, kendi inancını tek yönlü olarak diğerlerine kabul ettirmek isteyen iki yobaz tipi gelişir. Bunlardan birine "yobaz aydın", diğerine "geleneksel yobaz" adları verilebilir. Sürtüşme, geleneksel kültürü savunan "geleneksel yobaz" ile Batı değerlerini sorgusuz sualsiz kabul ettirmeye çalışan "yobaz aydın" arasında olur.

Aydının kişisel yaşamında yapacağı sentez, özgürlükçü çağdaş Türk toplumunun oluşmasında hayati önem taşır. Hem geleneksel otoriter kültürü, hem de çağdaş dünya anlayışını yakından tanıyan aydın, kendi bireysel bütünlüğü, kafa ve gönül dengesi, toplum ve doğayla ilişkisiyle ilgili değişik sentezlere ulaşır. Aydının bu tür sentezlere ulaşabilmesi, her iki dünyayı iyi bilmesine bağlıdır.

Geleneksel otoriter kültürü ve özgürlükçü çağdaş anlayışı birbirinden farklı kılan temel düşünce sistemlerini incelemek, bu nedenle önemlidir. Bu iki düşünce sistemini anlamadan, Cumhuriyet reformlarının altında yatan temel amacın anlaşılması güçleşir.

GELENEKSEL OTORİTER KÜLTÜR VE ÖZGÜRLÜKÇÜ ÇAĞDAŞ ANLAYIŞIN DEĞERLERİ

Temel boyutların karşılaştırılması

Osmanlı Devleti, değişik toplumlarla ve kültürlerle ilişki içinde bulunmuş, Arap uygarlığının yanı sıra İran, Yunan, Bulgar, Yugoslav, Rus, Macar, Romanya toplumlarını etkilemiş ve doğal olarak, onların da etkisi altında kalmıştır. Fakat en önemli toplumsal etki, İslamiyet aracılığıyla Arap dil ve kültüründen gelmiştir. Osmanlı yönetimi, bu etkileri siyasetinde, toplum yaşamında, sanatında kendine göre sentezlemiş ve Osmanlı kültürü olarak bilinen bir bütün ortaya koymuştur. Bu kültür bugün süregitmekte olan geleneksel otoriter kültürün temelini oluşturur.

Özgürlükçü çağdaş anlayış soyut bir kavramdır. Fransa, İtalya, Almanya, İngiltere, İsveç, Norveç, Danimarka, İsviçre ve Belçika gibi Avrupa toplumlarını kapsadığı kadar, Batı uygarlığının bir uzantısı olan Amerika Birleşik Devletleri'ni ve Kanada'yı da kapsar. Bu ülkelerin birbirinden farklı dilleri, görenekleri ve yaşam biçimleri vardır. Ne var ki, bu toplumlarda ortak olan bazı temel değer ve düşünce biçimleri, onları diğer dünya toplumlarından ayırt eder.

Aşağıda, geleneksel otoriter kültür ile, özgürlükçü çağdaş anlayışın temel değerleri karşılaştırılmıştır. Böyle bir karşılaştırma, Cumhuriyet reformlarının amacını ve Türk insanının bugün içinde bulunduğu değerler çelişkisini daha iyi anlamaya yardım edecektir.

TEMEL KÜLTÜR BOYUTLARI

Kültür nedir?

Sosyal bilimciler, son otuz yıldır, kültür kavramını tanımlamaya çabalarlar. Herskovits (1955) kültürü, "insanın yaptığı her şeyin toplamı" olarak tanımlarken, Geertz (1973) "bir toplumun üyelerince paylaşılan anlamların tümüdür" der. Hall (1959) "kültür iletişimdir ve iletişim kültürdür" diyerek iki kavramı birbirine denk görür. Birdwhistell (1970) kültürün, toplum içindeki ilişkilerin yapısını, iletişimin ise süreci ifade ettiğini söyler. Görüldüğü gibi bilim adamları belirli bir kültür tanımı üzerinde pek anlaşamazlar.

Keesing (1974), bütün tanımları ve tartışmaları gözden geçirdikten sonra, dilbiliminde yapılan bir ayırımı kültür tanımına uygular. Dilbilimciler, yeteneği (*competence*), gramer bilgisi, uygulamayı (*performance*), kişinin konuşma davranışı olarak tanımlarlar. İki düzey, birbiriyle ilgili, fakat farklıdır.

Keesing kültürün aynı, dildeki gramer gibi, soyut yönü olduğunu, bu yönüyle insanların duyum, algılama, düşünme ve davranma süreçlerini etkilediğini ifade eder. Birey, kültürden edindiği bilgiyi, anlayış ve görüşü, içinde bulunduğu sosyal durumun koşullarına uygun olarak belirtir. Örneğin, "yaşlı kişilere saygı göstermelidir" bilgisi, değişik durumlarda el öpme, otobüste kalkıp yerini verme, "sen" kelimesi yerine, "siz" kelimesini kullanma biçiminde kendini gösterebilir. Bu nedenle, aynı kültürden olduklarından dolayı temel dünya görüşleri benzer olan kişiler, değişik koşullarda, birbirlerinden farklı davranış gösterirler. Keesing'e göre kültür, bir dilin grameri gibi, birbiriyle ilişkili bir bilgi düzeni, kendi içinde tutarlı bir dünya anlayışıdır. Kültür denen bu bilgi düzeni, kişinin "iç dünyasını yapılaştırır, onun gerçeğini oluşturur."

Kültürel bilgi düzeninin altında bazı temel varsayımlar yatar. Bir binanın çatısını oluşturan sütunlar gibi, temel varsayımlar kültürün çatısını oluşturur. Birey, bu varsayımların farkında değildir. Ne var ki, kültürel varsayımlar, birey ister farkında olsun ya da olmasın, kişinin davranışını biçimler ve yönlendirir.

Aşağıda, geleneksel otoriter kültür ile, özgürlükçü çağdaş anlayışın temelinde yatan ana varsayımların bir dizisini karşılaştırmalı olarak gözden geçirdik. Bu varsayımları okurken lütfen şu üç noktayı göz önünde tutun:

1. Her toplumda, birbirlerinden farklı varsayımlar vardır. Bazı varsayımlar, diğerlerine nazaran daha baskındır; bir başka deyişle, belirli bir toplumun üyelerinin çoğunluğu bir kültür varsayımına göre davranmayı daha sık yeğler. Örneğin, "(A) kültüründe yaşlılara değer verilir, (B) kültüründe yaşlıların değeri yoktur," dendiğini düşünelim. Eğer (B) kültüründe birkaç kişinin yaşlılara değer verdiği görülürse, yukarıdaki gözlemin yanlış olduğu söylenmemelidir. Verilen örnek şöyle ifade edilse daha doğru olurdu: "(A) kültüründeki kimselerin çoğunluğu, (B) kültüründeki kimselerle kıyaslandığında, yaşlılara daha değer verir." "Yaşlılara değer verme, (A) kültüründe daha baskın bir eğilimdir." Bu ifade (B) kültüründe hiç kimsenin yaşlılara değer vermediğini göstermez, göreli olarak (A) kültüründe daha çok sayıda insanın değer verdiğini gösterir. Bu nedenle kültür varsayımları, salt değil, ortaya çıkış frekansı ve bir yöne doğru baskın eğilimler olarak, göreli anlamda anlaşılmalıdır.

2. Kültür varsayımları bilinçli olarak öğrenilmez; çocuk ana dilini öğrendiği gibi, farkına varmadan, kendi kültürünün varsayımlarını aile içinde öğrenir. Kültürel varsayımlar bilinçli olarak öğrenilmedi-

ği için, bilinç altında kalırlar; normal koşullar altında onları bilinç düzeyine çıkarmak, farkına varmak zordur.

3. Bireyin farkında olmadığı kültürel varsayımlar, onun özbenlik (*core identity*) tanımının temelini oluşturur. Bir başka deyişle, kişi, "Ben (A) kültüründen olduğumdan dolayı, büyüklere saygı duyarım," diye düşünmez; "Ben, büyüklere saygı duyan, iyi bir insanım," diye düşünür. Kişi, kendi özbenliğine benzer kişiliği olan diğer kimselere yakınlık duyar; benzemeyenlere uzak durur. Böylece, kültür varsayımları, bir grup, bir cemaat, bir toplum yaratma yönünde etki gösterirler.

Temel kültür varsayımları

Özgürlükçü çağdaş anlayış ile geleneksel otoriter kültürü şu temel boyutlarda karşılaştıracağız: 1. Dünya görüşü; 2. İnsanın doğası; 3. İnsanın doğuyla ilişkisi; 4. Bireysellik/Bağımsızlık; 5. Değişim; 6. Zaman; 7. Eşitlik/Hakkaniyet; 8. Yarışkanlık; 9. Açık, doğrudan iletişim; 10. Uygulanabilirlik ve verimlilik; 11. Materyalizm; 12. Eğitim, 13. Birey ve devlet ilişkisi; 14. Kadın erkek ilişkisi; 15. Din ve devlet ilişkisi. Her bir boyutun altındaki temel varsayımları aşağıda dile getirdik.

Dünya görüşü — Dünya görüşü boyutu, dünya ve evrenin algılanma biçimiyle, nasıl bir evren varsayıldığı ile ilgilidir.

Özgürlükçü çağdaş anlayış: Bir yüzyılı aşkın bilimsel çabaların sonucunda yavaş yavaş oluşmuş bu varsayıma göre, evren karmaşık, her yönü birbiriyle ilişkili mükemmel bir düzendir. Biz bu düzenin içinde ve onun bir parçasıyız. İnsanoğlu, hem kendini hem de evreni incelemeli ve anlamalıdır.

Geleneksel otoriter kültür: Evrenin ne olduğunu anlamaya insanoğlunun gücü yetmez; bilmemiz gerekenler, Kuran'da vardır.

İnsanın doğası — Bu boyut, "insan nedir?" sorusuna cevap verir.

Özgürlükçü çağdaş anlayış: İnsan fiziksel, kimyasal, biyolojik ve pisikolojik yönleri olan son derece karmaşık bir yaratıktır. Her insan yaşamının anlamına, gereksinimlerinin ne olduğuna ve bunların en iyi nasıl karşılayabileceğine kendisi karar verebilecek güçtedir.

Geleneksel otoriter kültür: İnsanoğlu kulluk yapmak için yaratılmıştır. İnsanın ne yapması gerektiğini Kuran belirtir. Kişinin neyin iyi, neyin kötü olduğuna karar verecek gücü yoktur. Allah huzurunda görevlerini yerine getiriyorsa yaşamı iyi ve anlamlıdır.

İnsanın doğayla ilişkisi — Bu boyut, insanın doğayla nasıl bir etkileşim içinde olması gerektiğini belirtir.

Özgürlükçü çağdaş anlayış: İnsan doğayı anlamalı, denetim altına almalı ve kendi amaçları doğrultusunda doğanın güçlerini kullanmalıdır. İnsan doğayı anlayabilecek ve denetimi altına alabilecek güçtedir. Akıllı ve başarılı insan doğayı ve kendini en iyi anlayan, kendinde ve doğada saklı olan güçleri kendi amaçları yönünde en verimli kullanan insandır.

Geleneksel otoriter kültür: İnsan aciz bir yaratıktır ve kaderine boyun eğmek zorundadır. Başarılı ve akıllı insan bu gerçeği görüp kabul eden kişidir.

Bireysellik/Bağımsızlık — Bu boyut, bireyin kendini diğerlerinden ayırt eden, kendine özgü özelliklerine verilen değeri ifade eder.

Özgürlükçü çağdaş anlayış: Bireyin kendine özgü özellikleri geliştirmesi ve diğerlerinden farklı bir kimse olarak yaşamını sürdürmesi, o bireyin doğal hakkıdır ve istenilen bir şeydir. Bireyin kendine özgü özellikleri korunmalı, beslenmeli ve geliştirilmelidir.

Bireyin hiç kimsenin yardımına gereksinim duymadan yaşamını sürdürecek bilgi ve becerilere sahip olması, bağımsız olması istenilen bir özelliktir. Kendi yaşamının sorumluluğunun bilincine varmış, bağımsız, kendine özgü özellikleri geliştirmiş birey, değerlidir.

Geleneksel otoriter kültür: Birey, diğer kimselerle ilişkileri içinde değer kazanır. Kendi başına bireyin bir değeri yoktur. Kişinin değerini onun ilişkileri belirler: Hangi aileden, hangi mevkide, kimleri tanıyor olması önemlidir. Tanıdığı olanla, tanıdığı olmayan birbirine eşit değildir.

Başkalarıyla ilişki ve işbirliği içinde yaşamını sürdüren kişi daha değerlidir. Herkesten farklı olmak utanılacak bir durumdur. Bireye özgü farklılıklar her fırsatta törpülenmeli ve gelişmeleri önlenmelidir. En makbul insan, herkes gibi olan insandır.

Değişim — Bu boyut, zamanla kaçınılmaz olarak ortaya çıkan değişimin nasıl algılandığını ifade eder.

Özgürlükçü çağdaş anlayış: Değişim yaşamın kaçınılmaz bir parçasıdır, iyidir, gelişmenin ve ilerlemenin temelinde yatar. Değişmeden kaçınılamaz, ne var ki, değişimi istediğimiz yöne yöneltebilme gücümüz vardır.

Geleneksel otoriter kültür: Değişim, kurulu düzeni tehdit eder; sürekli denetim altında tutulması gerekir. Gelenek ve görenekleri olduğu gibi korumak, istikrarı sürdürmek, değişimden daha önemlidir.

Zaman — Bu boyut, kişilerin vakitlerini harcamalarıyla ilgili temel değerleri ifade eder.

Özgürlükçü çağdaş anlayış: Zaman önemlidir. Zamanın farkında olmak, zaman planlaması yaparak hangi işin ne vakit yapılacağını bilmek, öğrenilmesi gereken temel bir beceridir. Şu an ve gelecek, geçmişten daha önemlidir. Şu anı verimli olarak kullanmak, geleceği iyi planlamak gerekir.

Geleneksel otoriter kültür: Geçmiş, şimdi ve gelecekten daha önemlidir. Gelecekte ne olacağını biz bilemeyiz, kaderimizde ne yazılıysa o olacaktır. Geleceği planlama, zamanını verimli biçimde kullanma insanoğlunun elinde değildir; geleceği planladığını düşünenler, aslında kendilerini avuturlar.

Eşitlik/Hakkaniyet— Bu boyut, kişiler arasındaki ilişkilerde güç dengesini ifade eder.

Özgürlükçü çağdaş anlayış: Saygınlık yönünden insanlar eşittir. Kişiler ekonomi, statü, ve meslek yönünden eşit olmayabilirler; ne var ki, saygınlık yönünden eşit kabul edilmedirler.

Geleneksel otoriter kültür: İnsanlar eşit değildir. İnsanın saygınlığı kişinin dinine, mevkiine, ailesine, mesleğine, tanıdıkları kimselerin türüne göre değişir. Saygıya değer insanlar vardır, saygıya değmeyen insanlar vardır.

Yarışkanlık — Bu boyut, kişilerin başarı için birbirleriyle yarışmasını belirtir.

Özgürlükçü çağdaş anlayış: Kendini diğerlerinden üstün kılacak beceri ve bilgileri öğrenmek iyidir. Birey kendi kendiyle ve başkalarıyla sürekli yarışma içinde olmalı, gelebileceği en yüksek düzeye ulaşmalıdır.

Geleneksel otoriter kültür: Önemli olan, kişiler arası ahengi koruma ve dostları memnun etmektir. Diğerleriyle açık seçik yarışkanlık içinde olduğunu göstermek ayıptır. En büyük meziyet, kişinin mütevazi olmayı öğrenmesidir.

Açık, doğrudan iletişim — Bu boyut, kişiler arası ilişkilerde mesajların kullanılma biçimini ifade eder.

Özgürlükçü çağdaş anlayış: Kişiler arası ilişkilerde açık-seçik doğrudan mesajlar, dolaylı yollardan kapalı anlatıma yeğlenir. Kişinin hatasını yüzüne söylemek, kişinin arkasından konuşmaktan iyidir. Birey kendine söylenen hataları dinlemeli ve gerçekçi biçimde değerlendirip cevaplamalıdır; iyi iletişim, açık-seçik, dolaysız iletişimdir.

Geleneksel otoriter kültür: Kişinin yüzüne düşünülen aynen ve doğrudan söylenmez. Dolaylı ve kapalı yollardan ima yoluyla anlatım, doğrudan, açık-seçik anlatıma yeğlenir. Dolaylı yollardan, üzeri kapalı olarak mesajı anlatabilmek, kişiler arası ahengi koruduğundan, istenilen ve beğenilen bir beceridir.

Uygulanabilirlik ve verimlilik — Bu boyut, düşünce ve davranışların pratik bir sonuca dönük olmasını belirtir.

Özgürlükçü çağdaş anlayış: Gerçekçi, pratik ve verimli olma değerlidir. Bir program, düşünce ya da kuramın uygulanabilirliği ve verimliliği, o program, düşünce ya da kuramın değerini belirtir.

Geleneksel otoriter kültür: Bir düşüncenin geçerli ya da pratik oluşundan ziyade, o düşünceyi ortaya atan kişinin mevkii, otoritesi, siyasal kudreti önemlidir

Materyalizm — Bu boyut, nesnel terimler içinde ifade edilebilen kazançların değerli olduğunu ifade eder.

Özgürlükçü çağdaş anlayış: Para kazanmak, mal mülk sahibi olmak, yarınını garanti altına alacak biçimde planlama yapmak önemlidir. Mali yönden güçlenme, bireyin anlamlı ve başarılı bir yaşam sürdüğü anlamına gelir. Kazanç hırsı her normal insanda vardır ve saygıyla karşılanmalıdır.

Geleneksel otoriter kültür: Dünya malı bu dünyada kalır. Kazanç hırsı kötüdür, insanın ve toplumun başına gelen bütün kötülükler bu hırstan kaynaklanır. Bu dünya için değil, öbür dünya için kazanmak gerekir. "Bir hırka, bir lokma" tutumu içinde olan kişilere saygı duyulmalıdır.

Eğitim — Bu boyut, kişinin gelişimi boyunca topluma ve yaşama hazırlanması için gerekli süreci ifade eder.

Özgürlükçü çağdaş anlayış: Eğitim, bireyin güçlendirecek düşünme, bilme ve uygulama becerilerini geliştirmelidir. Sadece bilgi önemli değildir. O bilgiyi elde edebilecek araştırıcı ve eleştirici bir kafayı geliştirmek daha önemlidir.

Geleneksel otoriter kültür: Bilinmesi gereken zaten bilinmektedir. Eğitimin görevi bu bilgileri ezberletmektir. İyi eğitilmiş kişi, belleğinde çok bilgi bulunduran kişidir. Araştırıcı ve eleştirici kişi, imanı zayıf olan, şüphe eden kişidir. Bu kişilerden toplum kendini korumalıdır.

Birey ve devlet ilişkisi — Bu boyut, bireyle devletin birbirlerine karşılıklı görevlerini ifade eder.

Özgürlükçü çağdaş anlayış: Bireyin özgür yaşamı, kendini söz ve sanat yoluyla ifade edebilmesi, bireysel mutluluğu araması, onun doğuştan getirdiği haklarıdır. Her birey, diğer bireyin hakkına saygı göstermek zorundadır. Devlet, bu bireysel özgürlük ve hakları korumak için elbirliğiyle kurulmuştur. Devletin temelini oluşturan kuralları, o devleti oluşturan bireyler belirler. Devlet bir hizmet örgütüdür, yurttaşlara hizmetin ötesinde başka bir anlamı yoktur. İyi devlet adamı, güleç yüzlü, yurttaşın sevdiği ve kendisine yakın bulduğu yöneticidir.

Geleneksel otoriter kültür: Devlet yöneticisi, devletin nasıl yönetileceğine karar verir. Yurttaş, devletin amaçlarını gerçekleştirmek için vardır. Birey, devletin amaçlarına hizmet ettiği sürece değerlidir; kendi başına bir değeri yoktur. Yurttaş ancak korku ve baskı yoluyla devletin amaçlarına hizmet .eder, isteyerek değil. O nedenle, devlet asık suratlı olmalı ve gücünü yurttaşa her zaman duyurmalıdır. İyi devlet adamı, ciddi ve kendisinden korkulan yöneticidir.

Kadın erkek ilişkisi — Bu boyut, kadın ve erkeğin toplum içindeki göreli yerlerini ve değerlerini ifade eder.

Özgürlükçü çağdaş anlayış: Kadın ve erkek sosyal saygınlık ve yasal yönden eşittir. Kadının sosyal düzen içindeki yerini tanımlamada demokratik süreç yer almalı, kadın kendi işlevlerini tanımlamada en önemli güç olmalıdır. Kadın hakları ve kadın özgürlüğü önemlidir ve güncelliğini kaybetmeden sürekli söz konusu edilmelidir.

Geleneksel otoriter kültür: Kadın ve erkek eşit değildir, çünkü eşit yaratılmamışlardır. Erkeğin sosyal, yasal, psikolojik üstünlüğünü kabul etmeyen kadın aile mutsuzluğunun ve toplumsal çöküntünün kaynağıdır.

Din ve devlet ilişkisi — Bu boyut, din ve devlet arasında ilişkinin türünü ifade eder.

Özgürlükçü çağdaş anlayış: Dini inanç özel bir yaşantıdır ve her bireyin en kutsal özgürlüğünü oluşturur. Dini inancında özgür olmayan insan, yaşamının tümünde özgür değildir. Devletin en önemli işlevlerinden biri, birbirinden farklı dini inançtaki yurttaşların, diğerlerini kısıtlamadan, inanç ve örflerini özgürce uygulamasına olanak verecek yasal ortamı korumak, devletin siyasal, ekonomik ve yasal görevleriyle değişik dini görüşleri birbirinden tamamiyle bağımsız tutmaktır.

Geleneksel otoriter kültür: Din ve devlet birbirinden ayrılamaz. Her toplumun bir dini vardır; bizim dinimiz İslamdır. Devletin siyasal, ekonomik ve yasal görevleri dinimizin emrettiği yönde işlemelidir. Şeriat toplumun temel yasası olmalıdır.

Yukarıda anlatılanlar bir tablo içinde özetlenebilir. Sayfa 252'de verdiğimiz bu tablo, temel boyutlar içinde özgürlükçü çağdaş anlayış ile geleneksel otoriter kültürü karşılaştırmaktadır.

Bu kültür boyutları birbiriyle etkileşerek günlük yaşam içinde davranışları etkilerler. Onikinci Bölümde değişik davranışlar, bu davranışların altında yatan kültür değerleri açısından incelenecektir.

SÖZÜN KISASI

Geleneksel otoriter kültür ve özgürlükçü çağdaş anlayışın birbirinden farklı varsayımları vardır. Türkiye Cumhuriyeti'nin özgürlükçü çağdaş anlayış temelleri üzerine kurulması için Cumhuriyet reformlarına girişilmiştir. Kültür varsayımlarını temel boyutlar halinde ifade etme ve karşılaştırma olanağı vardır.

Geleneksel otoriter kütür ile özgürlükçü çağdaş anlayış arasındaki farkları, kültürün aşağıdaki temel boyutları karşılaştırılarak belirtilebilir: 1. Dünya görüşü; 2. İnsanın doğası; 3. İnsanın doğayla ilişkisi; 4. Bireysellik/Bağımsızlık; 5. Değişim; 6. Zaman; 7. Eşitlik/Hakkaniyet; 8. Yarışkanlık; 9. Açık, doğrudan iletişim; 10. Uygulanabilirlik ve verimlilik; 11. Materyalizm; 12. Eğitim; 13. Birey ve devlet ilişkisi; 14. Kadın erkek ilişkisi; 15. Din ve devlet ilişkisi. Bu iki farklı dünya görüşü, Türk insanının içinde çatışma halindedir.

Özgürlükçü çağdaş anlayış
ve geleneksel otoriter kültür değerlerinin karşılaştırılması

Geleneksel otoriter kültür	Özgürlükçü çağdaş anlayış
Evreni anlamaya insanoğlunun gücü yetmez.	İnsan hem kendini hem de evreni inceleyerek anlayabilir.
Neyin iyi neyin kötü olduğuna insanın kendisi karar verecek güçte değildir.	İnsan, kendisi için neyin yararlı ya da zararlı olduğuna kendisi karar verecek yetenektedir.
İnsan aciz bir yaratıktır; kaderine boyun eğmelidir.	İnsan doğayı anlamalı ve denetimi altına almalıdır.
Bireyin kendine özgü bir değeri yoktur. Bireyi değerli yapan, onun ilişkileridir.	Bireyin kendine özgü özellikleri korunmalı, beslenmeli ve geliştirilmelidir. Bağımsız birey değerlidir.
Değişiklik kötüdür, gelenek ve görenekleri olduğu gibi devam ettirmek iyidir.	Değişiklik yaşamın kaçınılmaz bir parçasıdır ve iyidir.
Zaman ve zaman planlaması önemli değildir; gelecekte ne olacağı kaderimize bağlıdır, biz denetleyemeyiz.	Zaman ve zaman planlaması önemlidir. Geçmiş, şimdi, gelecek içinde en önemlisi gelecektir.
Kişinin yaşı, mevkii ve ilişki içinde olduğu insanların türü onun saygınlık derecesini tanımlar.	Saygınlık yönünden herkes eşittir.
Yarışkanlık ayıptır. Mütevazilik iyidir.	Yarışkanlık iyidir.
Dolaylı ve kapalı yollardan ima yoluyla anlatım, doğrudan, açık-seçik anlatıma yeğlenir.	Açık-seçik doğrudan mesajlar, dolaylı yollardan kapalı anlatıma yeğlenir.
Programı uygulayan kişinin mevkii ve kudreti önemlidir.	Gerçekçi, pratik ve verimli olma değerlidir.
Kadercidir.	Materyalisttir.
Eğitim, mevcut bilgi ve değerleri ezber ve taklide dayanır.	Eğitim, bağımsız düşünme, soruşturma yeteneklerini geliştirmeyi amaçlar.
Birey devlet içindir.	Devlet birey içindir.
Kadın ve erkek eşit değildir.	Kadın ve erkek sosyal ve yasal yönden eşittir.
Din ve devlet ayırımı yoktur.	Din ve devlet ayrıdır. Yurttaşın din özgürlüğünü ve din - devlet ayırımını korumak devletin görevidir.

12

İçimizde Çatışan Farklı İki Dünya

Cumhuriyet reformları, Türkiye'de ilginç bir sosyal gerçek yaratmıştır: Yasalarının içeriği ve siyasal yapısı yönünden kağıt üzerinde Batı ülkelerine benzeyen yeni Türk toplumu, düşünce ve davranışları büyük ölçüde geleneksel otoriter kültür değerleri içinde biçimlenmiş insanlar tarafından yönetilmektedir. Halkın sosyal yaşamına anlam veren kaynak, otoriter kültürdür. Ne var ki, çocuklar aile ortamında geleneksel değerlerle yetiştirilirken, okullarda çağdaş uygarlığın değerleri programlara konur; çağdaş değerleri öğretmesi beklenen öğretmen, çoğu kere, bu değerleri otoriter kültür yöntemleriyle öğretme çabası içindedir.

Bir anlamda iki düzeyli bir yaşam düzeni yaratılmıştır: Resmi düzeyde, demokratik kılıfa bürünmüş göstermelik değerler göze çarpar; ne var ki programların uygulanması ve ülkenin yönetimi otoriter anlayış içinde olur. Bu nedenle, göstermelik demokratik değerlerle, günlük yaşamda uygulanan geleneksel değerler arasında bocalayan, hangi düzenin daha geçerli olduğunu bilemeyen kuşaklar yetişir. Aşağıdaki gözlemler, toplum düzeninde kendini gösteren bu değerler karmaşasını yansıtır.

İNSAN DAVRANIŞI TOPLUMSAL DEĞERLERİ YANSITIR

Değişik gazete ve dergilerden derlenen aşağıdaki gözlemler, iki farklı dünya anlayışının karşılaştıkları ve sürtüştükleri noktaları belirler. Her bir gözlemden sonra, çarpışan kültür değerlerine bakacağız. Okuyucu, burada verilen örnekleri, kendi yaşamında ve çevresinde sık sık görebilir. Bu tür davranışların altında yatan kültür değerleri belirlendikçe, kişiler arasında yer alan iletişim sorunları daha iyi anlaşılmaya başlar.

Gözlem 1

Gazeteci, yazar Hasan Pulur'un bir yazısında, Türkiye Cumhuriyeti Devleti'nin vatandaşına nasıl davrandığını gösteren bir olayı ele alarak gözlemlere başlayalım.

Nasreddin Hoca'lık

«Bilal Alkan'ın birinden alacağı vardı...

Borçlu bir türlü parayı ödemiyordu; ihtar, protesto hiçbiri kâr etmedi, sonunda icraya verdi.

İcra adamın malına haciz koydu, yine ödeyemedi, satışa çıkarıldı ve 6 milyon 205 bin liraya icra marifetiyle satıldı...

Kanuni işlemler tamamlandı, Bilal Alkan parasını almak için İcra Memurluğu'na gitti...

Bunca yıldan beri peşinden koştuğu parasını kavuşacaktı.

— Ödeyemeyiz! dediler.

— Niye?

— Senin para zimmete geçti!...

Anlamadı, o da ne demekti!

Anlattılar:

— İcra memuru parayı alıp kaçmış, kasa tamtakır, kurubakır!

— Bundan bana ne?

— Sana ne olur mu yahu? Laf anlamıyor musun, kasada para yok, para!

Bilal Alkan bu işten yine bir şey anlamadı....

Parasını icra memuruna teslim etmemişti ki!

— Ben icra memurunu tanımam devleti tanırım! dedi.

O zaman yol gösterdiler:

— Git derdini devlete anlat!

O da anlattı, Elbistan savcılığına dilekçe verdi...

Savcılık da icra memurluğuna yazı yazıp durumu sordu, sanki bilmezmiş gibi...

Ama devlet işi bu, yazılacak, çizilecek, her şey kayda kuyda bağlanacak...

Elbistan İcra Memurluğu da Savcılığa cevap yazdı...

Evet, eski icra memurunun zimmetine para geçirdiği doğruydu, adam canı çekince kasadan para çekmişti, çektiği paraların icra marifetiyle tahsil edilen paralar olduğu da belliydi, ama para zaman zaman kasadan alınmış olduğuna göre, kimin parası olduğu belli değildi, bu tespit edilemezdi, hatta parayı alıp afiyetle yiyen icra memuru bile, kimin parasını alıp yediğini bilemezdi...

İyi, peki, hepsi güzel de Bilal Alkan'ın parası ne olacaktı? Adam alacaklısını icraya vermiş, malını sattırmış, parasını icra alıp kasasına koymuştu.

Bu para ne olacaktı?

İcra Memurluğu'nun görüşü şuydu:

"Zimmete konu paranın, adı geçene ödeme yapabilmemiz için kasaya giriş yapılması şarttır. Zira zimmet nedeni ile alacaklıya belirttiğimiz miktarı ödeme gücü yoktur. Aynı zamanda zimmet konusu paranın, ekli listede alacaklının 982/681 sayılı borçlulardan (.....) ın taşınmazının satışından mütevellit 6,205,000 liranın kasaya girdiği tarihlere tekabül ettiği sanılmaktadır."

EEEEEEEE, sonra?

Gelelim sadede...

Bilal Alkan'ın parası ne olacak?

İcra memuru kasada para yok diyor, ancak kasaya para gelirse ödenebilir, diyor.

Kasaya nereden para gelecek?

İcra memurluğu bunu ne bilsin?

Cevabını da ne güzel bitiriyor:

"Gereğini bilgilerinize arzederim!"

Top şimdi savcılıkta?

İşin gereği bilgilerinize arzedildi ya!

Artık savcı ne yaparsa yapsın?

Savcı ne yapacak?

Cebinden çıkarıp icra kasasına para koyacak değil ya! O da Adalet Bakanlığı'na yazı yazacak...

Bilal Alkan'ın parası ne olacak diye soracak...

Adalet Bakanlığı Hukuk İşleri Genel Müdürlüğü de cevap verecek:

"İlgide gün ve sayısı belirtilen yazılarınızla, Elbistan İcra Memuru (............)'ün zimmetine para geçirdiği, bunun açık kasa zimmeti olup, hangi şahıslara ait ne miktar parayı zimmetine geçirdiğinin anlaşılmadığı bildirilmektedir.

Bu durumda alacaklılarının Elbistan Ağır Ceza Mahkemesi'nde müstakil dava açmaları gerekli bulunmaktadır.

Zimmetten doğan böyle bir zararın Bakanlığımızca ödenebilmesi için, yargı mercileri tarafından verilmiş mahkeme ilamı gereğinin alacaklılara duyurulması..."

Şimdi biraz kafamızı toplayalım, şu işi baştan ele alalım. Borcunu ödemeyen adamın borcunu alıp, alacaklıya ödemek devletin görevi midir?

Görevidir!

İcra memuru kimin temsilcisidir?

Devletin!

Alacaklı, parasını alabilmek için icraya başvururken kime güvenmiş, haklarını kime teslim etmiştir?

Devlete!

İcra memurunu tanır mı?

Tanımaz!

Ha Ahmet olmuş, ha Mehmet, ne fark eder...

Devletin icra memuru kasayı boşaltıp gitmişse, bunun sorumlusu vatandaş mıdır?

Devlet parayı almış mı, almış, kasaya girmiş mi, girmiş...

Ama para kasadan uçup gitmiş...

Ondan vatandaşa ne?

Devlet vatandaşın parasını öder, sonra memuruyla hesaplaşır...

Hayır, git mahkemeye, hayır git zimmet davasına müdahil olarak katıl ya da ayrı davalar aç mahkemelerde sürün...

Bu adalet anlayışı acaba Adalet Bakanlığı'na yakışır mı?

Diyelim banka soyulmuş, sizin de bankada paranız var, ertesi günü paranızı çekeceksiniz, hayır diyorlar, bekleyin, soyguncular yakalansın, mahkemeye verilsin, mahkûm olsunlar, biz onlardan parayı alalım, size verelim.

Yapmayın muhteremler, insaf dinin yarısıdır!

Nasreddin Hocalık olmayın...

Hani Hoca'nın birine borcu varmış, adam kapıyı çalınca yolun kenarını göstermiş:

— Bak oraya çalılığı diktim... Koyunlar geçerken çalıya sürünecek, yünleri kalacak, onları toplayacağım, hanım tarayıp eğirecek, iplik olacak, sonra örüp çorap yapacağız, pazara götürüp satacağız, senin paranı ödeyeceğiz!

Adam kıskıs gülmeye başlayınca Nasreddin Hoca parlamış:

— Peşin parayı gördün, nasıl gülersin değil mi?»

Bu gözlem, devlet, görev ve devlet görevlisi anlayışıyla ilgili tutumları dile getiriyor. Bilal Alkan, Cumhuriyet hükümetinin görünüş düzeyindeki soyut demokratik değerlerini ciddiye almış, benimsemiş ve beklentilerini ona göre ayarlamış. Görünüşte Bilal Alkan'ın düşünüş ve davranışı haklıdır; çünkü Türkiye Cumhuriyeti Devleti'nin kâğıt üstünde yazılı yasalarına ve Cumhuriyet reformlarının amaçlarına uygundur.

Ne var ki, icra memuru, savcı ve adalet bakanlığı görevlisi, geleneksel otoriter kültürün, tarihsel kökenli,"devlet vermez, alır!" anlayışı içinde yetiştikleri için, görünüşteki soyut demokratik değerlerle, gerçekte içimizde yaşayan otoriter değerler arasında bir çatışma söz konusudur.

Bilal Alkan, psikososyal açıdan, Türk toplumuna "uyumsuz" bir kişidir; çünkü, Türkiye'de doğup, büyüyüp, yaşadığı halde bir Fransız, İngiliz, Alman, ya da İsveçli gibi davranıyor. Yasal işlerini yürütürken, yasa kitaplarında yazılan yöntemleri uygulamaya çalışıyor.

Türkiye'nin geleneksel otoriter kültür dinamiğine "uyum yapmış" bir Bilal Alkan, görünüşte var olan yasalar çerçevesinde değil, geleneksel kültürün getirdiği insan ilişkileri çerçevesinde davranırdı. Bu vatandaş, işini yasalara dayanarak, kurulu mekanizmalarla çözmeye çalıştığından dolayı, geleneksel kültürün aşağıdaki bazı temel değerleriyle çatışma içindedir.

1. *Bireysellik/Bağımsızlık:* Geleneksel kültür içinde birey, tanıdık ilişkilerini kullanarak sorunlarını çözer, "ben kendi işimi kendim çözerim," anlayışı hoş karşılanmaz. Bilal Alkan bu işte kendine yararlı olacak "tanıdık" arama yerine, kendi başına iş yapmaya kalkması bir "hata"dır.

2. *Zaman:* Vatandaş Alkan, zamana önem vermekte, geleneksel anlayış içinde çalışan "görevli", büyük bir olasılıkla, Alkan'ın bu tutumundan rahatsız olmaktadır.

3. *Eşitlik/Hakkaniyet:* Hatırlıyorsunuz, geleneksel kültür içinde *"İnsanlar eşit değildir. İnsanın saygınlığı kişinin mevkiine, hangi aileden olduğuna, mesleğine, tanıdıkları kimselerin türüne göre değişir. Saygıya değer insanlar vardır, saygıya değmeyen insanlar vardır."* Bilal Alkan, "Muhterem Beyefendi!" denecek türünden biri olsaydı, herhalde böylesine bir "muamele"ye maruz kalmazdı! Öyle anlaşılıyor ki, söz konusu kişi, gerçekten "vatandaş Alkan!"

4. *Birey ve devlet ilişkisi:* Geleneksel kültür içinde vatandaş devletten almaz, ancak devlete verir! Özel durumlarda, bir başka deyişle, kişinin devlet yöneticileriyle geliştirmiş olduğu "ilişkilerin türüne" göre, devlet, verebilir. Hem de başka hiçbir devlette görülmemiş biçimde! Ne var ki, bu veriş, "vatandaşa" değildir, "özel ilişkisi olan kişiye"dir.

Devlet memuru, "vatandaş Bilal Alkan"a kötülük yapmak için değil, geleneksel kültür içinde anlamlı ve "doğru" geldiği için yukarıda anlatılan biçimde davranır. Başka bir ifadeyle söylenirse, Bilal Alkan kişilere karşı değil, belirli bir dünya anlayışına, bir kültür düzenine karşı savaşıyor. Bilal Alkan'ın mücadele içinde olduğu devlet görevlisi bu kimseler, büyük bir olasılıkla kendilerini, Atatürkçü ve çağdaş olarak görürler.

Bu gözlem, bir toplumun kültür ve uygarlık düzenini değiştirmenin ne kadar zor olduğunu belirtiyor. Özgürlükçü çağdaş uygarlığın bir üyesi olduğunu savunan Türk Devleti'nde, çağdaş anlamda bireyin değeri yoktur, birey devlete kul olma durumundadır. "Devletin yüksek menfaatleri" öyle gerektirdiği için, bireyin hakkı, hukuku, yasal kelime gargarasının altında boğulur, canlanamaz.

Geleneksel otoriter kültür birçok yönleriyle diriliğini ve canlılığını devam ettiriyor. İnsanımız kaderin kendilerine verdiği rollerde, bazan polis, bazan politikacı, bazan gazeteci, bazen de savcı ya da yargıç olarak geleneksel otoriter kültürün düşünüş biçimini, kendi yaşamlarına ve görevlerine yansıtırlar. Türkiye Cumhuriyeti Devleti, boşlukta var olan bir soyut yapı değildir; devlet görevlilerinin davranışlarında canlanır ve onların algı ve düşünüş biçimleri içinde ifadesini bulur. Özellikle aşağıdaki gözlem, devlet üniforması içinde geleneksel otoriter kültürün nasıl yaşadığını somutlaştırmaktadır.

Gözlem 2

Bu gözlem, şimdiye kadar söylenenleri sözle değil, resimle kanıtlıyor. Geleneksel kültür içinde insanlar eşit değildir. Mevkii olanın "şerefi" ve "onuru" vardır, öbürlerinin yoktur. Yandaki fotoğrafa bakan kişi, "Olur mu böyle şey! Er dövmek yasal değildir. Türk askerine dayak atılamaz, ancak yasa ve disiplin yönetmeliği içinde cezalandırılır!" diyebilir.

"Suudi Arabistan'da şeriatın kestiği parmak, Türkiye'de astsubayın vurduğu yanak acımaz (Nokta, 22 Mayıs 1988).

Kâğıt üzerinde durum gerçekten de böyledir. Ne var ki, kâğıt üzerindeki yasal gerçek ile, Gözlem 2'deki fotoğrafta ifade edilen gerçek farklıdır. Aile içinde baba çocuğunu dövmeye devam ettiği sürece, ordu içinde de subay ve astsubay eri dövmeye devam edecektir. Çünkü asker subayı baba, subay de eri oğlu olarak görür. Ordu bir ailedir. Resimde gördüğünüz astsubay, dövdüğü o erin canını kurtarmak için bir tehlike anında kendi yaşamını tehlikeye atar ve bu davranışında da olağanüstü bir durum görmez. Kendi oğlu tehlike de olsa aynı şeyi yapmayacak mıydı?

Yine aynı şeyi gözlüyoruz: Görünüş çağdaş demokratik düzenin değerleriyle, iç işleyiş geleneksel değerlerle sürdürülüyor.

Görünüşte kalan çağdaş değerlerle, günlük yaşamda uygulanan geleneksel otoriter kültür değerleri arasındaki bu çatışma, Türk toplumunun en ilginç psikososyal olgusunu ortaya koyar. Türk insanı aynı anda her iki dünyaya "ait olma" çabası içindedir; ne var ki, bu iki dünya, temel yapıları bakımından farklı dünya görüşleri üzerine oturur.

Türk insanına özgü bu olgu göz önüne alınmadan, Türkiye'deki iletişim olayları tam anlamıyla açıklanamaz. Aşağıdaki gözlem, bu kanıyı destekler niteliktedir.

Gözlem 3

1976 yılının Kasım ayının bir Cuma akşamı üniversite öğretim üyelerinin çoğunlukta bulunduğu bir sosyal toplantıya ben de davet edilmiştim. Ankara'nın Çankaya semtinde bir apartman dairesinde yenildi içildi, şarkılar söylendi ve dans edildi. Gece 12'den sonra eğlence devam etmekteydi. Kapı çalındı ve resmi giyimli iki polis ve bir komiser ev sahibini görmek istediklerini söylediler. Ev sahibine azarlarcasına, gürültüyü hemen şimdi kesmesini, aksi halde topumuzu karakola götüreceklerini söyledi, komiser. Ev sahibi ne olduğunu anlayamadığını, kanunsuz bir şey mi yaptıklarını komisere sorarken, toplantıdaki davetliler arasında bulunan belirli bir görevinden dolayı sık sık adı basında ve TV'de duyulun bir profesör sert bir çıkışla "Sen kiminle konuştuğunun farkında mısın? Adabını takın! Sonra ben senin terbiyeni veririm! Sen benim kim olduğumu biliyor musun?" diye işe karıştı.

Komiser devleti ve kanunu temsil ettiğini, devletten ve kanundan daha büyük hiçbir otorite bulunmadığını, eğer adam gibi konuşmazsa, o da dahil, bütün toplantıdakileri karakola götüreceğini hakaret edercesine belirtti.

Ünlü profesör, kendisini karakola götürecek polisin henüz daha anasından doğmadığını söyledi.

Ve ağız kavgası gittikçe büyüyerek hakaretlerin şiddeti ve sayısı artmaya başladı.

Ünlü profesör günün İçişleri Bakanına telefon ederek onu uyandırdı. İçişleri Bakanı Ankara Valisine, Ankara Valisi Vilayet Emniyet Amirliğine ulaşarak komiserin sözlerini geri alması ve özür dilemesi istendi.

Komiserin "Ben bu üniformadan utanıyorum, şimdi. Adama göre muamele oldukça bu millet adam olmaz. Yazıklar olsun şu üniformanın şerefine!" diyerek kendisini çeviren polislere ve birkaç davetliye dert yandı, kendisinin hukuk fakültesine devam etmekte olduğunu ve mezun olunca bu mesleği bırakıp Avukat olacağını söyleyerek ayrıldı. Merdivenleri inerken, "Artık bu görevin şerefi kalmadı!" diyerek kendi kendine söylendiği duyuluyordu.

Ünlü profesör, üniforma giyince kendilerini azrail zanneden ve vatandaşa köpek muamelesi yapmakta hiç tereddüt etmeyen polislerden yakınıyordu. "Ben bunun peşini bırakmayacağım, bu eşşe...........ği Doğu'ya sürdüreceğim," diye sözüne devam etti. Etraftaki herkes büyük bir hayranlıkla onu destekliyorlardı. Ünlü profesör, gerçekten güçlü olduğunu herkesin gözleri önünde kanıtlamıştı. Ve onun yakın arkadaşı olmakla, biz de onun gücünün korunumu içine giriyorduk.

Yukarıdaki etkileşime ayrıntılarıyla yeniden bakalım: Kapıyı çalan polis, hakaret eder gibi, azarlarcasına konuştu. Niçin, "Sayın ev sahibi, gece yarısını geçmiş bulunuyor, sizin gürültünüzden uyuyamayan birileri durumu karakola bildirdi; şu sayılı kanunun, (belirtilen) maddesi geriğince size gelip durumu bildirme ve gürülütüyü kesmenizi söyleme durumundayız!" biçiminde konuşmadı?

Bu sorunun cevabını benim kadar şimdi siz de biliyorsunuz: Çünkü, geleneksel otoriter kültür içinde polis (devlet), vatandaş (suçlu) ile kibar ve saygılı konuşmaz. Komiser yukarıda verilen örnekteki gibi vatandaşla konuşursa, kendini gözleyen çevresindeki polislerin, büyük bir olasılıkla güvenini yitirir.

Polis, yukarıda verilen örnekteki gibi davransa idi, acaba ortaya bir olay çıkmayacak mıydı? Bu sorunun cevabını bilmek zor. Ev sahibinin, demokratik değerler çerçevesi içinde davranarak, mevcut durumu, yasal kurallar açısından algılayıp, "Peki, ikazınıza teşekkür ederiz; istemeden bir komşumuzu rahatsız ettiğimiz için üzgünüz!" diyeceğini kimse garanti edemez. Büyük bir olasılıkla, "Kim imiş gürültü yaptığımızı söyleyen? Bizim gürültü falan yaptığımız yok. Size telefon edenle beni yüzleştirin; yalanları hemen ortaya çıkar!" gibi geleneksel davranış türlerinin ortaya çıkma olasılığı yüksektir.

Görülüyor ki, "mevki sahibi" iki kişi çatışma içine girince yasa, kural, kimin haklı olduğu konularından önce, "kimin daha fazla forsu var!" yarışması ortaya çıkıyor. Mevki ve forsu olan, geleneksel kültür çerçevesinde, yasa ve kuralların üstündedir.

Bir başka ifadeyle, "yasa karşısında herkes eşittir" değeri, çağdaş olduğumuza kendimizi ve daha da önemlisi, başkalarını inandırmak için yazılmış, günlük yaşamımızda canlılık bulamamış, göstermelik bir değerdir. Uzun yıllar dış ülkelerde eğitim görmüş ünlü profesörde dahi kök salamamıştır.

Okuyucuya yeniden hatırlatmak isterim: Bu olayı yazmamızdaki amaç ne profesörü ne de polisi yermek içindir. Hem polis, hem profesör bizim insanlarımız olarak, toplumda süregiden psikososyal bir olguyu sergiliyorlar. Benim de, diğer aydınlar gibi, bu tür davranışlar içine girip, "fors yarışmasına" katıldığım olmuştur. Yakından gözlerseniz, yukarıda söylenilen özellikleri, bazı durumlarda kendi davranışlarınızda da bulabilirsiniz.

Gözlem 4

Dördüncü gözlem için Çetin Altan'ın bir yazısından yararlanacağız.

Almanya'daki Görevli Başimamlar

«Batı Almanya yöneticileri, Almanya'daki Türk işçilerinin dinsel donatımlarını geliştirmek için, iki yüz on beş "Dernek-Cami" açılmasına izin vermişler.

Bu "Dernek Cami"lerde özel olarak gönderilmiş resmi görevli başimamlar vaazlar veriyorlarmış.

Bu vaazlarda ne gibi konuların işlendiğini yine Almanya'da da çıkan Anadolu adlı dinsel gazetedeki başimamlara ait yazılardan öğreniyoruz.

Örneğin bir Sayın Başimam şöyle yazıyor:

"Her mümin bilmelidir ki, diğer milletlerin dinleri batıldır, mensupları kâfirdir."

Gerçekten Türklerle Almanların birbirleriyle kaynaşıp dostluk kurmalarını sağlayacak, güzel bir başlangıç.

Yazı şu tür açıklamalarla sürüyor:

"Beşerden hiçbirinin İslam dininden başka din edinmesini Allah kabul etmez. İslam şeriatından başkasına razı olmaz. Bu sebeple herhangi bir kimse İslam ile beraber bir din edinirse, başka bir din benimserse, 'o dinin mensuplarını severse' o kâfirdir, İslamdan çıkmış olur. Tecdidi iman, tecdidi nikâh lazım gelir."

Sayın başimama göre bir Türk işçisi bir Alman'la ahbaplık eder de onu severse, kâfir olacak ve yeniden Müslüman sayılabilmesi için, imanıyla nikâhını tazelemesi gerekecektir.

Almanya'da çalışmaya gidenlerin, Alman toplumunda sevilip benimsenmelerini kolaylaştıracak, ışıklı uyarılardır bunlar.

Sayın başimam, yazısında daha başka ince noktalara da dokunuyor ve "Kâfirlerin başına giydiği küfür alameti olan gayyar giyme" nin, "Haç takma'nın" küfür olduğunu belirttikten sonra şöyle diyor:

Küfre rıza küfürdür. Bu bir akaid kaidesidir ki, herhangi bir küfrü icap eden şeyi bir kimse işler, diğer bir Müslüman da onu hoşgörür, rıza gösterirse kâfir olur. Neuzibillah. Bu noktanın inceliğini bilmeyip küfre giden, imandan çıkan nice Müslümanlar vardır."

Bu uyarıya göre Almanya'ya iş bulmaya giden işçiler, Almanların şapka giyip boyunlarına haç takmalarına rıza gösterirlerse kâfir olacaklardır.

Kâfir olmamak için de herhalde konuk gidilen ülkedeki Almanların şapkalarını kafalarından, haçlarını da boyunlarından çıkarttırmaları gerekecektir.

Birkaç bin kişiyi geçmeyen Türkiye'deki Alman kolonisi de kendi arasında bir Protestan dergi yayınlayarak, bizim hocaların başlarındaki sarıkları, sırtlarındaki cübbeleri çıkarttırıp ellerinden tesbihlerini almayı önermeye kalkarsa, bilmem tepkimiz ne olur?

Dış dünyada bizden yana çıkmayanlara, bizlere sıcaklık göstermeyenlere, bizleri yeterince benimsemeyenlere öfkelenip duruyoruz.

Bunun nedenlerine ise sanırım yeterince eğilmiyoruz.

Hem elalemin ülkesine çalışmaya gidecek, hem de onların yaşam biçimleriyle inançlarına karşı düşmanlığı körükleyecek ve onlarla dostluk kurmayı, dinden imandan çıkma sayacaksın.

Kusura bakmayın ama insaf diye de bir şey vardır.

Laik bir cumhuriyetin resmi görevlileri, gittikleri yabancı ülkelerde kendi vatandaşlarının dinsel donatımını geliştirirken, toplumlararası yakınlaşmaları güçlendirecek bir yönetimi benimsemeli ve Türkler'i kendi dinlerinden olmayanlara "düşman olmazlarsa Müslümanlıklarından olacakmış" inancındaki kişiler gibi göstermemelidirler.

Bunun gizli açık yankıları büyük dalgalar halinde gelmektedir üstümüze.

Ayetlerin yorumlarını çok geniş ve insancıl açılardan yapmakta ve Bakara Suresindeki "İslam'da zorlama yoktur" ayetini de sık sık anımsamakta yararlar vardır.

Yine "Anadolu" gazetesine, bazı vatandaşlarımız, içinden çıkamadıkları sorunlarını çözmek için, ilginç şeyler soruyorlar. İşte bazı örnekler:

1. Bir kadının, yanında sahibi olmadığı halde yalnız başına kaç kilometreye kadar yolculuk yapması caizdir?

2. Avrupa'da yapılan ekmeklerde şüphe olduğu söyleniyor. Maya alıp kendi elimle hamur ve ekmek yapmak zorunda kalıyorum. Mayada şüphe olduğu, çünkü mayaya margarin yağı karıştırıldığı söylendi. Ne yapmalıyım?

3. Gerek Avrupa'da, gerekse Türkiye'de zaman zaman ailece dost ziyaretleri yapılırken, ev sahipleri gelen misafirin kadınlı erkekli ellerini sıkarak, "Hoş geldiniz" demektedirler. Bu husus yani bir başka kadının kendisine yabancı olan bir başka erkeğin elini tutması caiz midir?

4. Babamın mezar taşına bir kitabe yazdırmak istiyorum, ne gibi bir yazı yazdırabilirim?

5. Babamın faydalanması için ne gibi bir hayır yapabilirim?

6. Babamın vefatından daha bir sene geçmedi. Onun mezarının etrafını duvarla çevirmek istiyorum. Caiz midir?

7. Babamın kendi sesinden banda okuduğu Kur'an-ı Kerim'den aşrışerif vardır. Bu bandı dinleyebilir miyim?

Resmi görevli sayın başimamlardan birinin bu sorulara verdiği yanıtlar da çok yüksek düzeylerde.

Bir kadın, babası, kardeşi, oğlu, amcası, dayısı, yeğeni ve kocasından başka kimseyle yola çıkmamalı ve tek başına da doksan km.'den çok gitmemeliymiş.

"Broçin" denilen küçük ekmeğin dışında, yağsız pişmiş ekmeklerin hepsi yenilebilirmiş.

Yabancı bir erkek, kendisine nikah düşecek kadar yabancı olan kadınların ellerini tutamazmış. Harammış. Böyle bir haramı işlemek cehennemde ateşi tutmaktan farksızmış.»

Yukarıda verilen yazı, geleneksel otoriter kültürün bazı önemli boyutlarını vurguluyor.

1. *Dünya görüşü:* "Gerçek" bilimsel düşünceye değil, gelenek ve göreneklere dayanarak tanımlanır.

2. *İnsanın doğası:* İnsanın doğası (kul) ve yaşamının amacı (kulluk etmek) belirlidir. Bunu soruşturmak tehlikelidir.

3. *İnsanın doğayla ilişkisi:* İnsanın doğayla ilişkisinin ne olması gerektiği tanımlanmış, Kuran'da belirtilmiştir.

4. *Değişim:* İçinde yaşanılan toplumsal ortam değişse dahi, kişi değişmemeli, eski bildiği gelenek ve görenekleri devam ettirmelidir.

5. *Eşitlik/Hakkaniyet:* İnsanlar birbirlerine eşit değildir; özellikle İslam dininden olmayanlara, eşit gözüyle bakılamaz.

6. *Eğitim:* Araştırıcı ve eleştirici kişi, imanı zayıf olan, şüphe eden kişidir. Bilinmesi gerekenler açık seçik söylenmiştir; önemli olan kişinin bu bilgileri öğrenmesi ve hayatını bu bilgiler çerçevesinde yaşamasıdır.

7. *Kadın erkek ilişkisi:* Kadının ve erkeğin nasıl davranması gerektiği bellidir; kadın kadınlığını, erkek de erkekliğini bilerek verilen sınırlar içinde ilişki kurmalıdır. Bu sınırların dışına çıkmanın büyük sakıncaları vardır.

8. *Din ve devlet ilişkisi:* Din, kişinin sadece iç dünyasına ait bir olgu değildir; din bireyin yaşamının tümünü belirlemeli ve ona yön vermelidir.

Çetin Altan'ın yazısına söz konusu olan Türkler ne ahmaktır, ne de kötü; onlar, kendi bildikleri düzen içinde anlamlı, iyi ve tutarlı bir yaşam düzeni oluşturma çabası içindedirler.

Burada şu noktayı da belirtelim: Geleneksel otoriter kültür özellikleri, sadece İslam dininden kaynaklanan bir dünya görüşü değildir. Hemen hemen bütün dünya dinleri, bu dini temsil eden kişiler büyük kudretler ele geçirdiği zaman yozlaşmış ve ilk kaynağındaki amacından saptırılmıştır.

"Yobaz" kelimesi, dinin kaynağındaki temel anlam sistemini bilmeden, dini yorumları darlaştıran ve dini kudret kazanma mekanizması haline getiren kimselere verilen addır. Her dinde yobaz vardır. Her din, kendi tarihi içinde belirli devrelerde yozlaştırılmış ve yobazların hakimiyeti altında kalmıştır. Dinler tarihini inceleyenler, yozlaştırmanın ve kudret elde etmek için dini kullanmanın her dinin tarihinde yer aldığını bilirler.

Bu anlamda, yukarıda yazılanları İslamiyet'e karşı alınmış bir tavır olarak yorumlamak yanlıştır; burada, belirli bir dünya görüşünün, bir dizi kültür değerlerinin tartışılması yapılıyor.

Daha önce sözü edilen Kızılderili Reislerin kendi eğitimlerinin, kendi yaşam nizamlarının daha üstün olduğuna inandıkları gibi, halkımız da, doğal olarak, kendilerininkinin Almanların yaşam nizamından daha üstün olduğuna inanır. Kızılderili "Niçin ben beyaz adamın karşısında sürekli yenik düşüyorum?" sorusunu sormaz. Böyle bir soruyu sorabilmek, dünyayı ve kendini sistematik biçimde gözlemeyi gerektirir. Kızılderili kültüründe, bu tür bir eleştirisel düşünce yeteneği geliştirme olanağı yoktu; bu nedenle, bu tür sorunlar önemsenmemiş ve üzerinde durulmamıştır.

Aynı nedenle, geleneksel kültür anlayışı içinde yetişmiş kişiler, "Neden Türkiye ekonomisi bana iş verecek, rahat bir yaşam sağlayacak güçte değil, niçin Almanya'ya gelmek zorunda kaldım?" sorusuna pek ilgi duymazlar. Bu tür soru sorabilme, eleştirici düşünceyi benimsemiş bir kafa gerektirir.

İşçi, böyle bir eğitimden nasibini alamamıştır. Onun çağdaş değerler içinde düşünmesini beklemek, insafsızlık olur. Geleneksel kültür değerlerini en iyi temsil eden imam, bilimsel düşüncenin ürünü olan otomobili, radyoyu, TV'yi tereddütsüz kullanır, hasta olunca doktora gider, ameliyat masasına yatar, ne var ki sözü edilen Kızılderililer gibi, soruşturma aşamasına gelemez.

Yeniden Bakış

Onuncu Bölümde "İletişim Manzaraları" başlığı altında sözü edilen olaylara, şimdi yeniden bir göz atalım. Hava alanındaki koridorların asker kışlası gibi gri renkte olması, polislerin suçlu ararcasına, "asık suratlı" olarak yolcuları gözden geçirmesi, hava yollarında görevli bayanın "tanıdığını" pasaport işlemleri için kuyruğun başına alması, hamalın gümrük işlemine getirdiği kolaylık, bağıra çağıra aralarında konuşan taksi şoförünün, park edilmeyecek yere park etme izni veren trafik polisinin davranışları, yukarıda sözü edilen geleneksel otoriter kültürün boyutları içinde rahatlıkla açıklanabilir.

Özgürlükçü çağdaş uygarlık değerlerinin resmen yürürlükte olduğu, öte yandan geleneksel otoriter değerlerin uygulandığı ülkemizde, iki değer düzeni vardır. Aile içinde ve samimi sosyal durumlarda geleneksel otoriter kültürün değerleri kullanılır, resmi durumlarda da, göstermelik davranış düzenine geçilir. İki değer düzenine sahip olma, Türk insanının temel karakteristiklerinden biri olmuştur.

KAYNAKLAR

Ağaoğlu, Adalet, *Ölmeye Yatmak*. İstanbul: Remzi Kitabevi, 1973.

Alexander, C., The City as a Mechanism for Sustaining Human Contact. Ewalt, William (ed.) *Environment for Man: The Next Fifty Years* . Bloomington, Indiana: Indiana University Press, 1967, s. 67.

Averchenko, A. View Point. Kruzer, J. R. ve L. Cogan (ed.) *Studies in Prose Writing*. New York: Holt, Rinehart & Winston, Inc., 1966.

Bach, G., Wpyden, P. *The Intimate Enemy*. New York, N. Y.: Avon Books, 1968, s. 47-48.

Birdwhistell, R. *Kinesics and Context*. New York: Ballantine, 1970.

Bozok, Erdoğan. *Modern Çağ*. İstanbul: Nil Yayınevi, 1972.

Brunner, J. *The Long Result*. Penguin Books, Harmondsworth, Middlesex, 1968.

Cummings, E. E. Adler, R. ve N. Towne (ed.) *Interpersonal Communication*. Corte Madera, California: Rinehart Press, 1975, s. 58.

Cüceloğlu, D. "Facil Code in Affective Communication". *Comparative Group Studies, Vol. 3,* No. 2, 1972.

Cüceloğlu, D. "Üç Farklı Kültürde Yüz İfadeleriyle Bildirişim". *Tecrübi Psikoloji Çalışmaları, Cilt 6,* 1968.

Davitz, J., Fear, Anxiety, and the Perception of Others. *Journal of General Psychology, 61,* s. 169-173, 1959.

Geertz, C. *The Interpretation of Culture*. New York: Basic Books, 1973

Gibb, J. R., Defensive Communication. *Journal of Communication, 9,* s.141-148, 1961.

Gordon, T., *Parent Effectiveness Training*. New York, N. Y.: Peter H. Wyden, Inc., 1970, s. 67-69.

Hall, E. T. *The Silent Language*. New York: Doubleday, 1959.

Hall. E. T. *The Hidden Dimension*. Gordon City, New York: Anchor Books, Doubledey, 1968.

Herskovits, M. *Cultural Anthropology*. New York: Knopf, 1955.

James, William. The Stone, G. P. ve H. A. Farberman (ed.) *Social Psychology Through Symbolic Interaction*. Waltham, Mass.: Ginn - Blaisdall, 1970, s. 373.

Keesing, R. "Theories of Culture." *Annual Review of Anthropology, 3,* 1974, 73-97

Kuzgun, Yıldız, "Ana-Baba Tutumlarının Bireyin Kendini Gerçekleştirme Düzeyine Etkisi." *Hacettepe Sosyal ve Beşeri Bilimler Dergisi, Cilt 5,* 1973, s. 57-70.

Lanfield, A., A Movement Interpretation of Threat. *Journal of Abnormal and Social Psychology, 49,* s. 1954, 529-532.

Lichtenberg, P., "Emotional Maturity as Manifested in Ideational Interaction". *Journal of Abnormal and Social Psychology, 50,* 1955, s. 298-301.

Masten, Ric, *A Thin Body of Work.* New York, N. Y.: Academic Authors, Inc. 1972, s. 87.

Mead, George Herbert. Self as a Social Object, Stone, G. P. ve H. A. Farberman (ed.) *Social Psychology Through Symbolic Interaction.* Waltham, Mass.: Ginn - Blaisdall, 1970, s. 383.

Nesin, Aziz, "Çok Şükür", *Deliler Boşandı.* İstanbul: Düşün Yayınevi, 1967, s. 97-100.

Nesin, Aziz. "Bizim Hemşeri", *Toros Canavarı.* İstanbul: Düşün Yayınevi, 1968a.

Nesin, Aziz. "Yerli Mallardan Pazen Aldım", *Deliler Boşandı.* İstanbul: Düşün Yayınevi, 1968b.

Nesin, Aziz. "Helal Olsun", *Aferin,* hikâyeler. İstanbul: Tekin Yayınevi, 1978, s. 90-96.

Nolte, Dorothy Law. Children Learn What They Live. Adler, R. ve N. Towne (ed.) *Interpersonal Communication.* Corte Madera, California: Rinehart Press, 1975, s. 43.

Rogers, Everett M., Mass Media and Interpersonal Communication. Ithiel de Sola Pool ve Frederick W. Frey (ed.) *Handbook of Communication* . Chicago, Illinois: Rand McNally College Publishing Co., 1973, s. 290-312.

Schrumm, Wilbur, *Mass Media and National Development.* Stanford, California: Stanford University Press, 1964, s. 27-32.

Schutz, Willim. Here Comes Everbody. Adler, R. ve N. Towne (ed.) *Interpersonal Communication* . Corte Madera, California: Rinehart Press, 1975, s. 34.

Stevens, Barry. Curtain Raiser. Rogers, Carl R. ve Barry Stevens (ed.) *Person to person.* New York: Pocket Books Edition, 1975, s. 1-2.

Thayer, W., *General Semantics.* New York: Harper and Row, 1963, s. 326.

Toffler, Alvin, *Future Shock.* London: Pan Books, Ltd., 1970.

Watzlawick, P., Beavin, J. H., Jackson, D. D *Pragmatics of Human Communication:* A Study of Interactional Patterns, Pathologies, and Paradoxes. New York: W. W. Norton & Co. (1967).

Yunt, Perihan (Onat). Kişisel Konuşma, Ankara, 1978.

İnsan ve Davranışı

DOĞAN CÜCELOĞLU

Bu kitap, her çağdaş insanın bilmesi gereken modern psikolojinin temel kavramlarını ilk kez Türk bilim adamlarının katkılarıyla ve Türk toplum yapısının özellikleriyle kaynaştırarak sunmaktadır.

Bu kitap, Türkiye'de psikoloji alanında büyük bir boşluğu dolduracak ve uzun yıllar boyunca yararlanılabilecek vazgeçilmez temel bir kaynak olacaktır.